本书是国家"十二五"科技支撑计划 06 课题 ——"基于风险的特种设备安全监管关键技术研究"（项目编号：2011BAK06B06）的研究成果，并受到科技部公益性行业科研专项（201210117，201310202）与国家科技支撑计划课题（2015BAH27F01）的资助

宏观质量管理学术丛书

ZhiLiang ZeRen Lun

质量责任论

李酣 程虹●著

中国社会科学出版社

图书在版编目（CIP）数据

质量责任论/李酣、程虹著. —北京：中国社会科学出版社，2014.12
ISBN 978 - 7 - 5161 - 3364 - 4

Ⅰ.①质… Ⅱ.①李…②程… Ⅲ.①质量管理—责任制—研究—中国 Ⅳ.①F273.2

中国版本图书馆 CIP 数据核字（2013）第 235622 号

出 版 人	赵剑英
责任编辑	田 文
特约编辑	程春雨
责任校对	刘 俊
责任印制	王 超

出 版	中国社会科学出版社
社 址	北京鼓楼西大街甲 158 号
邮 编	100720
网 址	http://www.csspw.cn
发 行 部	010 - 84083685
门 市 部	010 - 84029450
经 销	新华书店及其他书店

印刷装订	三河市君旺印务有限公司
版 次	2014 年 12 月第 1 版
印 次	2014 年 12 月第 1 次印刷

开 本	710 × 1000 1/16
印 张	16
插 页	2
字 数	271 千字
定 价	49.00 元

跨学科的前沿探索

——《宏观质量管理学术丛书》总序

　　无论宏观质量管理的定义还需要怎样的精确界定，也无论宏观质量管理的学科体系还有待怎样的科学凝练，宏观质量作为一种客观现象的存在是毋庸置疑的，而对宏观质量的管理更是一个显而易见的问题。科学最重要的是发现"问题"，这些问题既是新的，背后的规律又是有待人们去探索的。宏观质量以及对宏观质量的管理，就是一个新的问题，也是亟须从科学上探索其内在规律的问题。《宏观质量管理学术丛书》的定位，就是立足于探索宏观质量现象背后的科学规律，并在此基础上提出科学的质量管理和质量治理的制度、方法与工具。

　　现代科学的发展趋势就是要研究"问题"，同时对问题的研究则是采用跨学科的研究方法。宏观质量管理本身就是一个复杂的问题，需要从管理科学、经济科学、信息科学、工程科学和人文科学的跨学科视野展开综合研究，只有这样的跨学科研究才能识别和认识宏观质量管理背后的一般规律。《宏观质量管理学术丛书》将从跨学科的角度，推出系列的学术专著，包括微观产品质量与宏观经济增长质量研究、中国特色质量管理体制机制变迁研究、中国质量史研究、区域质量评价与经济性影响因素研究、质量主体博弈研究、质量责任体系研究、比较实验对中国质量治理体系优化研究、中国质量服务机构发展研究、标准作为一种市场秩序的理论研究、大数据管理下的质量创新研究、电子商务中质量信息分析研究、网络质量语义研究、基于网络的质量安全监测与预警方法研究等。这些系列著作都将从跨学科的角度，研究和探索宏观质量管理这一问题。

　　《宏观质量管理学术丛书》的学术追求是前沿与创新，将整合应用跨学科的前沿理论，以实证为主要研究方法，立足于大数据的应用，着力于对问题背后一般规律的探索，力求提出有创新性的理论观点和科学方法。

　　《宏观质量管理学术丛书》由武汉大学质量发展战略研究院、宏观质量管理湖北省协同创新中心组织编辑出版，是武汉大学质量发展战略研究院学术同仁科研成果的汇聚，将集中反映武汉大学质量发展战略研究院这一学术共同体的学科范式和科学追求。

程　虹

《宏观质量管理学术丛书》主编

2014 年 12 月于武汉大学樱顶

前　　言

　　在众多的质量安全事件不断发生之后，质量安全责任成为各方关注的焦点，不仅仅是市场主体的责任，政府监管责任更成为媒体和大众关注的中心，而且消费者更多地认为政府是质量安全风险产生的重要因素。此外，社会组织在质量安全责任体系中的责任也受到不断的发掘。责任包含了责任履行和责任追究两个层面，但是在当前中国，政府、市场和社会等各主体的责任在这两个方面都存在改进的空间。

　　当代社会中，健全的质量安全责任体系需要政府、企业和消费者三者各司其责，但是，中国目前的质量安全责任体系基本是一个"三无"体制。所谓的三无，是指从消费者这个主体来看，他们是无知、无助和无组织的；从生产者这个市场主体而言，企业是无德、无耻和无约束的。而从政府监管主体来看，它是无力、无能和无激励的。消费者是未知的，他们缺乏基本的质量安全的素质教育，缺少对于质量安全产品和质量安全风险的辨识和防范能力。消费者是无助的，遇到质量安全伤害的时候，不知道、不懂得或者得不到法律的救助。消费者是无组织的，没有组织起来的消费者群体，也就意味着没有有效的消费者组织对消费者主权和消费者权益的社会关注和社会救济。而质量安全产品的提供方，生产经营者，在当前中国的质量安全责任体系中，则处于无德、无耻和无约束的状态。无德是指一部分生产者连最基本的产品质量安全底线都不愿意恪守，更不用谈质量安全的社会责任，中国的质量安全事件的产生与西方国家不同，常常并不是技术因素，不是源自于对未知风险的无知和疏忽，而是一种彻头彻尾的败德行为，是对社会信用的透支和对良知的践踏。无耻是指一些企业对于质量安全事件爆发之后的处理，采取的策略多是能逃避则逃避，能粉饰则粉饰。几次重大的质量安全事件爆发之后，企业或者将责任推脱到上下游的生产环节，或者将责任归为中国的国情和外部环境。无约束则更为严重，目前的质量安全监管体系和法律体系对生产者的约束都是很弱的。监管力量受到了地方保护主义势力的中和，力度被抵消；运动式的监管方式也存在和生产经营者的博弈，其意义大打折扣；法律缺乏对生产者质量安全违法行为的惩罚性赔偿，对生产者的约束偏软弱，而中国法律和法院体系的低效率也使得生产者很容易逃脱法律的惩治。质量安全在本质上应该是消费者和生产者之间的市场交易，或者说是"贸易"问题，政府的介入不过是最近几十年的事情，但是政府在质量安全体系中往往是无力、无能和无激励的。无力是由于政府相对于企业而言对于产品的质量安全也始终处于信息劣势，如果没有适当的监管工具，难以有效地提供质量安全信息这种公共产品。无能是因为质量安全监管部门从自身部门利益出发，总有部门扩张和权力扩大化的倾向，但是从其部门的历史使命和这一部门现有的人、财、物力等多种因素来看，不可能满足这种扩张的职责范围。无激励一方面是政府在缺乏外在监督力量和长效监督机制的情况下，难以在日常工作中保持稳定的、负责任的工作积极性；另一方面，在随意性较大，程序正义缺乏的问责压力下，工作人员会受到来自过度问责的逆向激励，行政人员对于日常工作责任的执行也会趋于形式化的应付。

在一个公民社会发育不健全的传统社会中，这三者在实现质量安全的目标上有着内在的张力，难以达成一致。在公民社会的基石上，在政府抛却全能主义和父爱主义的理念下，在消费者和企业共同的社会责任观念下，三者才能形成共识，质量安全的责任体才是有效和有序的。

本书将从主体之间质量安全责任承担的现状、问题所在和解决方案这几个层面分析中国质量安全责任问题。分析的内容包括质量安全各个主体的责任现状和问题，其中，主要是生产者、消费者、社会组织和政府这几个主体在质量安全责任体系中履行责任的状况。包括了生产者责任的激励和约束机制存在的缺失，消费者的社会组织在质量安全责任体系中功能的退化，政府在质量安全责任体系中的错位和过度规制。并且提出，生产者质量安全责任缺失的一个重要原因在于质量安全监管部门对于市场主体的过度规制。在解决方案上，整体思路是以质量安全责任的"社会共治"实现责任体系的整体再平衡和不同主体责任边界的清晰划分，以激励和约束相容的责任机制改革实现不同主体在质量安全体系中履责的动力机制。

　　另外，王虎参与了本书第一、二、三、八章的写作；邱勇、郑向平参与了第四、六章写作；戚晓辉参与了第八章的写作，张宏宇参与了第九章的写作。

目　　录

第三编　质量安全中的政府责任

第四编 质量安全责任体系与机制的重构

第一编
责任和质量安全责任的基本理论研究

第一章　责任和质量安全责任的内涵

　　无论是在中外文的语境中，还是在东西方文化的传承中，责任都是一个至关重要的概念。同时，责任在中文的语言发展过程中逐步指向两个维度，在西方语言中同样也是如此。但是在东西方不同的文化演进背景中，责任文化的禀性还是表现出了较大的差异，这也可能影响了中外不同主体对质量安全责任的认知。此外，在不同的学科领域中，对于责任的内涵界定也存在一定的差别。质量安全责任作为责任的一种，也受到语境、责任文化的差异化影响，同时也需要从不同学科的角度深化对其的认识。

第一节　责任的中国内涵

　　从责任含义的发展来看，基本内涵还是指向两个方面。

一　责任在中国语义中的界定

　　在古代汉语中，责的造字方法是会意（"责"是"债"的本字。古代"责"、"债"通用）。在几千年的中华文明的历史长河中，其字形有如下的演变：

　　我们可以从造字的角度解说"责"的内在含义。在甲骨文当中，🗝（束，用荆条鞭打）🜚（钱财），由此看，其造字本义是：用荆条鞭打，逼迫返还所欠的钱财。金文責、篆文賣承续甲骨文字形。隶书責误将篆文的"束"🌾写成"主"。"责"的"催债"本义消失后，篆文再加"人"另造"债"代替。而在文言文版《说文解字》当中的含义是：责，

图1—1 汉语中"责"的历史演变

求也,从贝束声。清代段玉裁的《说文解字注》中定义为"求也",其中的解释是"引申为诛责"。

现代汉语中的"责任"一词是从古汉语的"责"字发展而来,并保留了"责"字的一些基本含义。《辞海》中对"责"的解释有这样几层意思:其一,责任,如:负责。其二,责问;责备。其三,责罚。其四,索取;责求。

可见,负责与惩罚是责任最基本的两层意思。在《现代汉语词典》中,"责任"也有两方面含义:其一是指分内应做的事;其二是指没有做好分内应做的事,因此而应该承担的过失。前者是针对特定任务而应负的责任,后者是没有完成任务而应接受的惩罚。

二 责任在中国文化历史中的发展

中国传统文化主要以儒家和道家为主导和根基,而这两种思想流派中有很多代表人物的言谈都体现了对于责任伦理的认识。儒家和道家的责任伦理思想实质上体现了中国传统文化中责任伦理的主要内容。[1]

儒家历来强调责任,甚至儒家伦理本质上也是一种责任伦理,如《礼记·礼运》中就含有天下为公的道德情怀,更兼具了正心、修身、齐家、治国、平天下的历史责任感。[2] 儒家的责任伦理思想包括以下三个方面的内容:首先是心忧天下、为国为民的责任品质。忧患意识一直是我们民族精神的具体表征之一,古语"多难兴邦者,涉庶事之艰而知儆慎也"正是这种民族禀性的形象描述,也是中华民族强烈责任意识的具体体现。孔子曰:"君子忧道不忧贫"(《论语·卫灵公》),孟子云"禹思天下有溺者,由己溺之也;稷思天下有饥者,由己饥之也"(《孟子·离娄下》),这些都是儒家先哲心怀天下的责任观。而《论语·子

---

① 方秋明:《汉斯·约纳斯的责任伦理学研究》,复旦大学2004年博士论文,第92页。

② 伍洪杏:《行政问责的伦理审视》,中南大学2010年博士论文,第29页。

路》中说，"名不正则言不顺，言不顺则事不成，事不成则礼乐不兴，礼乐不兴则刑罚不中，刑罚不中则民无所措手足"，则是表达了名分和责任之间的对应关系。当然，儒家所表达的名分和责任的关系，也是一种权责对应的联系，由于和当时中国的宗法和经济社会联系在一起，难免带有人身依附的意味在里面，虽然内在体现了一些责任的本质思想，但也不乏封建糟粕。最后是责任的追究。在《孟子·梁惠王下》一文中这样写道：孟子谓齐宣王曰："王之臣有托其妻子与其友而之楚游者，比其反也，则冻馁其妻子，则如之何？"王曰："弃之。"曰："士师不能治士，则如之何？"王曰："已之。"曰："四境之内不治，则如之何？"王顾左右而言他。首先，在孟子看来，无论是普通人，还是官员，又或者是君王，如果不能很好地履行职责，都必须受到相应的惩罚。但是我们从齐宣王的反应可以看出，齐宣王认可的是责任对于百姓和官员生活和行政行为的约束作用，但是正所谓"刑不上大夫"，国王自然不必为自己的行为向百姓负责。

由于道家思想讲究"无为而治"，可能会导致大众认为道家思想中没有对社会和国家负责任的态度，道家都是不负责任的消极避世者。其实，可能恰好相反，道家思想渗透着对人类生存状态、社会良好治理的责任感，蕴涵着无为、节制的责任品质。[①] 道家思想渗透着对人类社会之秩序状态的忧虑，体现了对人类终极命运的关切，以及对社会良好治理的期盼，这对于中国当前的质量安全治理同样重要。如老子观察到："天下多忌讳，而民弥贫；人多利器，国家滋昏；人多伎巧，奇物滋起；法令滋彰，盗贼多有"（《老子》57 章），这里面体现的就是老子对社会中追名逐利乱象的忧虑。老子又说"人法地，地法天，天法道，道法自然"（《老子》25 章），隐含的用意就是社会自有其运作的内在规律，负责任的态度可能就是师法自然，顺应天道伦常。

责任理念的形成和责任行为的选择，往往与道义和利益纠缠在一起，可能遭遇"义与利"的内在矛盾。但是，中国传统哲学和文化体系中，包含着醇厚的"义利一体"的思想。《易·文言》中有"利者义之和也"；《墨经上》写道，"义者，利也"；《论语》中的"礼以行义，

---

① 伍洪杏：《行政问责的伦理审视》，中南大学 2010 年博士论文，第 31 页。

义以生利"①、"不义而富且贵，于我如浮云"②；墨子的"兼相利，交相爱"③、"利人者，人必从而利之"④ 等等，这些思想都认为，从本质上看义、利终究是一致的，即所谓义利兼顾的思想。这种和谐的义利观也体现了责任和物质利益最终对立统一的观点。除了这些先贤的逻辑论述之外，在《左传》名篇《秦晋崤之战》中的"弦高犒师"的典故中，也意图给后人留下一些"典范"以遵循。郑国贩牛的商人弦高，在交易途中偶遇秦国偷袭之师，国难当头时，能够临危不惧，一面冒充郑国使者以家财犒劳秦军，一面派人回国报警，终于解除了危如累卵的时局，就是古人以实践对责任义利观的一个诠释。

第二节　责任的西方内涵

一　责任在西方语义中的界定

朱冠锜提出："Responsibility，obligation，duty，liability 等英文词汇都有'责任'的意思，但具体内涵却不尽相同。根据《牛津高阶英汉双解词典》的释义，responsibility 主要指责任、负责，也有职责、任务、义务的含义；duty 主要指道德上或法律上的责任、义务；obligation 主要指法律、道义、承诺等的义务、职责、责任。比较而言，obligation，duty 有偏重义务的含义。Liability 则专指法律责任，或者表示商业上的债务。在政治学、公共行政学等学科领域关于责任的探讨中，人们多用 responsibility 一词，如 government responsibility（政府责任）。"⑤ 此外，英语中的 accountability 一词也有"责任"的意思，解释为"（对自己的行为等）应作解说"或者"负责"，在英语文化的范围之内，它更接近汉语中"问责"的含义。

与中文有所不同，中文是一词多义，而英文中往往是多个单词可以表达同一个意思，但是在使用上有差异。责任也是如此，英语中对应汉语

---

① 《左传·成公二年》。
② 《论语》。
③ 《墨子·非乐上》。
④ 《墨子·兼爱中》。
⑤ 朱冠锜：《论政府在缩小贫富差距中的责任》，吉林大学 2008 年博士论文，第 41 页。

"责任"的单词不少，但是这些词语之间还是存在差异，含义不同，使用的语境也不同。但总体来看，还是离不开责任承担和"问责"这两个基本语义。

二 责任在西方文化历史中的发展

在西方世界中，责任是一个非常古老的话题，早在古希腊时期，波希多尼（Posidonius，公元前135—前51）就著有《责任论》。所谓的古希腊"三贤"，苏格拉底（Socrates，公元前469—前399）、柏拉图（Plato，公元前429—前347）和亚里士多德（Aristotle，公元前384—前322）都曾对责任进行过研究和阐释。在古罗马法律中，"被告要对自己做过的行为进行辩护，以便论证自己行为的合法性，如果法庭不满意，就有可能被定罪，这样他就要为自己的行为'负责'"。①

古罗马时代有些重要的人物对责任进行过论述。其中最为突出的是政治家西塞罗（Marcus Tullius Cicer Cicero，公元前106—前43），他是古罗马最著名的演说家、政治家和散文家之一。这位政治斗争中的失败者却给我们留下了宝贵的思想财富。在其三论——"论老年、论友谊、论责任"——中，对社会生活和人生中的一些重要问题，诸如人的道德责任、友谊、老年、死亡、个人与国家的关系、统治者的责任、外交事务中的道德原则等，作了透彻的分析和系统的阐述。"三论"被视为国外古典时代②散文之杰作，然而，其《论责任》一篇中包含的有关责任的深刻寓意，绝非一般的散文可以容纳。

《论责任》是西塞罗"三论"中最重要的一部，他以书信的方式写就，向在雅典学习的儿子谈论道德和生活中的一些基本准则，以及人在社会生活中所应当履行的各种道德责任。③ 在这里面他谈到了他的前辈在论述责任的时候，一般都会从论述至善说和论述全方位地制约日常生活的实际规制两个部分出发，而他认为，责任本非无源之水。他充分讨论了责任是如何从四种基本"美德"中衍生出来的，即充分地发现并明智地发展

①　方秋明：《汉斯·约纳斯的责任伦理学研究》，复旦大学2004年博士论文，第26页。

②　所谓"古典时代"就是对以地中海为中心，包括古希腊和古罗马的一系列的文明史的称谓。

③　[古罗马] 西塞罗：《论老年、论友谊、论责任》，徐奕春译，商务印书馆2003年版，第20页。

真理；保持一个有组织的社会，使每一个人都负有其应尽的责任，忠实地履行其所承担的义务；具有一种伟大的、坚强的、高尚的和不可战胜的精神；一切言行都稳重而有条理，克己而有节制。① 这四种来源可能会相互联系和交织在一起，但每一种都各自产生确定的道德责任。

明确责任的来源之后，西塞罗从行为准则的角度对责任给了定义。而西塞罗认为五类问题决定了行为准则：（1）判断行为是有德（morally right）还是无行（morally wrong）。（2）面对同是有德的行为，如何选择？（3）行为是否"有助于生活的舒适和快乐、对财物的管理、扩大自己的影响和权力，以及是否有利于自己和朋友"，也就是对功利（expediency）的考虑。（4）有两种功利可供选择时，哪种更大？（5）义（morally right）与利（expediency）发生冲突时如何选择？进而，西塞罗认为道德责任有两种：一种是"普通责任"，它适用范围很广，人们普遍都负有这种责任，许多人通过其善良的本性和学识的增进都可以达到对它的认识；另一种就是"义"，它是一种"完满的、绝对的"责任，只有具有最完满的智慧的人才能达到这种境界，它只是一种道德理想。②

虽然西塞罗在定义责任的时候强调了这可能涉及义与利之间的选择，但是他也指出，把道德上的正直与利割裂开来的那些理论是极其有害的。在他所处的时代，主要的观点有两种，一种认为义利一致，没有冲突，另一种认为义利会有冲突。他认为，如果承担责任与否是要在两者之间二选一的话，这种利应该是"貌似之利"。在讨论假如义与貌似之利发生冲突、如何决定取舍的时候，他首先举了第欧根尼（Diogenes，公元前412—前323）及其弟子安提帕特（Antipatros，公元前398—前319）的辩论，来说明对于同一事件，可能人们对责任看法有差异。③ 西塞罗认为，这种义与利，从根本上说，不是对立的，而是统一的，因为凡是真正有利的无不同时也是义的，凡是义的无不同时也是有利的。"道德上的正直与利携手同行。"④ 而我们平常所见到的那种与义发生冲突的利只是徒有利的外表，也就是说，只是"貌似之利"⑤。所以，西塞罗说利与义的冲突

---

① ［古罗马］西塞罗：《论老年、论友谊、论责任》，徐奕春译，商务印书馆 2003 年版，第96 页。
② 同上书，第216 页。
③ 同上书，第234 页。
④ 同上书，第19 页。
⑤ 同上书，第230 页。

只是一种表面的冲突，而不是一种真正的冲突。为了使人们在碰到这种冲突时做出正确的抉择，① 为了使人们充分认识到凡是不道德的事情都不可能是有利的，西塞罗列举了许多历史上的和神话传说中的例子，并对它们作了透彻的分析，以此教导人们履行自己应尽的道德责任，过一种合乎"自然"的有道德的生活。西塞罗在论述责任之时也认为"诚信"和信任在其中是一个重大的问题。②

比古罗马更早的是，亚里士多德秉持的是一种道德理性责任，他在论述理智德性和伦理德性时指出，③ 一个人负责任与他的知识有密切关系，只有拥有知识，才能让他负责任，当然，这里的知识其实可以理解为普通的理智，而不仅仅是专门知识。④

欧洲中世纪的黑暗年代（Dark Age）伴随着思想和学术的颓败，也带来了责任理论探索的消沉，直到文艺复兴运动之后，这种惨状才得以彻底改观。与亚里士多德的责任思想相对照的是，德国古典哲学的创始人，伊曼努尔·康德（Immanuel Kant，1724—1804）却认为责任存在于一个人良知的直觉当中。康德认为责任是一切道德价值的泉源，合乎责任的行为虽然不一定是必然善良的，但违反责任原则的行为却是邪恶的，责任对于人而言具有必要性，或者说是自我强制性。⑤

现代存在主义拓展了责任的维度，指出人还应该对自己负责，而在此之前的思想家大多把责任指向个人的行为以及与他人的关系。例如，作为20世纪法国最重要的哲学家之一的萨特（Jean-Paul Sartre，1905—1980）就认为，人是具有自由意志的，他应该最大限度地实现自我的价值，而自我价值的实现过程就是对自己负责。⑥ 20世纪五六十年代以来，研究责任的就更多了。这些学者有关责任的著作极为丰富，而且对责任的认知维度大大超过了以前的年代，并且与时代潮流结合在一起。

---

① ［古罗马］西塞罗：《论老年、论友谊、论责任》，徐奕春译，商务印书馆2003年版，第230页。

② 同上书，第243页。

③ ［古希腊］亚里士多德：《尼各马可伦理学》，廖申白译，商务印书馆2003年版，第34页。

④ 同上书，第62页。

⑤ ［德］康德：《道德形而上学原理》，苗力田译，上海人民出版社1988年版，第9页。

⑥ 吴倬：《人的社会责任与自我实现——论自我实现的动力机制和实现形式》，《清华大学学报》（哲学社会科学版）2000年第1期，第2页。

第三节　质量安全责任的内涵

我们对责任在国内外不同语境下和中外历史发展进程中的不同含义进行了总结归纳。无论是在古代还是现代，中国还是外国，责任的定义有两个基本的划分："应承担的责任"和"应该被追究的责任"。前者可以理解为积极责任或称为"负责"，多在"职责"、"义务"的意义上使用；而后者则可以被理解为是消极责任或称为"问责"，多在"对行为做出解释"及"对行为进行追究和惩罚"的意义上展开。由此可以推断古今中外对于责任概念的指向是共通的。

如果对中西方不同文化背景中的责任研究和探索的历史进行追溯，从中可以发现，对于西方社会而言，责任的研究从来就是有法律、政治、伦理等多条主线，而且是一个延续的发展历史，不仅探讨了人对外界的责任，而且论述了人的自我责任。不仅研究人之于人类社会的责任，也没有逃避人对自然界和生态环境的责任。[①] 而在中国的传统伦理和文化发展过程中，有关责任的大部分论述和探索都是基于道德伦理的这一条线索。[②] 至于从现代政治和法律的角度来认识责任，则自晚清和民国初年才开始。但是，新中国成立后曾有一段时间的中断，直到改革开放之后才又开始延续。这一判断对于认识当代中国社会和民众对于责任的判断和行为模式具有重要的理论意义，如果说质量文化影响了中国的质量安全状况，那么责任文化同样影响着各个主体质量安全责任承担的效果。

质量安全责任对于质量安全责任体系中的不同主体来说，其内涵也是一致的。既包括主体在质量安全责任体系中的角色定位和责任范围的划定，也包含主体在由于其不负责任行为而造成对消费者和社会的危害之后，提供的相应的、和损失对称的质量安全损害的补偿，以及对这些主体的责任追究。同时，中西方文化背景的差异也对消费者和社会对不同主体质量安全责任的认知和履责的评价产生了潜移默化的影响。另外，学者们从不同学科角度对责任问题的研究，也为我们从不同层面深化对质量安全责任的探索和研究提供了重要的方法、视角和研究工具。最后，质量安全

---

① 程关松、张知干：《从责任的悬搁到责任的显身——西方责任观念叙事》，《成都理工大学学报》（社会科学版）2011 年第 4 期，第 50 页。

② 方秋明：《汉斯·约纳斯的责任伦理学研究》，复旦大学 2004 年博士论文，第 96 页。

责任本身也涉及宏观和微观的社会经济以及不同性质的主体，也需要对其进行交叉学科的研究。

从短期和当下看，责任有时候是在义与利之间的二选一，但是这种"利"显然徒有其表，从长远的角度出发，是西塞罗所谓的"貌似之利"，"所谓的利与义的冲突只可能是貌似之利与义的冲突"①。所以，无论是西方还是中土，传统智慧告诉我们，责任的承担最终带来的是义和利的双重收获。在论及如何让人正确选择，以及承担责任的时候，西塞罗认为有两种方法，一种是法律方法，是以强有力的威慑力制止这种行为，另一种是所谓哲学家的行为，通过启发人的理性和良知来推动履责行为。推论之，质量安全中的责任也是如此，短期或者短视的角度，难免让人面临义利之间的选择，但是终究还是长远的"义"更为根本。当然，让凡人从中做出正确的选择，教化是根本，也需要相应的外部手段。

11

---

① 刘晓欣：《义利统一如何可能？——浅析西塞罗的义利和谐思想》，《兰州学刊》2013年第8期，第17页。

第二章　责任和质量安全责任的分类与属性

责任按照不同的分类方法可以分为不同的类别。同时，责任具有一些非常重要的内在属性，分别是：责任是客观选择和主观认同的统一、责任是自愿性和强制性的统一、责任是自我责任和社会责任的结合，等等。对于责任分类和属性的这些理解和认识，对我们针对质量安全责任的进一步分析具有重要的指导意义。

第一节　责任的分类

"统一法学"的代表人物，世界知名的法学家埃德加·博登海默（Edgar Bodenheime，1908—1991），曾经把责任分成法律责任、道德责任、社会责任和个人责任。① 但博登海默的分类并不是很严谨，他也没有遵循一个统一的标准来划分责任的不同类别。因为法律责任和道德责任可以说是从责任的性质上来区分，而社会责任和个人责任则是从责任的对象来做的划分。后来，一些学者按照不同的分类标准，对责任的类别和属性进行了不同的划分。

一　自我责任与社会责任

甘绍平在《应用伦理学前沿问题研究》一书中按照责任涉及的范围划分这一概念为"自我责任"和"社会责任"，依据责任认定程序划分这

---

① 方秋明：《汉斯·约纳斯的责任伦理学研究》，复旦大学 2004 年博士论文，第 29 页。

一概念为"追溯性责任"与"前瞻性责任"。① 倡导自我责任的最主要的代表人物是德国哲学大师威廉·魏施德（Wilhelm Weischedel，1905—1975）。他认为自我责任包含两个含义："一是指'在我自己面前产生的责任'，也就是说这是由于自己，而不是因为其他主管或制裁机构强迫责任主体而产生的责任意识。责任主体自己能够根据自身的情况进行评判。为了能够对自己的责任承担做出评判，责任主体和个人实体必须保持一定的距离，只有存在这样的距离感，责任意识才能在责任主体自己的面前产生。二是指责任主体对自身，对自己行为所负的责任。"② 倡导社会责任的典型代表是法国著名哲学家伊曼努尔·列维那斯（Emmanuel Levinas，1906—1995）。他认为责任主体自身永远是他者的负责人，每个人都应该回应"他者"，为他者而存在，有绝对的义务回应他人的一切要求。③ 显然，这两个哲学家的责任思想都是来自责任及其承担的两个相对的端点。列维那斯甚至认为，对他者的责任是首要的；自我连同其自由都仅仅是次生的。魏施德以自我责任为起点，在列维纳斯看来仅仅是一个合乎逻辑的认识论的论断，却不是合乎伦理的。汉斯·兰克对这两种责任之间的矛盾进行了调和，认为："共同责任反而来源于群体中众多的个别贡献者，但他们的个人责任却并没有丝毫削减。"④

追溯性责任（retrospective responsibility）亦称因果行为责任："亦即传统的过失性责任：是指行为者为其行为承担后果的那种责任。这种责任的前提是有行为者，有行为，有结果。在这种责任模式里，责任被限定在某一行为者身上，人们根据后果而追究其过失。从时间的角度来看，追溯性责任是以过去为导向的。追溯性责任是传统的、最一般的责任形式，而且往往与法律监督密切相关。"⑤ 前瞻性责任（prospective responsibility）是由美国学者雷德（John Ladd）提出来的，他认为传统的追溯性责任无法理解和把握当今错综复杂的社会运行系统。而前瞻性责任是一种预防性的，以未来的、要做的事情为导向，它是一种新型的责任模式。追溯性责

---

① 甘绍平：《应用伦理学前沿问题研究》，江西人民出版社2002年版，第123—126页。

② 方秋明：《汉斯·约纳斯的责任伦理学研究》，复旦大学2004年博士论文，第29页。

③ 顾红亮：《责任与他者——列维纳斯的责任观》，《社会科学研究》2006年第1期，第39页。

④ 汉斯·兰克：《什么是责任?》，《西安交通大学学报》（社会科学版）2011年第3期，第3页。

⑤ 方秋明：《汉斯·约纳斯的责任伦理学研究》，复旦大学2004年博士论文，第30页。

任通常被用来证明报复行为的合理性，而前瞻性责任通常被用来给出建议或者警示。① 尤其是公共危机管理中的政府的责任，是指在如同质量安全危机之类的公共危机发生之前，政府就应该秉持高度的责任心，提前做好这些危机的各项应对和防范工作。

约纳斯（Hans Jonas, 1903—1993）是犹太裔德国哲学家，先后师从著名哲学家胡塞尔、海德格尔等人，是所谓技术伦理学的奠基人。约纳斯在其代表性著作《责任原理：技术文明时代的伦理学探索》一书中从几个不同角度论述责任。另外，他还在其另一本著作《技术、医学与伦理学——责任原理的实践》中从技术伦理的角度探讨了责任在这些范畴中的作用。约纳斯认为，责任从行为性质上可分为形式责任与实质责任，从责任主体和责任客体的关系上可以分为相互性责任与非相互性责任（non-reciprocal responsibility），从主体承担责任的角度可分为自然责任与契约责任。②

二 责任的属性

首先，责任是客观选择与主观认同的统一。从责任的起源来看，责任是人类生产过程中分工和遵循自然规律的必然选择。然而，随着分工的深化，责任的属性也有了突破。责任具有主观意识的一面，它作用于责任主体会发展成一种主观认同的意识形式和主观能动性，并可以内化为责任感。一方面，责任不是独立的意识形式，而是渗透在各种意识形式之中，并且是各种意识形式的关键内容，马克思曾将使命、职责、任务、理想作为社会关系的表现和征兆，其中心内容就是责任意识；另一方面，责任经常表现为一种特殊的任务表现形式，它的特殊性就在于它往往存在于主体内心，是一种经过主体的精神处理而内化了的任务表现形式，是主体对自身所提出的出于责任心、责任感而产生的内在驱动力，是与主体的内心世界有着不可分割的内在联系的任务表现形式。因此，从这个意义上说，责任就是对自己所负使命的忠诚和信守，是人性的升华，人们只有主观认识

---

① John Ladd, "BHOPAL: An essay on moral responsibility and civic virtue", *Journal of Social Philosophy*, Vol. 22, No. 1, 1991, p. 83.

② 方秋明博士对此有详细论述，可参见方秋明《汉斯·约纳斯的责任伦理学研究》，复旦大学 2004 年博士论文，第 30—31 页。

到并认同责任的客观性时才能主动承担责任。①

其次，责任是自愿性与强制性的统一。郭蕊认为："在私人领域，除了人之为人的基本道德责任和其他特定责任之外，承担责任是一种自觉、自愿的行为，不承担责任的行为至多只是不道德的。除非存在对责任或契约的承诺，否则私人主体有是否承担责任的选择权利。任何一个人不能强迫他人去承担责任，因为强迫本身就是对他人权利的侵犯。比如，如果过多地要求私人领域的公民履行慈善的义务，就会破坏个人自主的领域，也就会破坏公共领域和私人领域之间的区分。然而，对处于行政领域、掌握公共权力的人来说，责任除了具有主观认同性之外，还表现出外在的强制性，权力主体的行为将受到责任的约束，在接受了公共权力之后就必须要承担相应的责任，必须对行使权力的行为负责，没有任意选择的余地。特别是对于偏离社会规范、滥用权力的行为，一定要受到相应的惩罚，追究相应的责任。这是保障公共权力被正确使用及维护社会秩序的需要。"②

最后，责任是主观性和客观性的统一。责任天生就是伴随着社会主体的出现而诞生的。在一般意义上说，责任的产生和责任的承担是人类客观选择的结果，既是人类社会产生、发展和不断进化的产物，也是社会经济发展进步的动力。首先，责任及其承担并不是一种宗教的"原罪"③，所以不是什么上帝的旨意，通常也不必然是来自于个人的意愿。这是因为，在人类社会的早期发展阶段，由于生产力水平的低下，整个生产过程受到自然规律的约束更为严格，人类社会的生存需求自然选择了分工与合作结合的生产方式，这样才有可能完成必要的生产任务，每个主体的分工任务就成为了主体的基本责任。然而，伴随着人类社会的进步和经济的发展，责任及责任承担与公共活动和公共权力更为紧密地联系在一起，在责任的承担过程中，个人利益和社会利益并不总是能完美地结合在一起，这种矛盾性导致了责任本身表现出主观认同的特征。

对责任主观性和客观性的认识主要来自于公共管理学者的研究。美国学者弗雷德里克·莫舍（Frederick Mosher，1913—1990）通过对当代政府所处的困境，以及新的社会环境对政府行政和公共行政责任提出的新要求的角度，将责任，主要是行政责任的属性界定为两个方面——主观责任

---

① 郭蕊：《权责关系的行政学分析》，吉林大学 2009 年博士论文，第 24 页。
② 同上书，第 25 页。
③ 西方中世纪最著名的神学家奥古斯丁就秉承一种责任的"原罪说"。

（subject responsibility）和客观责任（object responsibility），而且他特别强调，责任是公共行政和私人部门行政中最重要的词汇。① 美国公共行政学者特里·库珀（Terry Cooper）就提出，从公共行政伦理的视角来看，责任不仅仅是解决公共行政中的一些困境的关键，而且这些困境的解决之道在于主观责任和客观责任的统一。库珀认为，客观责任来源于法律、组织机构以及社会对行政人员的角色期待，是外部强加的义务。客观责任的具体形式体现为两个方面：职责和应尽的义务。职责通常是指对某人或者某个集体负责，是公共行政组织内部分工的结果，具有相对的法定性、稳定性和规范性。义务则是指对某一任务、下属员工的人事管理和某一特定工作目标的实现负责。从二者的相对重要性的比较而言，库珀认为义务更为根本，职责则是确保义务在等级制度结构中得以实现的手段。主观责任的缘起则是个人自身对于忠诚、良知和认同的信仰，主观责任的发展对于以连续、理性和独立的方式履行客观责任来说是必不可少的。库珀进一步把公共行政人员的客观责任分为三个方面：行政人员最为直接的是对他们的上级负责，同时也要为他们的下属的行为负责；行政人员要对民选官员负责，将他们的意志当作公共政策的具体表现来贯彻执行，即通过政策执行过程的履行来实现对民选官员负责；行政人员还要对公民负责，对公共利益负责。库珀认为，与外部强加的客观责任不同，主观责任是作为对信仰、个人与职业价值观以及性格特征的一种表达，是一种基于情感和信仰的责任，主观责任根植于人们自身对良知、认同以及忠诚的信仰，也来自于公共管理过程中的角色，履行管理角色过程中的主观责任是职业道德的反映，这种职业道德是通过个人的经历而建立起来的。英国学者戴维·米勒（David Miller）和韦农·波格丹诺（Vernon Bogdanor，1943— ）在他们主编的《布莱克维尔政治学百科全书》中，将责任分为基于义务的责任和基于角色的责任。② 义务责任是指一个人如果本来可以采取另外的行动而却没有采取，那么他就是有责任的，因此他就会受到别人的责备，以至于受到惩罚，这主要是从道义和法律的角度而言。而角色责任最直接、最通常的表现是与某个特定的职位或组织相联系的职责，它常常与政

---

① Mosher Frederick, *Democracy and the Public Service*. New York：Oxford University Press，1968，p. 7.

② ［英］戴维·米勒、韦农·波格丹诺主编：《布莱克维尔政治学百科全书》，中译本修订版，第652页。

治活动和公共管理紧密相关。如果在角色责任中，这些人因为没有履行自己的职责而受到他人的责备或惩罚，那么在角色责任与义务责任之间紧密相连的纽带作用下，主观责任和客观责任实现了统一。质量安全管理过程中的各个主体正是因为扮演着不同的社会角色，通过这些差异化的角色责任与不同的义务责任之间的契合，实现主观责任和客观责任的对立统一。而只有主观责任与客观责任的融合，才能在目前复杂的质量安全社会背景中，理清组织和行政人员承担的几种混合的责任，解决公共行政人员责任承担的伦理困境。

第二节　权责一致与责任正义

一　权责一致性

西塞罗在其著名的《论责任》中详细阐述了责任对于权力的意义，但当时的责任主要是一种道德品质，与权力之间的关系也是松散的、内在的，并不具备现代意义上权责关系的基本特征。在中世纪神学时期，宗教神学遮蔽了权力的公民权利本位，使权力成为服务于神学统治的工具。但是，这其中仍不缺少一些关于保护公民权利的思想，闪耀着理性和进步的光辉。如斯宾诺莎在其反经院哲学、向封建教会提出挑战的《神学政治论》中提出了国家的利益应该是公民的利益，而非君主的利益，臣民服从君主的命令其实是服从君主专制的利益，它只会使自己成为奴隶，而公民服从国家统治权的命令其实是对全体公民利益的遵守，这是公民成为公民的基本义务。[①] 在《神学政治论》中，他又将公民的义务视为公民的基本权利，凡是根据政治权利享有国家的一切好处的人们均称为公民，凡是有服从国家各项规章和法律的义务的人们均称为国民。斯宾诺莎在"享有权利"与"服从义务"及"国民"与"公民"的区别方面仍存在很多模糊，但是已体现出巨大的历史进步，并为在理论与实践上进一步澄清公民及公民权利观念开辟了道路。澄清公民权利对于公共权力的重大意义在于确立了公共权力的公民本位。随着中世纪神学的禁锢被打破，启蒙运动推动了人民主权为核心的民主理念的提出，从根本上颠覆了封建神学专制统治下政府与民众之间的权责关系。

---

① ［荷］斯宾诺莎：《神学政治论》，温锡增译，商务印书馆1963年版，第218页。

18

　　传统公共行政学的创始人威尔逊（Woodrow Wilson，1856—1924）也曾对权力和责任的关系做过研究，他主张应该通过集权的方式才能够达到负责任的状态，权力的分散只会导致责任的分散。然而，最早明确提出权力与责任关系的思想家是古典管理学家法约尔（Henri Fayol，1841—1925），他在《工业管理与一般管理》一书中将"权力与责任"原则作为十四项管理原则中的一项，指出责任是权力的孪生物，是权力的当然结果和必要补充，凡权力行使的地方就有责任。[①] 而且他特别指出，领导人应该具有承担责任的勇气，制止领导人滥用权力的最有效保证是个人的精神道德。[②] 在韦伯创立的理性官僚制中，也对权力与责任的关系进行了论述，他首先依据不同的组织类型对权力进行了划分，并指出在法理型组织中，个人的权力与责任是严格对应的，但这种责任仅是所在职位所应承担的岗位责任，并有具体的规章制度及法律保障权责的一致。韦伯所主张的责任对权力的控制仅是最低限度责任的规定，并不能起到全面的控制作用，也会出现权力与责任相脱离的情况。厄威克提出了适用于一切组织的八项原则，其中就包括职责原则。怀特（Leonard D. White，1891—1958）在《行政学导论》的第三章第三节中明确谈到了权力与责任问题，并进一步阐述了权责分配的同一性原则，即以同一目标的行政事务为划分依据分配权力和责任，并且做到与部门、人员等级相一致。这种以行政事务为中心的权责划分为后来的理论与实践研究提供了重要的启发。在权责一致的影响因素分析方面，怀特列举了几种容易引发权责异化的情况：责任含糊不清，缺乏明确的责任体系，对自由裁量权的运用缺少监督以及由于机构设置重复、责任划分不清导致的责任扩散及部门冲突的问题。更具启发意义的是，怀特还提出了在紧急状态下需要打破常规责任分配设置，各机构、各部门之间应密切配合应对危机。然而，由于缺乏协调机制，导致紧急状态下滥用权力或逃避责任等权责混乱现象出现，进而导致互相推卸责任。英国著名管理学家厄威克（Lyndall F. Urwic，1891—1983）对担任这种职务的人的权力与责任的规定依据则是这个人的能力，即根据其能力来确定他们的权力与责任，这一新观点拓展了权力与责任的关系研究。厄威克还针对一切行政组织的管理提出了几项具有普遍适用性的原则，其中，

---

　　① ［法］法约尔：《工业管理与一般管理》，周安华等译，中国社会科学出版社 1982 年版，第 24 页。

　　② 同上书，第 25 页。

他针对组织中领导者的权力与责任，提出了单头领导原则、责权相符原则、明确性原则等保障权责一致性的规则。

二　责任与正义

什么是正义？"正义就是给予每个人应得的东西"，早在1500年前，拜占庭皇帝查士丁尼一世在他主持编撰的《法学汇编》（*Digest*）里开篇就这么宣称。那么，什么又是责任呢？无论古今中外，责任既是一种积极的担当和义务，也是基于此而形成的惩罚和补偿。

"雅典三贤"都曾探讨过正义的深刻含义。在2000多年前，柏拉图的导师苏格拉底用他独特的方式让人明确正义的存在性问题。而亚里士多德的导师柏拉图认为，个人正义与个人的灵魂是共生体，而个人的灵魂包含了理性、激情和欲望这样三个要素，并与人们的智慧、勇敢和节制三种"德性"相呼应。公民个人的正义就是合理地安排自己灵魂中的理性、激情和欲望，真正安排好自己的事情。① 但是，亚里士多德虽然也认为老师说得在理，但是也意识到追寻正义不能过分地拔高。因为他觉得老师的正义观伦理含义太浓厚，实在不易把握。所以，亚里士多德也写下他对于正义的概念。他将正义定义为两个部分：一般的正义和特别的正义。一般的正义是柏拉图提出的正义形式，只有在一个完美的社会里才可能存在。特别的正义则是对于特定的犯罪或非正义行为施加惩罚。也是在这里，亚里士多德主张人需要受过训练的判断能力，以判断特定事件正义与否。②

紧接着，亚里士多德把特别的正义又划分成两类。一类是"矫正正义"（Rectificatory Justice），另一类叫"分配正义"（Distributive Justice）。按照亚里士多德的理解，矫正正义指的是人与人之间在自愿或不自愿的交往中应该遵循的原则。举个简单的例子：A和B是平等的两个人，假如A不公正地从B那里拿走了C部分的财产，从而使得这两个人之间的财富分配形成了新的状态，即A + C和B − C情形。那么，依照矫正正义的原则，必须从A那里取走相当于C的东西，补偿给B。矫正正义是一种"消极的"正义，或者说是一种事后的补偿，只有当不正义的事情发生

---

① 杨佳：《柏拉图的正义观解析》，《人民论坛》（http：//www. cawhi. com/plus/view. php？aid = 7234）。

② http：//zh. wikipedia. org/wiki/% E4% BA% 9A% E9% 87% 8C% E5% A3% AB% E5% A4% 9A% E5% BE% B7.

后，它才会发挥矫正的作用。相比之下，亚里士多德所定义的分配正义要积极得多，因为它关注的不再是事后的惩罚和补偿，而是奖励。他认为，分配正义就是根据勇敢、正直、功绩等政治美德，按照比例平等的原则，分配职务、地位、荣誉，或者金钱。德行越高，分到的越多；德行越低，分到的越少。总之，就像他说的那样，以政治地位为核心，所有人都同意公正的分配必须根据美德而进行。而 John Rawls 对分配正义的看法简洁而深邃，这种正义就是用来弥补个人天生的不幸的。有人生来富贵荣华，有人出身贫贱，而社会不能提供改变，或者收敛两者之间差距的措施，正义得不到体现，社会的责任又如何体现？[1]

同样，亚里士多德也曾经如此论述责任，亚里士多德的责任观和他的正义观有着内在的一致性。在他看来，不管是正义还是责任，都不是纯粹道德伦理上的"空中楼阁"，而是带有一定具象和边界的可把握的范畴。而且，不管是他的分配正义，还是矫正正义，与责任又何尝不是紧密相连。责任是达成正义的必由之路，消极责任的补偿实现矫正正义，分配正义的实现保证积极责任的履行。

柏拉图还曾说过，"正义就是只做自己的事而不兼做别人的事"，再有，"正义就是有自己的东西干自己的事情"。这其实就是说社会成员恪守自己的规定地位、履行自己的规定责任，这个社会就是正义的。在他的《理想国》当中，正义就是理想国和理想城邦的出发点和最终归宿。[2] 可见，柏拉图在这里所指出的正义与责任也是不可分的。[3] 而且，这对政府行政责任、政府在质量安全监管中的职责设定未尝不是一种理性的约束，所谓行政正义和执法的正义当然也要限定在责任的范围之内。

德国古典哲学家康德，曾经在谈到责任的时候，认为这其实是一种诉求，关乎我们每一个人内在道德的判断与抉择。即如何摒弃自身的利益考量，做出自由的道德抉择。这是一种诉求人的内心的正义，[4] 而他所论述的责任也正是一种内化于心的"绝对律令"。不管是柏拉图还是康德，也不论亚里士多德和罗尔斯，正义的实现需要责任的履行，而责任的边界也

---

① 西闪：《没有平等，何谈分配主义》，《南都周刊》2011 年 5 月 5 日。

② 杨佳：《柏拉图的正义观解析》，《人民论坛》（http：//www. cawhi. com/plus/view. php？aid = 7234）。

③ 沈晓阳：《基于责任的正义与基于正义的责任》，《杭州师范学院学报》（社会科学版）2005 年第 3 期，第 52 页。

④ http：//www. college. nthu. edu. tw/files/15-1090-12098，c5277-1. php.

以正义为限。

第三节　质量安全责任的属性和类别

斯皮罗在 *Responsibility in Government：Theory and Practice* 一书中指出，责任具有模糊性、复杂性等特点，这导致了责任主体之间在确定责任的性质和划分责任边界等方面容易引起争论及混乱，进而在责任的主客体、责任承担的行为和方式等层面都存在很多的模糊区域。但是他也认为，尽管对于问责而言有很多不同的论述，但是都得承认其中存在着制约这一目标（goal of restraint）。[①] 而且斯皮罗强调了在民主政治中，责任主体对于责任的承担应该与其所负的责任相平衡，也就是我们通常所说的，问责体系的构建需要以清晰界定的责任为前提。[②] 这样，责任的内涵比较模糊和复杂，必须与外延相结合，内涵与外延的紧密结合会使得责任划分更为清晰。在质量安全管理过程中，由于责任主体的责任涉及的社会层面更为广泛，责任后果可能引起的社会矛盾更为深刻，质量安全责任的复杂性远较一般意义上的责任程度为深，对这一点要始终有清晰的认识。

质量安全管理过程中，各个责任主体的责任承担及其责任的界限区分，很大程度上来自于社会经济发展的程度，是各个主体在经济发展现阶段基于客观状态的选择。此外，质量安全责任的承担有其主观意识性的一面，这种主观意识作用于质量安全的各个责任主体，会发展成一种主观认同的意识形式和主观能动性，并可以内化为责任主体对于质量安全的内心责任感。责任并不是一种独立的意识形式，往往会与其他各种意识形式结合在一起，更为重要的是，责任是这些意识形态内涵和与外部联通的关键点。责任意识与主体的内心活动结合在一起，是一种经过责任主体的精神处理而内化的任务表现形式。主体对自身所提出的出于责任心、责任感而产生的内在驱动力，与主体的内心世界有着不可分割的内在联系。因此，从这个意义上说，责任就是对自己所负使命的忠诚和信守，是人性的升华，人们只有主观认识到并认同责任的客观性时才能主动承担责任。质量安全主体对于自身的责任也带有主观认同的性质，同时也极大地受制于主观认同的程度。

---

① Hebert Spiro, *Responsibility in Government*, New York：Van Nostrand Reinhold, 1969, p. 98.

② Ibid. , p. 18.

总而言之，随着社会经济环境日趋复杂化，产品生命周期过程中各个环节的增多，所涉及的外部环境的维度和群体数目激增，责任主体的责任履行程度、效果和责任追究日益体现出重要的外部影响。不管是这一过程中的政府主体还是市场主体，其责任的承担效果和不履行责任之后的责任"归责"都会对社会的整体福利产生重大的影响。而这些责任主体的责任具体承担人都是带有自利性倾向的个体，难以在个人的行为选择过程中，还包括公共行政的公共选择过程中，将这些外部化的成本—收益通过合适的方法和手段内在化，这就造成了当代责任及责任承担的外部性特征日趋明显。这种外部性不仅要求责任承担机制需要设计更多的激励机制，而且对于责任的问责机制需要从外部性成本内在化的角度进行规制，这些机制和规制措施的效果就有待于对质量安全主体责任和责任主体的内在本质属性的认识。同时，不同的责任类别也要求对质量安全责任主体所应用的政策措施存在差异，要对症下药，不然可能侵犯不同主体的权利，其效果自然也就不理想了。而更为重要的是，质量安全责任就是为了消费者和社会的公平正义。

22

第三章 归责的方法

有关责任归责方法的研究主要集中在法学和经济学的相关理论分析和实证研究当中。责任一词并不是一个标准的经济学教科书词汇。但是责任的承担与否与信用和信誉有着密不可分的关系，而信用和信誉则是市场经济赖以存在和健康发展的根本，这在经济学中有大量的研究成果。责任和归责方法在法学中的重要性自不待多言，经济学中有关归责的理论研究更是集中地体现在其分支——法经济学研究成果之中。而西方法经济学，尤其是其中的侵权法体系，更是具有一整套基于责任的理论体系。法经济学的归责原则对于实现责任边界划分和责任承担中，效率与公平的统一具有重要的理论意义。比如，法经济学中的产品责任制度就是一种将真实世界中因为信息不完全导致的"市场失灵"而出现的外部成本内在化，将产品的质量安全风险最小化，然后使得存在运行障碍的、现实的质量安全市场环境恢复到"自由放任"的理想市场状态，最终能够完成对社会资源进行有效调节的内生性制度。[①] 在这里，责任和归责实质上是一个激励问题，责任的法律规定及各种责任规制的方式可以视为一种调节社会利益关系的激励结构。

第一节 法律中的归责方法

在大陆法系的民法中，追究责任需要遵循一定的原则，这种原则通常被称为"归责原则"。中国台湾地区的学者邱聪智认为："在法律规范原

---

① 吴晓露：《多重均衡的刀刃解：产品责任制度的法经济学分析》，浙江大学 2009 年博士论文，第 39 页。

理上，使遭受损害之权益，与促使损害发出之原因者结合，将损害因而转嫁由原因者承担之法律价值判断因素，即为'归责'意义之核心。"① 归责原则问题是侵权法最核心、最重要的问题。因为，它既是构建侵权法规范内容和体系的指导原则，也是司法机关正确处理侵权纠纷的指针。有学者甚至把中国法律中体现的各种归责原则归纳为九种观点，可见对于归责，学术界自身并没有一个一致的观点。

24

首先，"归责"是一个动态的判断过程。"归责"并不是从静态均衡的角度看待谁造成了损害事实，应该根据什么理由让造成损害的主体承担补偿另一方的责任。其中，造成损害的主体并不一定是个人，也可以是一个群体，或者是公司、公共行政机构、社会组织等形式。造成损害事实的原因可能是主体的过失，也可能是其他原因。在这一动态的过程中，将特定的主体和造成损害的结构结合在一起，这整个过程都被称为"归责"。

其次，"归责"最终应该能够解决损害负担的分配问题。主体造成损害的情况有时候可能比较清晰明了。或者是单方面的过失，或者出自其他原因，责任主体和受害人之间并没有交叉的关系，但是在很多情况下，一起事故的双方或者是多方都可能对该事件的发生负有责任。那么，就是这时候还要解决责任在多方主体之间的分配问题。为了维持各方主体的利益平衡，这时的归责要复杂得多。

最后，"归责"往往包含着价值判断因素。人类社会不同的时代，归责的原则并不是一成不变的。奴隶社会、封建社会、资本主义社会、社会主义社会，归责的原则里面体现了不同的价值取向。总的走向是维护社会正义和公平，合理有效地保护弱者的合法权益。比如法律中企业产品责任归责原则的演变过程，实际上反映了人类社会对于质量安全责任中生产者、销售者和消费者之间相互关系的理解不断深化，也反映出人类社会对于弱者保护理念的不断进步。②

一 国外的研究

美国有关产品缺陷责任的法律对严格责任、过失理论和担保责任的探

---

① 邱聪智：《庞德民事归责理论之评价》，转引自王利明《侵权行为法归责原则研究》，中国政法大学出版社1992年版，第17页。

② 田园博士认为侵权行为"归责"原则体现了这三种内在本质，我们认为法律责任和产品责任的"归责"都体现了这三种本质。此处的论述参考了田园《侵权行为客观归责理论研究》，吉林大学2011年博士论文，第2页。

讨尽管也很多，但并不热衷于对所谓归责原则的探讨，他们甚至都不称之为归责原则，而将严格责任、过失责任这些责任认定的原则称为责任标准（standard）或者理论（theory）。美国产品责任法中并没有归责原则（principle of imputation）的称谓，追究责任所依据的理论通常称为"赔偿理论"（theories of recovery）。而中国对归责原则的英文翻译有多种（如criteria of liability、principle of liability），但这些翻译并未在美国文献中找到切实对应。虽然是名称上的不同，看似区别不大，但"理论"一词所指代的范围更加宽泛，而"原则"一词所指通常更加明确。

在美国产品责任法中，归责理论主要包括过失责任、严格责任和担保责任。而美国的法律界曾经对过失责任和严格责任的使用争辩不休，在1842—1965年之间，美国产品责任领域的大量案例也显示，在法官司法的实践当中，存在适用过失责任还是严格责任之间的博弈。过失责任原则依赖于理性人的假设，而严格责任依赖于损失分配的原则。这种状况到了1995年有了较大的改观，美国法学会通过《美国侵权法第二次重述》，宣称严格产品责任的本质是发现"存在不合理危险"（abnormally dangerous activities）的缺陷。而在中国的产品责任法中，产品缺陷责任的归责理论是严格责任，立法已经使我们不再需要争论到底应选择过失责任原则还是严格责任原则。但按照通常的理解，严格责任应该给消费者更大的保护，而不容置疑的事实是，中国消费者得到的保护并不尽如人意，在产品消费上，中国消费者并没有得到充分的质量上的安全感，可见归责原则的制定和实施的效果或者结果之间可能存在较大的距离。

产品责任法与合同法有很深的渊源关系，合同法要求受害人与被告之间必须有合同关系，受害人才可能获得赔偿。无合同关系的第三人被有缺陷的产品伤害，得不到任何赔偿。而过失责任原则将产品责任从合同法中拯救出来，使其受侵权法调整，无合同关系的第三人受到伤害依然可从生产商那里获得赔偿。依据该理论，可以请求救济的权利主体扩大到合同以外的第三人，义务主体也不限于合同一方当事人，如果生产商预见危险却不加以防范而致人损害，生产商就对此负有责任。同时，也扩大了产品的范围，不局限于本身具有危险属性的产品，对人、财产存在危险概率的产品均包括在内。

现代产品责任法体系以过失、担保和严格责任作为构成责任的三大理论基础，调整导致伤害的产品缺陷的所有类型。必须承认的是，严格责任

25

是产品质量安全责任中最显著的责任基础，而不是仅仅被限制在简单的制造或生产缺陷中。《布莱克法律辞典》对"严格责任"（strict liability）的解释是："严格责任并不考虑是实际上的过失还是损害的意图。但严格责任是基于对安全的绝对义务（absolute duty）的违反。严格责任最经常被适用在异常危险活动或产品责任案件中。"① 在该词典中，又将严格责任等同于绝对责任（absolute liability）和无过错责任（liability without fault）。

英国《牛津法律大辞典》将"严格责任"（strict liability）解释为："侵权法中有关责任标准的术语。它比通常的未能尽合理注意之普通标准更为严格，但也不是绝对的，它有时是特定标准。在此情况下，如果禁止之损害发生，则不论损害人尽了何种注意，采取了任何预防措施都须承担责任。在承担责任之场合仍有一些抗辩事由，只是很有限，合理注意不在其中。"②

严格责任的产生与现代工业化大生产的发展分不开，现代工业的发展给社会带来很大利益，给消费者带来巨大便利的同时，也相应地带来一些不可避免的伤害。依据过失理论，生产商没有过失导致损失的行为而带来伤害，消费者将会得不到任何赔偿。所以，严格责任在产品责任领域的必要性毋庸置疑，它主要是保护受损害弱势群体的利益。这一理论之后的基本原理是，因为生产商从产品中获益，他就要为导致的伤害负责任，严格产品责任也是为了促进安全和正义。还有学者认为，严格责任考虑三方面因素：第一，因为引起损害的设计缺陷和制造缺陷通常不可以预见，制造这些产品的生产商，应该通过调整价格和责任保险、损失转嫁来获得这种补偿；第二，严格责任给生产商设计更安全的产品提供动力；第三，现代社会产品越来越复杂，即使生产商存在某方面过失，原告也几乎没有能力证明被告设计缺陷存在过失。因此，严格责任是原告胜诉的一个必要工具。概括起来，现代社会产品质量安全责任使用严格责任的价值基础包括：损失转嫁、正义、公平、安全。

其中，需要加以解释的是损失转嫁原则（loss spreading），也称为损失分散原则。一般来讲，产品事故的风险和损失在社会中可通过三种方式转嫁。潜在的受害人可以通过向私人保险公司购买单方健康、残疾保险和

---

① Bryan A. Garner, Black's Law Dictionary, 8th ed, West, Thomson Business, 2004, p. 2679.
② ［英］戴维·沃克：《牛津法律大辞典》，李双元译，法律出版社2003年版，第1080页。

人寿保险来防御事故损失；政府通过税额支持的各种社会福利计划的形式使损失社会化；或者在法律体系中规定，适用严格责任使产品的生产商和经销商可以消化伤害带来的损失，并将其分配到消费者购买的产品的成本中。产品生产商被要求吸收损失并将其分配给它的股东，特别是通过长期运作再分配给消费者。因此，在第三种损失转嫁的方式中，生产商会把这些损害赔偿再分配到产品的成本中，从而在产品价格中得到体现，即将损害产生的成本分摊到使用该产品的每一个消费者身上。在美国，几十年前，法院和一些评论者对损失转嫁一直持怀疑态度，甚至是敌视态度。然而，在严格产品责任的革命中，它被作为侵权行为法革命性进步的基础得到广泛认可。在严格责任中，损失分配是首要的。即使被告尽到所有合理注意，损失的风险也是如此之高，其该受谴责的行为与此无关。所以，损失转嫁成为实施严格责任的首要价值基础。

二　中国的研究

中国学者对我国现行相关法律中所体现的产品责任的归责理论存在不同的看法。一些专家学者认为主要体现的是过失责任原则。另一种观点认为，我国的产品责任原则秉承的是严格责任原则或者无过错责任原则。此种观点认为，生产者、销售者有无过错，都应对产品所致损害承担赔偿责任。这也与国际上现在主流的产品责任归责的原则是一致的。①

以上这些都是学者们归纳的一些产品质量立法的归责原则。但是我们依据有关产品质量的相关立法，再对照既有的产品质量归责的立法原理，可以看出，中国的质量立法里面也在不同具体法规中集中地或者分散地体现了一些普遍适用的质量安全归责的理论。

例如，中国《民法通则》第 122 条规定："因产品质量不合格造成他人财产、人身损害的，产品制造者、销售者应当依法承担民事责任。运输者、仓储者对此负有责任的，产品制造者、销售者有权要求赔偿损失。"按照该规定，对生产者和销售者来说，"产品质量不合格"是构成产品责任的必要条件。

又如，《产品质量法》第 41 条第 1 款规定："因产品存在缺陷造成人身、缺陷产品以外的其他财产损害的，生产者应当承担赔偿责任"；该法

---

① 张骐：《中美产品责任的归责原则比较》，《中外法学》1998 年第 4 期，第 63 页。

第 42 条第 2 款规定的是:"销售者不能指明缺陷产品的生产者也不能指明缺陷产品的供货者的,销售者应当承担赔偿责任。"第 43 条规定:"因产品存在缺陷造成人身、他人财产损害的,受害者可以向产品的生产者要求赔偿,也可以向产品的销售者要求赔偿。"我国学者大都认为《产品质量法》第 41 条规定的产品侵权责任,其归责理论为"严格责任"。而更多学者认为,中国产品责任法实际上是对产品生产者采取严格责任,但是对销售者采取的是过错责任。但问题是,严格责任在中国司法中的证据举证上多采举证责任倒置。这就如同"过错推定说",假设生产商有责任,生产商若认为自己没有责任就得提出证据进行举证,如不能举证,就得承担举证不能的后果。虽然过错推定仍然以过错为中心,但严格责任之下也有抗辩。而很多学者倡导严格责任,却并未对其进行详细的论证和考察。

按照多数学者的观点和中国相关产品质量安全领域的立法,产品责任的归责理论应该是严格责任。虽然对销售者适用的是过错责任,但这实际上表明承担责任的最终主体是生产商,而不是销售者。张骐认为:"严格责任是有利于消费者的归责理论,消费者可以因产品缺陷造成的损害单独起诉生产者或销售者,也可同时起诉二者;生产者和销售者都不得以无合同关系、无过错为由拒绝赔偿;法院得依法支持原告的诉讼请求。因此,对消费者来说,严格责任原则是维护权利和利益的主要法律武器。"[1] 但问题是,严格责任在目前中国适用的状况达到严格责任的初衷了吗?世界产品责任归责理论的发展趋势是严格责任吗?肯定和否定的回答都未免有些武断。从我国的历史现状来看,我国尚处于经济发展初期,还没有美国那么扎实强大的经济基础,而这正是实行严格责任所必需的。另外,还有人认为,在中国的产品归责领域,严格责任是趋势,而过错推定是现状。这种声音虽不是主流,但反映了一定问题。从 20 世纪后半期世界各国特别是美国、欧盟、英国产品责任法的发展情况来看,严格责任确实代表一种趋势。

第二节 法经济学中的归责方法

我国法学界未能在产品责任归责原则理论上取得实质性突破,根

---

[1] 张骐:《中美产品责任的归责原则比较》,《中外法学》1998 年第 4 期,第 65 页。

本原因可能在于传统的法学研究方法论的内在缺陷。一言以蔽之，法经济学分析范式的根源乃在于市场失灵，正因为市场在质量安全领域存在失灵，所以需要政府的介入来改变"失灵"的境地。在质量安全领域，要使得市场机制真正发挥作用，保障市场经济的健康发展，就要求公共政策兼顾效率与公平这两大目标，这种要求最终导致了法学与经济学之间的结合，而法经济学分析范式正是这两个学科交叉结合的结果。

29

法经济学的分析范式是一种以成本—收益的计算为核心，以边际分析方法为基本工具的研究方法。法经济学中的责任问题研究主要是针对产品责任制度。法经济学家将"产品责任"定义为用以规制由于产品使用而导致损害分配的法律体系。在经济学和经济学家看来，传统的侵权行为和经济学概念之间存在一定的联系。从而用经济学研究侵权行为以及随之而来的责任追究，能够得到一系列理论结论。

首先，用经济学来研究侵权行为及内在的责任问题，这是一种将真实世界中因为信息不完全导致"市场失灵"而出现的外部成本内在化，将产品的风险最小化，然后使得存在运行障碍的现实市场恢复到"自由放任"的理想市场状态，最终期望能够完成对社会资源有效调节的内生性制度（Viscusi & Moore，1993）。

其次，这里面实质上是一个激励问题，如马尔库偌和米德马（Maercuro & Medema，1997）认为，法律及各种规制可以视为一种调节社会利益关系的激励结构。责任作为法律的基础，归责自然也可以被用来调节产品质量领域的社会各方的利益关系。

虽然法经济学界对产品责任制度的内涵与实质已经形成相当的共识，但是对于该制度的外延边界存在一些分歧，到底哪些制度可属于用以规制由于产品使用而导致损害分配的产品责任制度体系，不同的法经济学家仍有不同的意见。在法经济学的发展过程中，出现了几种责任归责的原则。

一　科斯定理

科斯早在 1937 年就发表了《企业的性质》一文，提出了"交易成本"概念。1960 年科斯在《法经济学杂志》上发表了《社会成本问题》一文，该文从讨论外部性问题入手，通过对一些法律案例（大小 25 个案例）中责任归属的分析，表明："外部性的存在并不是政府干预的适当基础，交易成本的高低应成为制度选择的标准。"① 科斯本人并没有严格地定义"科斯定理"这一术语。关于科斯定理，斯蒂格勒（George Stigler，1911—1991）1966 年在其经典著作《价格理论》的第三版中，将科斯在《社会成本问题》一文中体现的核心思想总结归纳为"科斯定理"。② 他给出的定义是：在一个交易成本为零的世界里，法律规则对于资源的使用不产生任何影响。也就是说，只要财产权是明确的，并且交易成本为零或者很小，那么，无论在开始时将财产权赋予谁，市场均衡的最终结果都是有效率的，能够实现资源配置的帕累托最优（pareto optimum）。③

斯蒂格勒所说的交易成本，包括了搜寻交易伙伴订立契约的成本，也包括了解决由于交易而产生的争执的成本。简单地说，是为达成一项交易、做成一笔买卖所要付出的时间、精力和产品之外的费用。

《社会成本问题》一文中所提出的"产权"方法，使法律的经济分析的一般化在方法论上成为现实。从表面上看，科斯论述的都是产权的分配，本质上也可以将其理解为权利与责任的初始分配，在他分析的这些案例中，产权明确给一方，那么另一方就会承担损害赔偿的责任，只不过在科斯看来，如果交易成本不显著的话，初始产权分配给任何一方，市场都最终能够实现社会成本的最小化。

1972 年，波斯纳（Richard Posner）的《法律的经济分析》极大地促进了法经济学分析范式的勃兴。在该著作中，波斯纳将科斯等人有关产权、契约和侵权责任的基本观念用经济学的相关概念予以一般化，并将其应用到几乎所有的法律领域，全面展示了对法律进行经济分析的可行性，从而为使用经济学的范式分析法律的"责任"奠定了基础。④

---

① 赵凤梅、李军：《法经济学分析范式的历史性考察》，《山东大学学报》（哲学社会科学版）2008 年第 6 期，第 83 页。

② ［美］乔治·斯蒂格勒：《价格理论》，李青原等译，商务印书馆 1992 年版，第 126 页。

③ 帕累托最优是指资源分配的一种理想状态，即假定固有的一群人和可分配的资源，从一种分配状态到另一种状态的变化中，在没有使任何人境况变坏的前提下，也不可能再使某些人的处境变好。换句话说，就是不可能再改善某些人的境况，而不使任何其他人受损。

④ 赵凤梅、李军：《法经济学分析范式的历史性考察》，《山东大学学报》（哲学社会科学版）2008 年第 6 期，第 83 页。

二 汉德法则

汉德法则（Hand Rule）是英美法系中侵权法律关系里面至为重要的责任判定原则。在 1947 年的美利坚合众国政府诉卡罗尔拖轮公司（United States v. Carroll Towing Co.）一案中，[①] 1947 年冬天，在繁忙的纽约港，当时有很多驳船（barge）用一根泊绳系在几个凸式码头边。被告卡罗尔拖轮公司的一只拖轮被租用将一只驳船拖出港口。由于驳船上没有人，为了松开被拖的驳船，被告拖轮的船员就自己动手调整泊绳。由于没有调整好，脱离泊绳的驳船撞上了另一只船，连同货物一起沉入了海底。驳船船主以拖轮船主存在过失而导致损失为由向法院起诉。而拖轮船主则认为，当拖轮的船员在调整泊绳时，驳船的船员不在该船上，因此，驳船的船员作为驳船船主的代理人，具有过失。法官汉德（Learned Hand）在这起案件的判决书中写道：每只船都可能冲出泊位，会对周围船只产生威胁，船主预防损害发生的责任，是三个变量的函数：

（1）船只冲出泊位的概率（probability，P）

（2）因此产生的损害程度（loss，L）

（3）充分预防的成本（burden，B）

在定义以上变量的基础上，如果这三个变量之间存在如同 $B < P * L$ 这样的数量关系，就可以确定一方存在过失责任。

科斯定理和汉德公式为我们提供了决定责任归属的基本思路。科斯要求我们选择使得社会成本最小的方案，汉德公式进一步明确应该由双方当事人中能够以最小成本预防损害发生而又没有采取该措施以避免损害的一方承担侵权责任。汉德公式的基本含义是：如果被告预防损失的成本要低于给他人造成损失的成本，此时被告就有义务采取预防措施；如果没有采取预防措施导致了损失的发生，那么被告就被认为是有过失的。汉德公式起源于过失的判例，但是，它对故意的情形同样具有解释力。在故意的场合，B 被认为是负值。也就是说，行为人不仅没有投入成本进行预防，反而朝相反的方向投入成本。当 B 值为负值时，$P * L$ 的值只要稍微有些，就会大于 B。

边际汉德公式是对汉德公式的改进，引入对边际成本和边际收益的考

---

① 本案例的过程可参见 http://en. wikipedia. org/wiki/United_States_v._Carroll_Towing_Co。

察，使得预防行为停留在边际预防成本与边际预防收益相等的那一点。法经济学的分析范式是一种以成本—收益的计算为核心，以边际分析方法为基本工具的研究方法。在边际汉德公式中，法庭应该考虑事故避免的增量的、渐进的成本和增量的、渐进的收益。如果加害人的边际预防成本低于相应的边际收益，则其应该负过错责任。其经济学逻辑在于，只有对边际成本与边际收益加以权衡的过错认定标准，将促使行为人都采取对社会而言最优的预防程度和行为水平，而这些社会合意的行动必将使得社会达到社会福利的最优状态。不是简单地决定谁补偿谁，更重要的是激励社会行为的参与者保持最优预防——既不要不足，也不要过度——从而使得社会成本最小化。①

三 "最便宜成本避免者"

在具体的责任分析上，卡拉布雷西在其 *The Costs of Accidents：A Legal and Economic Analysis* 一书中提出责任应该放在能产生最有效率均衡的地方，"最便宜成本避免者"（cheapest cost avoider）应该承担责任，也即能够用最低廉的代价避免（风险或者损害）发生的一方是主要责任人。② 效率最大化要求权利被赋予给对其评价最高的一方（highest value user），这也就意味着其他主体应该承担损失的补偿责任。如果交易成本为正，并且法律制度的目的是效率最大化，就要将权利配置给能够以最高的价值使用资源的一方；或者将责任配置给能够以最低的成本避免损害的一方。这是在交易成本为零的条件下，当事人最有可能通过谈判而达成的协议。而戴蒙德（Peter Diamond）和莫理斯（James Mirrlees）在他们1975年的论文"On the assignment of liability：the uniform case"中验证了一些能够识别这种"最便宜成本避免者"的条件，这些条件常常是非常复杂且难以凭直觉判断的，这些条件也需要扎实的实证研究来判别，而他们证明的定理则可以为寻找这些需要识别的信息提供向导。③

---

① 冯志军、李军：《侵权归责原则的法经济学分析导论》，《山西财经大学学报》2008年第6期，第8页。

② Diamond P., and J. Mirrlees, 1975, "On the Assignment of Liability：The Uniform Case", *The Bell Journal of Economics*, Vol. 6, No. 2, p. 488.

③ Ibid., p. 509.

第三节 归责与利益分配

从以上的分析来看，法律中的归责原则比较侧重公平，而在经济学家的视角中研究产品责任问题，更多强调的是效率原则，追求的是效用和福利的最大化。法经济学中对于质量安全责任的分析范式还是以成本—收益的计算为核心，基本分析工具是边际分析，目标是实现社会成本的最小化，或者说是社会福利的最大化。在科斯看来，如果产权界定是明确的，实现这一终极目标与质量安全责任的归责原则就没有任何关系，也就是说，此时将责任放在任何一方，市场交易的结果都最终是社会最优化的。汉德法官创立的汉德法则认为，对于质量安全责任中的过错认定可以采用成本—收益的比较方法。对边际成本和边际收益加以权衡的过错认定的标准将促使所有行为人都采取对社会而言最优的质量安全预防水平。而"最小成本避免者"的责任归责原则也是基于社会成本最小化的角度来判定质量安全责任。当然，社会最优化的结果是质量安全责任制度设计的终极目标，这里面也要考虑这种制度设计对于不同主体的行为激励效果，以及对他们之间的利益分配产生的不同影响。那么，产品责任的归责原则是如何通过消费者权益的保护与经营者利益之间的制衡，来确保社会目标的实现。质量安全责任制度也会对资源分配和社会福利产生一定的影响，这就依赖于责任制度的设计。

在完全信息假设下的新古典经济学中，很多学者研究了产品责任问题，这些文献一方面假设消费者拥有产品的完全信息而且其消费是理性的，另一方面，假设产品质量安全风险所可能导致的损害只由厂商在质量安全上的注意水平，或者其在产品质量安全上的投资决定，这实际上也隐含假设在产品质量安全责任中的具有完全信息和充分的理性，忽视了消费者行为对于产品质量安全的影响。在这种产品责任的经济学分析中，产品责任制度仅仅是一种类似合同契约的安排，在市场机制的作用下，产权的初始界定不会影响资源配置。显然，这种完全信息条件的假设和在此基础上的分析，既招致法学家的批评，经济学家自身也在不断地修订这种分析的范式，从而使得责任研究更加符合现实。

如同经济学从完全信息走向了不完全信息、不对称信息经济学的时代，经济学对产品责任的研究也从完全信息假设下的新古典范式走向了不完全信息条件下的质量安全责任问题。同样，如果说完全信息下产品质量安全责任仅仅是一个契约责任的制度安排，那么不完全信息下的质量安全责任则向前一步，迈向了侵权法律约束下的产品责任。由此，一方面对消费者在质量安全责任体系中的作用有了新的认识。在这里，消费者行为，或者说消费者在使用产品的时候对质量安全的注意水平也会影响到产品的质量安全风险。另一方面，对生产者责任的研究重点也涉及产品责任原则对于生产者新产品创新的影响。生产者产品责任的严格化会增加企业在产品质量安全上的投资激励，但是这种责任制度如果过于严苛，企业可能会发现其在质量安全上的投资变得无利可图，而削减在上面的创新，这时就会带来市场资源配置的扭曲。另外，对产品质量安全责任是适用严格责任还是疏忽责任，会影响经营者和消费者各自的行为选择。偏向严格责任可能会使得厂商提高产品质量安全上的投资，从而增加产品的安全性能，但是带来的负面影响就是降低了消费者的注意水平或者防范质量安全问题的水平，同时也提高了厂商新产品的创新壁垒。如果偏向疏忽责任，虽然能够激励消费者保持对于质量安全风险的合理的注意水平，但是对于生产者而言会降低产品质量安全风险的平均的损害成本，也间接地降低了产品的质量安全的性能。可见，在不完全信息下，责任制度的安排会影响生产者和消费者对于自身资源的使用，进而影响社会的资源配置。不完全信息下的产品质量安全责任，关键是找到能够同时满足生产者、消费者和社会福利最大化的产品责任制度，在一个法律（主要是侵权法）调节的市民社会当中，这一产品责任制度应该能够纠正信息不对称导致的市场失灵，通过责任制度的设计，回复市场机制在资源配置上的基础性作用。

如果法律体系是健全的，司法制度比较完善，那么即使是在信息不对称的情况下，法律也能够使得存在运行障碍的现实的市场恢复到理想的市场状态，从而实现对社会资源的有效调节，也实现生产者利益和消费者权益的保护和均衡。但是，法律体系即使在发达国家都存在诸多的不完善之处，那么，在发展中国家更是如此，如果没有这一先决条件，单凭产品责任的制度是无法治理质量安全领域的市场失灵问题的，自然而然地将政府质量安全规制的设置纳入了可选择的机会集合。

产品质量安全责任的行政规制也可能实现外部成本的内在化，最小化产品风险。即使是最坚持自由市场导向的经济学家，也同意这一点。但是一般而言，经济学家赞同将法律中的产品责任归责原则、行政规制、私人保险和公共保险结合在一起，利用这些方式的优点，克服其缺点，提高质量安全责任对于现实市场运行障碍的调整，以及对于社会资源使用的有效调节。[①]

对此，学者们的观点是，法律责任制度与政府规制相互配合。萨维尔（Steven Shavell, 1984）认为，行政机构和私人部门掌握的产品风险的信息总是有所差别的，私人部门在质量安全伤害中也不会承担全部的损害结果，有时反而可能逃避责任，但是行政和司法机关都存在管理和追究的成本。在以上假设的基础上，他认为，要想实现社会最优的结果，实现产品风险控制的最优解决方案是质量安全规制和法律责任的配合。罗斯—阿克曼（Susan Rose-Ackerman）在其 1991 年的文章中，进一步界定了侵权法律责任与质量安全规制各自的适用范围，认为侵权责任只是行政规制不够严厉之时的权宜之计，质量安全规制要退出侵权责任能够以更严厉的方式管束企业的那些领域。也就是说，在质量安全责任中，绝大多数导致损害的行为仍然是由侵权责任管理，质量安全的行政规制限于那些必须选择直接的、事前规制的、有严重危害的产品责任领域，如健康和药品等比较小的范围。[②]

我们在前文中分析过责任与正义之间的关系。正义就包含了自由、平等和安全三种价值于一身。社会福利最大化或者社会成本最小化是质量安全责任在利益分配中的外部界限。根据福利经济学的两大基本定理，最优的社会福利状态是以交换效率的实现为条件，而只有在尊重和保护市场主体自由、平等权利的基础上，才能实现交换效率。实现社会正义的责任原则和制度可能就是效率和公平原则的内生化体现。正如著名的法经济学家弗里德曼（David Friedman）所言："在对法律进行经济学分析的过程中，我们会发现正义与效率之间有着令人惊异的关联。在很多情况下，我们认为公正的原则正好符合那些根据我们的观察是有效率的原则，这就意味着一种推断，我们所称的那些正义的原则可能实际上就是产生有效率的结果所需要的各种原则的重要组成部分。"[③] 这也就回答了归责和责任原则与

35

---

① 史晋川：《法律·法规·竞争》，经济科学出版社 2008 年版，第 18 页。

② 同上。

③ ［美］大卫·弗里德曼：《经济学语境下的法律规则》，法律出版社 2004 年版，第 20 页。

社会总体利益和单个主体利益之间在本质上的一致性。

第四节 质量安全责任的归责

质量安全事件发生之后的责任归责非常重要，已经成为近年来质量安全事件频发之后各方关注的热点问题。以什么样的归责原则可以让质量安全的市场主体主动履行其责任，又有什么样的原则能够实现对政府行政人员问责的公平、公正，这些都体现了责任归责的原则适用的重要性。

本章所提出的各种方法能够为目前质量安全责任体系中不同主体的责任划分和责任承担提供很好的借鉴意义。例如，从国外的经验来看，西方英美法体系中侵权法的经济本质就是通过责任规则的运用，将那些由于高交易成本造成的外部性内部化（internalization），追求效率与公平的有机统一。由此似乎可以简单地做一个推论，英美法经济学中的有关归责的相关研究成果，能够为我国的产品质量安全事件发生后的责任处理提供理论和实践的借鉴。无疑，不管是我国的法律和外国的法律，这并不是一个无迹可寻的新概念，都已经有相应的法律条文进行规范，但是，面对复杂的质量安全环境，面对主体在不同国家和相异的社会文化背景中的行为差异，机械地运用这些既有规定和原则，对于不同主体而言，难以起到较好的责任约束或者激励的作用，或者只是事后的弥补，而且不一定能够有效地补偿质量伤害对于消费者造成的损失。所以，需要针对主体的行为，在设计质量安全的责任机制的时候，利用不同的归责原则对于主体行为的不同影响，采用不同的责任承担方式，才能做到社会成本的最优化。

我们在做此判断的时候，必须首先看到一个重大的区别，那就是法律制度之间存在的巨大差异。我们国家的法律体系本质上属于大陆法体系，这两种法律体系之间在法律渊源、法律适用、法律的分类、诉讼的程序等方面都存在不同。而我国在立法和法律体系的建设上，在立法的理念和一些法理原则上与英美法系的国家之间存在巨大的差异，而这种差异也体现在产品质量的相关法律当中，也体现在质量安全事件发生之后的责任追究当中。

产品质量出现问题对消费者造成的质量伤害是侵权行为的一种。在英美法的体系中，整个侵权法的体系就是围绕着责任的归属建立起来的。归纳起来看，侵权责任的成立需要满足三个要素：伤害、因果关系和未尽义务。建立在伤害和因果关系之上的责任规则就是所谓的"严格责任"。在英美法的判例中，受害人为了索取损失的赔偿，在伤害和因果这两个基本要素之外，还需要证明未尽义务，这又使得英美法体系下的责任归属规则更类似一个"过失"归责原则。我国属于大陆法体系，大陆法体系中的产品责任归责的原则是单一的严格责任原则。在这种责任归属规则之下，因果关系的证明是构成责任的必要条件，而过失或者未尽义务则不是必要条件。

37

　　例如，英美法体系下有一个重要而普遍采用的判断责任归属的法则，即汉德公式，该法则认为，若施害人的边际预防成本低于相应的边际收益，那么他就负有过失责任。换言之，在进一步采取预防措施是成本有效的时候，即预防成本低于有效率的水平的时候，施害人负有责任。这种归责的原则，对于施害人和受害人都能够产生有效的激励，而大陆法体系坚守的严格责任原则，从理论上分析，仅能对施害人产生有效的激励。

　　其实除了在大陆法系下基本适用严格责任之外，20 世纪以来，英美法系下的严格责任原则的适用范围也在扩大。随着生产过程的日趋复杂化和信息社会的到来，对于因果关系的证明相对于证明过失的存在渐显优势，尤其是在信息量的耗费上，前者明显会小于后者。由受害人来证明生产厂家的过失越来越困难，这些厂家对于责任的规避也更趋普遍和容易。反之，如果责任原则仅仅要求受害人证实因果关系，采取预防措施的激励就会转到生产商。如果引入"举证责任倒置"，对于消费者来说就更为有利了。

　　法经济学分析范式有助于实现法律实践中的公平和效率的有机统一。如果我们将产品整个生命周期在消费者使用之前的阶段分为设计、制造和警示这几个部分。严格责任原则对于产品质量而言，仅仅在制造缺陷领域的质量安全事件处理上进行应用，能够实现效率与公平的有机统一。但是产品质量问题的产生不仅局限于生产制造过程，在设计缺陷领域和警示缺陷领域，单纯的严格责任原则远不能实现这两者的兼顾。在特种设备质量安全事件的责任处理上更是如此，在特种设备领域，设计和维保过程相较于一般产品而言，这两个阶段的重要性要高得多，更需要找到适合的激励机制实现法律法规对质量安全治理的效率的提高。但是由于中国属于大陆法体系，且在产品质量法规中对于产品在消费者使用之前的各个过程划分不明晰，导致现有的法经济学中成熟的归责原则，如"最便宜成本避免者"、"汉德法则"等要想在我国法律环境中使用，必须对使用的环境进行细致的分析，不然这些规则的内在规律无法体现在相关的实例中，也难以实现公平与效率的兼顾。

第二编
质量安全中企业主体和社会组织的责任

第四章　企业质量安全市场主体责任

在现代社会经济活动中，企业是最基本、最重要的市场经营活动的主体，是市场经济机制运行的微观基础，企业发挥质量安全市场主体作用是企业依法生产经营的要求，也是企业履行社会责任的要求，更是企业自身生存发展的内在要求。对于企业而言，质量是企业形象和信誉的载体，更是企业的生命，产品质量问题和质量安全问题的根源也在于企业。企业应该认真履行法律法规规定的产品质量安全义务，严格依法组织生产，建立健全质量管理体系，不断提升产品质量水平，以保障产品质量安全来积极履行企业基本的社会责任。① 但是在当前，有一些企业主体责任意识不强、法律意识淡薄、社会责任缺失，加之质量安全的责任体系并不完善，造成产品质量安全问题仍然突出，严重危害了人民群众生命健康和财产安全，影响了经济健康发展和社会和谐稳定。企业切实履行产品质量安全的市场主体责任，已成为全社会和广大消费者的迫切要求。

第一节　企业质量安全市场主体责任的内涵

一　企业产品质量安全市场主体责任的定义

企业产品质量安全市场主体责任实际就是产品责任问题。因缺陷产品导致人身及财产损害而产生责任归属的"产品责任"问题，各国对其称

---

① 参见《国务院关于印发质量发展纲要（2011—2020 年）的通知》（http：//www. gov. cn/zwgk/2012-02/09/content_ 2062401. htm）。

谓不尽相同，在英美法系中多称产品责任（Products' Liability），也有称生产者责任或制造者责任（Manufacturers' Liability）。在德国，有制造品或生产品、产品责任或制造者或生产者责任这些不同的称谓；在日本，则称其为制造物责任，或生产物责任；在中国的台湾地区，这种责任又被称为商品制造人责任、商品制作人责任或产品责任、制品责任等；而中国内地多称其为产品责任或产品质量责任。归纳起来，上述对产品责任的不同称呼集中表现为两个方面：一是着眼于客体，即产品或制造品、生产品、制造物及生产物责任；二是着眼于主体，即商品制作人或制造者、生产者责任。

质量安全责任的主体是生产者，并将其定义为：成品的制造者、原材料的生产者和零部件的制造者，还有将其名字、商标或其他识别特征标示在产品上，表明自己是生产者的人。另外，随着经济活动方式的改变，质量安全责任主体还包括为销售、出租、租借或为经济目的的任何形式的分销，将产品进口、引进国内市场的人，这些都被视为生产者企业的责任。企业如果能自觉意识到现代社会经济对于产品质量安全的要求，就会产生强烈而明确的责任意识，并以此来推动企业的生产与经营活动。

企业的质量责任在最初的时候仅仅与其产品责任指向同一个范畴，只是反映了企业纯粹的赢利性本质。但是从古典社会到今天，企业越来越成为社会有机整体的一部分，不再是孤立的利益单元，而转变为各种利益相关者的利益的集合体。在这一社会经济背景之下，企业的质量责任就从单一的、被动的、产品责任转向复合的、内生的质量安全责任，在当前特定的社会经济发展阶段，这成为重要的企业社会责任的外在表现之一。

二　企业产品责任归责原则的历史发展

在产品责任的法律中，现在各国有关产品质量安全责任的立法原则普遍确立的是严格责任。[①] 但是在西方各国的经济发展历史过程中，这种立法的原则并不是一成不变的。纵观其发展进程，可以描绘出一个从契约（合同）责任，转变为过错或过失责任，继而从担保责任再到严格责任确立的渐变过程，而推动这一发展过程的驱动力是经济发展和消费者主权保

---

① 刘大洪、张剑辉：《论产品严格责任原则的适用与完善》，《法学评论》2004 年第 3 期，第 107 页。

护意识的不断深化。①

（一）契约责任阶段

在这种立法原则下，判决制造人承担产品质量问题对消费者造成伤害的赔偿责任的时候，首先需要考察受害人与制造人之间是否存在合同关系，如果存在直接的合同关系，再来进一步考察制造人是否应该承担赔偿责任。这种原则是按照合同关系来限制产品责任的适用范围，而产品受害人与制造商之间是否存在直接的合同关系是能否追究制造商产品责任的基础和关键因素。例如，如果买方与制造商之间没有直接的商品购买合同的话，买方可以起诉零售商却不能起诉制造商，也就是"无契约无责任原则"②。

不得不说，这种产品责任制度体现的是法律对于生产经营活动的鼓励和保护，这与自由资本主义时期大力推动资本主义经济发展的社会潮流相一致，主要是为了保护处于初级发展阶段的制造商的利益，但同时忽略了直接购买者之外的众多消费者的利益。显然有着较强的历史局限性，没有看到经济社会中，这种社会生产和社会消费之间是因果和互动的关系。③合同契约原则的弊端有二：首先是在该种原则下，只有合同当事人才能主张赔偿，对当事人以外的受害人不公平；其次是买方只能直接向卖方主张赔偿，然后依据层层的合同关系才能追索到制造商等其他可能应该负责任的主体，这常常会导致诉讼的社会成本增加很多。随着大工业的发展和专业化分工的细致程度的加深，产品的销售环节越来越多，在现代社会生活中，第三人因为产品受到伤害的情形越来越普遍，这种契约原则的弊端表现得就越来越明显。

（二）过失责任阶段

针对合同原则存在的弊端，英国、法国开始将产品责任的主要原则变革为以合理注意为基础，逐步在产品责任领域实行过失责任原则，随后在此基础上提出和发展了制造商的明示和默示的担保责任，但也不排除过错责任原则的适用。在这种原则的指引下，法官不再关心受害人与被告之间是不是存在直接的合同关系，只要引起伤害的产品是由被告生产或者销售的，而且被告存在过失，就可以要求其承担损害赔偿责任，这样，责任判

---

① 张骐：《中美产品责任的归责原则比较》，《中外法学》1998 年第 4 期，第 59 页。
② 孙波：《试论英国产品责任法》，《前沿》2001 年第 2 期，第 45 页。
③ 祝磊：《美国产品责任法归责原则的嬗变》，《社会科学研究》2003 年第 2 期，第 93 页。

43

定和归责的焦点已经从合同关系转移到制造者的注意义务和过失上。[①]

但是，随着 19 世纪末 20 世纪初以来世界经济和社会结构的变化，过失责任原则并不能使得受害者总是获得损害赔偿，因为在日趋复杂的制造和流通过程中，要受害的消费者证明被告在产品的生产中存在某种过失变得更加困难，受害人证明制造商的过失的举证能力越来越有限。这样，在过失责任原则的框架下，如果不减轻原告的举证责任，原告的弱势地位就没有实质性的改变，尤其是证明中间商的过失举证更加困难。即使是通过"举证责任倒置"这样的补救措施来实行过错推定，经营者还是可以凭借自己在生产过程中的专业性，通过合理抗辩来推卸自己的责任。

产品责任制度作为侵权法的一部分，应该能够合理分配社会生活中的风险和损失，但是在工业革命的早期，其制度设计的原则是效率至上的，可能通过牺牲部分人的利益来换取社会财富的高度增长和积累。虽然过失责任原则突破了合同关系的限制，扩大了产品责任救济对象的范围，但这一原则在很大程度上还是为了保护投资者和企业家的利益来服务的，而将大量的质量安全风险和损失加在了消费者的身上。根据行为判定来确定责任分配，可能导致不公平的结果，引起社会不满。

（三）担保责任阶段

担保责任原则是由美国立法者和学者提出的，任何一个人因产品质量安全受到损害，都可以控诉卖主破坏了担保合同，而不用管是否与卖主签订了格式合同，这一原则是意图在合同法的框架内解决缺陷产品对消费者带来的伤害问题。在美国的早期审判的实践中，买方如果是以卖方违反担保责任作为提出产品责任诉讼的理由，就没有必要证明被告的过失，只需要证明被告违反了担保。其中，默示担保理论是以卖方负有社会责任的理论为基础的，在商品进入流通领域直至消费者的整个过程都存在，都发挥其效力。

与过错责任相比，担保责任不再以任何过错或者主观认识为条件，突出表明法律不再关注产品提供者的主观状态。这样，更容易认定产品责任的责任方，对消费者的保护也较为全面。[②] 在多数情况下，以违反明示或者默示担保为理由提起的违约之诉，可能胜诉的机会大于以过错责任为理

① 张桂红：《美国产品责任法的最新发展及其对我国的启示》，《法商研究》2001 年第 6 期，第 101 页。

② 张骐：《中美产品责任的归责原则比较》，《中外法学》1998 年第 4 期，第 60 页。

由提出的诉讼请求。但是，即使这样，这种诉讼仍然存在一些局限。首先是在担保原则下，买方必须是依赖卖方的建议做出购买决定的，否则卖方不承担责任。其次买方必须在发现瑕疵之后立即通知卖方，否则卖方也不承担责任。卖方有时候可能不承认某些法律规定的担保条件，实际上构成了对担保的否定。法律也规定了默示担保可以被排除或者修改，甚至对违反默示担保的补偿也可以减轻或者限制。[①]

（四）严格责任阶段

45

随着社会经济的发展，消费者运动的兴起，社会法学派对这些发达国家的社会现状进行了深刻的反思。在这一时期的美国，企业发展已经到了相当的程度，不必再以疏忽作为要件来推卸其责任。经营者应该对整个社会和消费者承担更全面的责任。消费者运动的蓬勃发展也使得消费者的权益保护受到更多的重视。在政治、经济和社会等多方面因素形成的合力的作用下，消费者保护的呼声日益高涨，最终确定了严格责任在产品领域的运用，在世界范围内，严格责任原则已经成为产品责任领域的主要归责原则。从过错责任到严格责任是产品责任制度的重大飞跃，这一转变将确认产品责任的重点从制造者的行为转移到产品的性能，原告无需证明被告有过错，只需证明缺陷产品造成了损害，而在严格责任中，"缺陷"的认定是中心问题。美国《第二次侵权法重述》中规定，产品缺陷是"对使用者或者消费者或其财产有不合理危险的缺陷状态"，所谓的不合理危险是指"超出了购买该商品的普通消费者以及对其特性的人所共知的常识的预期"，这就是著名的消费者预期标准。这一标准不仅揭示了缺陷的实质，将注意力从生产者行为转移到了产品上，也符合严格责任的原则。但是这种责任规则的弊端是，消费者的安全要求和预期产生于现存产品市场的现状，消费者的安全要求可能落后于产品设计的技术改进，如果消费者可能预期某种损害的发生，但是基于该原则，不管生产商是否可以有效地降低危险，消费者都得不到赔偿。有时，消费者对产品的危险有预期，但是对于避免危险毫无办法。

综合以上法律界关于产品责任适用范围相关规定的发展过程，可以总结出这样一个规律：在每一个社会经济的不同发展阶段，都会选择一个特定的要素作为赔偿的必备条件，这一要素在当时具有特殊的意义，处于产

---

① 蒋大平：《美欧产品责任归责原则之嬗变及其启示》，《求索》2006年第8期，第129页。

品责任制度的核心地位。但是随着社会经济继续向前发展，原有要素的作用在下降，片面强调抑或是恪守该要素的负面效应逐渐增大，为了维护社会经济的发展，法律对于"责任"原则的适用范围的判断要素也在不断地改进。

三 企业承担质量安全的社会责任

随着社会经济的发展，企业质量安全责任的维度和深度都发生了显著的变化，已经从单维度的、仅仅与经济活动直接相关的责任，转化为多维度、更为深刻地联系经济环境与社会体系的企业质量安全的社会责任。可以说，企业质量安全责任在这一过程中产生了升华。

孟炯指出："企业社会责任（Corporate Social Responsibility，CSR）的最初定义，是由鲍文（Howard Bowen，1908—1989）在1953年提出来的，鲍文认为，企业经营管理者有这样的义务，要按照社会所期望的价值和目标，来制定政策、采取某些行动或进行决策。"[1] 卡罗尔（Archie B. Carroll）1979年提出企业的社会责任包括："经济责任、法律责任、伦理责任和慈善责任。"并且从低层次的经济责任，一直到最高层次的慈善责任。

对于企业社会责任内容的界定，由于学者们所处的国家不同，而有所差异。卡罗尔于1991年将企业社会责任的四种成分绘制成一个金字塔。其中，企业的经济责任要求企业为消费者提供有价值的商品和服务，并使所有者或股东获得赢利，这是其存在的最根本理由；法律责任要求企业的经营必须在法律和规范允许的范围内；伦理责任要求企业有满足社会成员所期望的活动的义务，它反映了对主要的利益相关者（如：消费者、员工、业主及其他人）是否公平或公正的关注，有助于在法规不健全（或根本不存在）的决策领域内指导商业行为；慈善责任要求企业促进人类社会品质的改善，并以自己所拥有的资源对社会有所贡献。[2]

企业履行质量安全的社会责任，就要求企业在权责一致的基础上，不

---

[1] 孟炯：《消费者驱动的制销供应链联盟产品安全责任研究》，电子科技大学2009年博士论文，第13页。

[2] Carroll Archie B.，"The Pyramid of Corporate Social Responsibility：Toward the Moral Management of Organizational Stakeholders"，*Business Horizons*，Volume 34，Issue 4，1991.

能将包含原材料成本、劳动力成本、环境成本在内的成本要素外部化，不能将提高产品质量的投入以不恰当的方式转嫁给社会和消费者。同时，以质量安全保障股东、员工和社会利益相关者的权益，使得企业自身也获得可持续发展的内外部环境。

　　企业履行质量安全的社会责任，有一些现实的具体要求，其中就包括：企业在产品生产和经营过程中，应该通过牢固树立诚信至上、以质取胜的经营理念，依法组织生产，为消费者提供安全、优质、优价的产品和服务。在技术和社会经济的动态变化过程中，企业的因循守旧往往与其承担的社会责任不相容，企业要在生产经营过程中积极采用先进质量管理方法，加大技术创新投入，加快成果转化，注重成果的标准化、专利化，改善产品质量，提升产品档次，以质量创新来促进自身对于质量安全社会责任的自觉履行。企业应该积极参与产品质量安全责任保险制度与体系的构建，参与质量安全多元救济机制。与行业协会、保险公司和评估机构加强合作，降低质量安全风险，有效保障质量安全事故受害者得到合理及时的补偿。以积极承担对消费者、投资者、合作方、社区和环境等利益相关方的合理关注来实现对于社会责任的追求。

　　随着质量安全的内容被纳入企业社会责任的标准体系，这一困境至少在企业质量主体的责任承担的过程考核中可以部分地得以缓解。随着最近国务院颁布的《质量发展纲要（2011—2020 年）》的公布，企业履行质量安全的社会责任成为强化企业质量主体作用的路径之一。而最近由国际标准化组织（International Organization for Standardization，ISO）发布的关于企业社会责任的国际标准 ISO 26000 中，就明确了质量安全是企业的社会责任的重要内容之一，而以往被企业所广泛采用的 SA 8000（Social Accountability 8000）企业社会责任体系标准中，并没有明确企业质量安全是企业社会责任的主要内容，该项社会责任标准关注的重心在企业员工的劳动保护。在 ISO 26000 的第六部分中，即有关社会责任和消费者相关事项里面，规定了消费者有关受到保护，以免受生产过程、产品和服务提供中对于健康和生命的危害的影响。消费者应该被告知有权免受不诚实和误导性广告与标签的侵害，消费者也有从竞争性的价格，并有满意的质量保证的一系列产品和服务中进行选择的权力。

　　有了这样一些质量安全的社会责任标准的制定，以及这些相关标准在企业中推广和应用，不仅仅是对企业质量安全社会责任承担的过程监

47

管有了可以进行绩效衡量的可行性指标，而且对于与之相关的数量统计和实证检验而言，这种标准的采用有可能作为企业履行质量安全社会责任分析体系的一个指标，然后以此为基础来实证研究这种责任承担对企业质量安全社会责任履行情况的影响路径和机制。例如，黄群慧等人（2009）在《中国工业经济》上发表的《中国 100 强企业社会责任发展状况评价》一文中，就通过收集中国企业所发布的企业社会责任报告，经过统计分析指出，中国企业将自身产品质量或者服务质量纳入其社会责任披露报告体系的比重仅仅只有 50％。[①] 中国规模越大的企业，社会责任指数越高。虽然这个研究本身主要并不是针对质量安全，但是我们还是期待，随着公认的包含质量安全企业社会责任的国际标准在中国被越来越多的企业采用，我们可以进行的实证分析就越来越有坚实的数据支撑。

第二节　中国企业质量安全市场主体责任的现状

进入 21 世纪之后，在中国发生的质量安全事件还不少。从历次引起广泛影响的质量安全事件来看，如"苏丹红"、"大头娃娃"、"毒奶粉"、"三聚氰胺"、"瘦肉精"、"地沟油"和"染色馒头"等等事故中，我国质量安全事件的发生原因可以分为技术因素和道德因素两个方面，前者是指产品生产中未知的风险，而后者就是质量安全责任问题，但从实际情况看，主要的重大质量安全事件多因为质量安全责任的缺失而起。近年来相继发生的这些食品安全事件足以表明，食品企业责任和诚信的缺失、道德的滑坡已经到了非常严重的地步。

一　食品、药品安全领域的质量安全事件与企业主体责任

食品、药品与人民群众的日常生活息息相关，国内这些年发生了多起影响深远的食品、药品质量安全事件，在这些事件中，企业主体责任缺失一目了然，也造成了恶劣的社会影响。[②]

---

① 黄群慧、彭华岗、钟宏武、张蒽：《中国 100 强企业社会责任发展状况评价》，《中国工业经济》2009 年第 10 期，第 30 页。

② 本节中有关食品、药品质量安全事件的经过和事故责任处理结果主要来自新华社等主要媒体的相关报道，并经作者整理。

（一）三鹿"三聚氰胺"事件

2008 年 3 月，南京儿童医院把 10 例婴幼儿泌尿结石样本送至该市鼓楼医院泌尿外科进行检验，而这些患病的婴幼儿都曾经食用过三鹿集团所生产的三鹿牌婴幼儿奶粉，这样，"三聚氰胺"奶粉事件开始浮出水面。① 此后，全国陆续爆出因食用三鹿等品牌乳制品而在婴幼儿人群中发生负反应的病例，事态之严重，令人震慑，至此，三聚氰胺奶粉事件全面爆发。2008 年 6 月 28 日，兰州市解放军第一医院收治了首例患"肾结石"病症的婴幼儿，根据调查，这名婴儿从出生起就一直食用三鹿集团所产的三鹿婴幼儿奶粉。2008 年 7 月中旬，甘肃省卫生厅接到甘肃兰州大学第二附属医院的电话报告，称该院收治的婴儿患肾结石的病例明显增多，经了解均曾食用三鹿牌的配方奶粉。甘肃省卫生厅随即展开了调查，并报告卫生部。2008 年 7 月 24 日，河北省出入境检验检疫局检验检疫技术中心对三鹿集团所产的 16 批次婴幼儿系列奶粉进行检测，结果有 15 个批次检出三聚氰胺。2008 年 8 月 13 日，三鹿集团决定，库存产品三聚氰胺含量在每公斤 10 毫克以下的可以销售，10 毫克以上的暂时封存；调集三聚氰胺含量为每公斤 20 毫克左右的产品以换回三聚氰胺含量更大的产品，并逐步将含三聚氰胺产品通过调换撤出市场。2008 年 9 月 9 日，媒体首次报道"甘肃 14 名婴儿因食用三鹿奶粉同患肾结石"。当天下午，国家质检总局派出专门针对三鹿牌婴幼儿配方奶粉污染事件的联合调查组赶赴三鹿集团。2008 年 9 月 11 日，除甘肃省之外，陕西、宁夏、湖南、湖北、山东、安徽、江西、江苏等地也有类似案例发生。当天，三鹿集团股份有限公司工厂被贴上封条。2008 年 9 月 11 日晚，三鹿集团股份有限公司发布产品召回声明。其中封存问题奶粉 2176 吨，收回奶粉 8210 吨，700 吨奶粉正在通过各种方式收回。2008 年 9 月 12 日，联合调查组确认"受三聚氰胺污染的婴幼儿配方奶粉能够导致婴幼儿泌尿系统结石"。同日，石家庄市政府宣布，根据市政府的初步调查结果，三鹿集团生产的婴幼儿奶粉，是不法分子在原奶收购过程中添加了三聚氰胺所致。2008 年 9 月 13 日，党中央、国务院启动国家重大食品安全事故 I 级响应，并成立应急处置领导小组。卫生部发出通知，要求各医疗机构对患儿实行免费治疗。2008 年 9 月

49

---

① 可参见 http：//chihe. sohu. com/20100226/n270491836. shtml。

18 日，国家质检总局发布公告，决定废止《产品免于质量监督检查管理办法》，同时撤销蒙牛等企业"中国名牌产品"称号，并发出通知，要求不再直接办理与企业和产品有关的名牌评选活动。2008 年 10 月 8 日，卫生部等五部门公布了乳及乳制品当中三聚氰胺临时限量标准。其中 1000 克婴幼儿配方乳粉中允许存在 1 毫克三聚氰胺。2008 年 10 月 9 日，时任国务院总理温家宝签署国务院令，公布了《乳品质量安全监督管理条例》。这就是三鹿"三聚氰胺"奶粉事件从前奏、到出现、到爆发的整个过程。此次事件涉及国内包括三鹿集团股份有限公司在内的 22 家奶制品生产厂商。据卫生部统计，这次重大食品安全事故共致使全国 29 万婴幼儿因为食用含有化工原料三聚氰胺的奶粉而出现泌尿系统异常，其中 6 人死亡，影响面之广，危害之大，根本没有先例可循。

事后，三鹿"三聚氰胺"奶粉事件中的有关企业和企业中的负责人、管理人员分别受到了不同程度的责任追究。2009 年 3 月 26 日，河北省高级人民法院就三鹿"三聚氰胺"奶粉系列刑事案件做出二审宣判。三鹿集团原董事长田文华，三鹿集团其他三名高级管理人员王玉良、杭志奇、吴聚生被分别判处无期徒刑、有期徒刑 15 年、有期徒刑 8 年和有期徒刑 5 年，并对田文华处以罚金人民币 2468 万元的判决。三鹿集团同时被判处罚金 4937 万多元人民币。生产和销售含有三聚氰胺混合物的张玉军被判处死刑，张彦章被判处无期徒刑；向原奶中添加含有三聚氰胺混合物并销售给三鹿集团的耿金平被判处死刑，耿金珠被判处有期徒刑 8 年；生产销售含有三聚氰胺混合物的高俊杰被判处死刑、缓期两年执行，薛建忠被判处无期徒刑，张彦军被判处有期徒刑 15 年，肖玉被判处有期徒刑 5 年。

对于在此次事件中被确诊的患儿，三鹿集团等 22 家责任企业表示愿意主动承担赔偿责任，对近 30 万名确诊患儿给予一次性现金赔偿，并共同出资 2 亿元建立了医疗赔偿基金，对患儿今后出现相关后遗症，在治疗过程中发生的医疗费给予报销。2009 年 2 月 12 日，因三鹿集团净资产为 −11.03 亿元，已经严重资不抵债，石家庄市中级人民法院正式宣告三鹿集团破产。

（二）"瘦肉精"事件

瘦肉精可以增加动物的瘦肉量，使肉品提早上市、并降低养殖成本，养殖户从而获得更高的利润。但瘦肉精有着较强的毒性，长期食用有可能导致染色体畸变，诱发恶性肿瘤。在双汇"瘦肉精"事件被披露之前，早在 2002 年 2 月，农业部等三部委就将"瘦肉精"列为禁用药品。① 2011 年"3·15"特别行动中，中央电视台《"健美猪"真相》的报道，将我国最大的肉制品加工企业——双汇集团卷入"瘦肉精"漩涡之中。这一报道称，河南孟州等地采用违禁动物用药"瘦肉精"饲养的有毒猪，流入了双汇集团下属的济源双汇公司。消息一出，我国肉制品行业又一次受到消费者的质疑，同时也激增了消费者对食品安全的更加不信任。尽管双汇产品已经在一些城市的超市大规模撤柜，并展开一系列补救措施，然而品牌信誉度却难以挽回，双汇产品的销量和双汇公司的股票价格在全国遭遇了前所未有的暴跌。

51

2011 年 3 月 17 日晚，双汇集团发表声明，免去济源双汇公司经理曹连友、副经理吴晓、生猪采购部部长陈文东、品管部部长郭丽娟等四人的职务。而此前被央视曝光的济源双汇生猪采购部主管宋宏亮，也因涉嫌销售有毒有害食品罪被刑事拘留。据媒体报道，2011 年 3 月，河南省公安机关对认定销售使用"瘦肉精"涉嫌犯罪的 72 人采取强制措施，其中 27 名为生产、销售"瘦肉精"人员、7 名为生猪收购贩运人员、33 名为养殖人员、5 名为屠宰企业生猪采购管理和业务人员。在 2011 年 3 月底接受《瞭望东方周刊》采访时，双汇集团董事长万隆曾表示，"三聚氰胺"事件与"瘦肉精"事件有本质上的区别，"三聚氰胺"事件是三鹿之类的企业使用了"三聚氰胺"，而双汇集团不是使用了"瘦肉精"，而是上游的产业使用了"瘦肉精"，产品流入到我们这里了。

截止到 2011 年 10 月底，河南全省各级法院共受理"瘦肉精"案件 59 案 114 人，已全部审结。其中"以危险方法危害公共安全罪"对涉案被告人分别处以重刑，研制、生产者刘襄更是被判处死刑，缓期二年执行，剥夺政治权利终身；主要销售者奚中杰被判处无期徒刑，剥夺政治权利终身；销售者肖兵被判处有期徒刑 15 年，剥夺政治权利 5 年；销售者陈玉伟被判处有期徒刑 14 年，剥夺政治权利 3 年；被告人刘鸿林因有重大立功表现，且系从犯，依法对其减轻处罚，判处有期徒刑 9 年，王二团等三名动物防疫检疫中心站工作人员，则因玩忽职守罪被分别判处 6 年或 5 年的有期徒刑。在这其中，生产、销售"瘦肉精"的犯罪分子 60 人，

---

① 王慧敏、乔娟：《"瘦肉精"事件对生猪产业相关利益主体的影响及对策探讨》，《中国畜牧杂志》2011 年第 8 期，第 7 页。

失职、渎职的国家工作人员 17 人，生猪养殖户 36 人。

（三）"铬胶囊"事件

2012 年 4 月 15 日，中央电视台等媒体曝光了数十家药用胶囊生产企业用工业明胶生产药用空心胶囊的问题，并销往全国多省市，涉及总数 1000 亿粒左右，约占全国药用胶囊产量的 1/3。此事一经曝光，震惊全国。河北一些企业，用生石灰处理皮革废料，熬制成工业明胶，卖给绍兴新昌一些企业制成药用胶囊，最终流入药品企业，进入患者腹中。由于皮革在工业加工时，要使用含铬的鞣制剂，因此这样制成的胶囊，往往重金属铬超标。[1] 经检测，修正药业等 9 家药厂 13 个批次药品，所用胶囊重金属铬含量超标。按照企业全覆盖、品种全覆盖、产品批次随机抽样的原则，国家食品药品监管局在全国范围内对药用明胶和胶囊生产企业进行了全面排查，对 18 家药用明胶生产企业抽验了 166 批明胶，检出 1 批产品铬超标；对 117 家药用胶囊生产企业抽验了 941 批药用胶囊，检出 15 家企业 74 批胶囊铬超标，不合格率为 7.9%。[2] 2012 年 4 月 21 日，有关部门再次召开联席会议，研究部署了进一步工作安排。要求进一步形成由食品药品监管部门牵头，公安、监察、卫生、质检等部门参加的密切协作、配合办案的工作机制，全面清理整顿明胶生产和药用胶囊生产使用情况；派出多部门组成的联合督导组，再次赴浙江、河北、江西等地，督促当地政府对铬超标药用胶囊事件加快调查；继续全面开展药用明胶、药用胶囊生产企业和产品的排查检验工作，对所有产品进行检验，确保进入市场销售和使用产品的安全性。

该起案件中，企业主体的责任承担情况是：2013 年 2 月 7 日，浙江省新昌县人民法院对部分铬超标胶囊犯罪案件做出一审判决，7 人获刑，其中主犯王清获刑 11 年。2013 年 2 月 20 日，公安部、国家食品药品监督管理局联合公布了"铬超标胶囊系列案"等十起典型案件。截至当日，侦破生产销售假药案件 1.4 万余起，抓获涉案人员 2 万余人，打掉犯罪团伙 7000 余个，案值 160 余亿元。

二 特种设备领域的质量安全事件与企业主体责任

随着经济发展水平的提高和人民生活水平的改善，特种设备与日常生

---

[1] 李劼、吴旦颖：《这些年我们一起吃过的工业明胶》，《南方日报》2012 年 4 月 23 日。

[2] http://www.sda.gov.cn/WS01/CL0051/71222.html.

活产生了越来越紧密的联系，这些年来，不管是在公共场所中的电梯，还是游乐场所中，都发生了一些比较惨烈的与特种设备有关的质量安全事件。①

（一）北京地铁四号线事故

2011 年 7 月 5 日早上 9 点 36 分，北京地铁四号线动物园站 A 口上行电扶梯发生设备故障，正在搭乘电梯的部分乘客由于上行的电梯突然之间进行了倒转，原本是上行的电梯突然下滑，很多人防不胜防，人群纷纷跌落，导致踩踏事件的发生。事故造成一名 13 岁男童死亡，2 人重伤，26 人轻伤。2011 年 11 月 25 日，这起事故的调查工作结案。调查组认定，事故原因为：事故扶梯从双主机到单主机的设计变更，未进行动载荷设计核算，构成设计缺陷。在扶梯运行过程中，驱动主机固定螺栓发生断裂，造成主机倾覆，驱动链条脱落，梯级失去上行动力逆向下滑，辅助制动器开关未正常启动。

对本起事故的责任认定及相关处罚为：扶梯制造单位广州奥的斯电梯有限公司、日常维护保养单位北京奥的斯电梯有限公司对此次事故的发生负有主要责任。奥的斯电梯（中国）投资有限公司由于未能及时发放有关技术文件，对本次事故负有次要责任。依据《特种设备安全监察条例》第八十八条规定，对广州奥的斯电梯有限公司、北京奥的斯电梯有限公司和奥的斯电梯（中国）有限公司分别处以 20 万、20 万和 10 万元罚款。同时北京奥的斯电梯有限公司负责事故扶梯日常维保的人员，将被吊销作业许可证。涉嫌触及刑律的两名事故责任人，追究刑事责任。

（二）深圳华侨城安全事故

2010 年 6 月 29 日 16 点 45 分，深圳东部华侨城大侠谷游乐项目"太空迷航"发生垮塌安全事故，造成 6 人死亡，10 人受伤，其中重伤 5 人。到 2010 年 9 月，深圳东部华侨城"6·29"事故调查组基本查明了事故原因。"太空迷航"设备存在严重的设计缺陷；安装调试期间已发现隐患但未能有效整改；使用过程中维护保养不到位；该设备存在局部制造缺陷。"太空迷航"设备设计方面存在的问题包括：座舱支承系统的中导柱法兰与活塞杆之间的链接为间隙配合，使中导柱内一个直径为 16 毫米的螺栓

---

① 本节中所使用的特种设备事故的案例素材主要来自武汉大学质量院"十二五"科技支撑计划 06 课题项目组通过国家质检总局特设局和中国特检院收集的特种设备事故分析报告，还有项目组在广东深圳等地实地调研取得的第一手材料，并结合了新华网等权威媒体的相关报道。

承受交变载荷，设计上没有考虑该螺栓承受交变载荷，未进行相应的疲劳验算，而且结构设计没有考虑在现场安装、维护时保证该螺栓达到预紧力的有效措施。由于该螺栓松动，加剧了中导柱法兰与活塞杆在运行时的相对运动，使该螺栓的受力状况恶化，从而导致该螺栓产生疲劳破坏。此外，还存在着中导柱链接结构设计不便于对该螺栓进行日常检查、维护；设备控制台急停按钮功能不能以最合适减速率停车，不符合国标要求等问题。①

54

另外，在设备制造、设备安装调试、使用方面存在的问题是：5 号座舱侧导柱焊缝存在虚焊缺陷，受力后完全断裂；在设备安装调试和使用时，设备在安装调试阶段已发现该螺栓容易松动，虽采取了一定的补救措施，但没有从技术上消除隐患。而且在使用过程中，也没有及时发现该螺栓松动，加速了该螺栓的疲劳进程。

事故责任认定及相关处罚为：东部华侨城"6·29"事故是由"太空迷航"项目设计制造、安装调试和使用维护过程中各种违反安全管理规定的行为和因素综合造成的，是一起严重的安全责任事故。设计方北京亿美博科技有限公司、生产方北京九华游乐设备制造有限公司以及维护方东部华侨城大侠谷景区等 8 名责任人客观上有违反大型游乐设施安全管理规定的行为，主观上具有过失罪过，致使设备发生事故，造成 6 人死亡 10 人受伤的严重后果，情节特别恶劣，均构成重大责任事故罪，但鉴于相关人员有自首情节等，从轻处理。8 名责任人中，设计方北京亿美博科技有限公司总设计师获刑 5 年，总经理获刑 2 年缓刑 4 年，另一负责人获刑 2 年 6 个月。生产方北京九华游乐设备有限公司总经理邢振琦获刑 2 年缓刑 3 年，副总经理刘国强获刑 2 年 6 个月。维护方东部华侨城大侠谷 3 名负责人获刑 3 年，项目主管获刑 2 年，维修领班获刑 1 年 6 个月。②

（三）"4·18"钢水包倾覆特别重大事故

2007 年 4 月 18 日 7 时 53 分，辽宁省铁岭市清河特殊钢有限公司发生钢水包倾覆特别重大事故，造成 32 人死亡、6 人重伤，直接经济损失 866.2 万元。这起事故的直接原因是：炼钢车间吊运钢水包的起重机主钩在下降作业时，控制回路中的一个连锁常闭辅助触点锈蚀断开，致使驱动

---

① 杨大正、欧志葵：《夺命"飞船"何以杀入市场》，《南方日报》2010 年 9 月 29 日。
② 傅江平：《八被告人行为均构成重大责任事故罪》，《中国质量报》2012 年 4 月 23 日。

电动机失电；电气系统设计缺陷，制动器未能自动抱闸，导致钢水包失控下坠；制动器制动力矩严重不足，未能有效阻止钢水包继续失控下坠，钢水包撞击浇注台车后落地倾覆，钢水涌向被错误选定为班前会地点的工具间。

事故的主要原因有以下几点：一是清河特殊钢有限公司的炼钢车间无正规工艺设计，未按要求选用冶金铸造专用起重机，违规在真空炉平台下方修建工具间，起重机安全管理混乱，起重机司机无特种作业人员操作证，车间作业现场混乱，制定的应急预案操作性不强。二是铁岭开原市起重机器修造厂不具备生产 80 吨通用桥式起重机的资质，超许可范围生产。三是铁岭市特种设备监督检验所未按规定进行检验，便出具监督、验收检验合格报告。四是安全评价单位辽宁省石油化工规划设计院在事故起重机等特种设备技术资料不全、冶炼生产线及辅助设施存在重大安全隐患的情况下，出具了安全现状基本符合国家有关规范、标准和规定要求的结论。五是铁岭市质量技术监督局清河分局未认真履行特种设备监察职责，安全监管不力。六是清河区安全监管局监管不力。七是当地政府对安全生产工作重视不够，对存在的问题失察。[①]

这起事故的责任认定及相关处罚为：负责设备、维修和车间安全生产工作的企管部副部长兼炼钢车间副主任在事故中死亡，不再追究责任，另外司法机关已采取措施 6 人；清河特殊钢有限公司 2 人，涉嫌重大责任事故罪；开原市起重机器修造厂 2 人，涉嫌生产、销售不符合安全标准的产品罪；铁岭市特种设备监督检验所 2 人，涉嫌玩忽职守罪。移送司法机关处理 2 人，分别为清河特殊钢有限公司董事长及综合部部长。同时依法对清河特殊钢有限公司处以 155 万元罚款，对开原市起重机器修造厂处以 20 万元罚款，对铁岭市特种设备监督检验所处以 20 万元罚款，对辽宁省石油化工规划设计院处以 10 万元罚款，对清河特殊钢有限公司董事长、总经理处以 20 万元罚款，对其他有关责任人给予相应经济处罚。吊销铁岭市特种设备监督检验所的起重机械监督检验资格，吊销辽宁省石油化工规划设计院的安全评价资质。

---

① 安菊：《国家安全监管总局关于辽宁省铁岭市清河特殊钢有限责任公司"4·18"钢水包倾覆特别重大事故的通报》，《安全与健康》2007 年第 11 期，第 17 页。

第三节　国外企业质量安全责任的现状

近年来，在中国以外的其他国家也发生了众多的质量安全事件，尤以食品质量安全事件为甚。这主要反映了食品质量安全事件往往涉及的范围很广，对于社会整体而言，其风险更高。从国外质量安全事件事后的责任处理来看，我们可以分析出国外质量安全事件中对于生产者责任的一些归责的共性。[①]

一　食品质量安全事件中的企业质量安全责任

（一）德国

2011 年 1 月，一向以产品质量的标杆形象享誉全球的德国，也陷入了一场食品质量安全危机的漩涡中，因为相继在鸡蛋、猪肉和鸡肉等食品内发现致癌物质二噁英，食品安全问题引发了德国全体国民的不安。尽管在这起食品安全事件中，并没有出现伤亡情况，但依然在德国国内引发了一场严重的食品安全"地震"，激发了民愤，震荡了默克尔政府。[②] 同时，也让外界对德国的食品监管体系的有效性产生了大量质疑。为了表达对食品安全的担忧和德国食品安全监管责任履行的愤怒，数万德国民众走上街头，举行大规模示威，要求政府采取措施，严格食品安全监管。2011 年 5 月，又暴发了由肠出血性大肠杆菌引发的食品安全危机。肠出血性大肠杆菌不仅造成德国北部医院人满为患，德国人谈蔬菜色变，而且殃及池鱼，导致了欧洲一些农产品出口国的重大损失和相关国家之间的贸易纠纷。这种传染病首先在德国北部地区暴发，仅在汉堡市的医院就有 3496 名病人被诊断为感染肠出血性大肠杆菌，其中有 852 人发展为血溶性尿毒症，肾脏受到损害。这场疫情最终导致德国范围内 50 人死亡，在德国以外的欧洲地区也发现了 76 名患者。最初该病菌的来源被认为是西班牙产的黄瓜，后经严密调查最终锁定传染源为下萨克森一家工厂生产的豆芽。德国政府有关部门追踪溯源之后，发现该工厂从埃及进口的葫芦巴种子遭受污染，才最终发现了这起事件的罪魁祸首。

[①] 本节中国外质量安全事件的过程描述和事故责任处理的素材来自各主流门户网站对国外较为重要的质量安全事例的相关报道，并经作者收集整理。

[②] http://finance.ifeng.com/roll/20110130/3351177.shtml.

从这些事件最终的处理结果来看，都还只是一些公司被提出了刑事指控，如在 2011 年 1 月初，石勒苏益格—荷尔施泰因州的一家饲料原料提供企业——哈勒斯和延彻公司被正式提出刑事指控。受损农场则相应地提出了民事赔偿，赔偿金额高达每周 4000 万至 6000 万欧元。此外在消费者组织的强大压力之下，政府与德国相关产业界的代表举行了共同的危机协调会议，对消费者的呼声进行了回应。此外，政府部门公布了新的动物饲料和食品安全计划，要求对违法行为实施更为严厉的惩罚，大幅度提高了安全标准，加强政府监管和通报的责任。更为重要的是对法律进程的推动，如上面的一些计划中，就提出对生产商的产品质量责任的内涵进行扩展，生产商可能面临刑事审判和刑事责任的承担。

（二）美国

从整体上看，据统计，现在美国平均每年发生的食品安全事件达 350 宗之多，比 20 世纪 90 年代初增加了 100 多宗。[①] 典型的案例有 2006 年的"毒菠菜事件"、2008 年的"沙门氏菌事件"、2009 年的"花生酱事件"和 2010 年的"沙门氏菌污染鸡蛋事件"，等等。在这些事件中，2009 年的"花生酱事件"的影响范围比较广泛，具有较强的代表性。[②]

"花生酱"事件缘起美国明尼苏达州卫生和农业部门 2009 年 1 月 9 日发表的一纸通告。通告说，两部门在对销往一些学校和医院的花生酱进行检测时，发现由俄亥俄州国王坚果公司生产的 5 磅（2.27 千克）罐装花生酱中含有鼠伤寒沙门氏菌，这种沙门氏菌可以导致人畜患病，其感染发病率居沙门氏菌感染的首位。1 月 10 日，国王坚果公司发表声明称，接到明尼苏达州方面的通报后，公司立即决定全部召回公司及其下属两家公司生产的花生酱。美国疾病控制和预防中心（Centers for Disease Control and Prevention，CDC）1 月 12 日发表的新闻公报又将国王坚果公司推向风口浪尖。该公报说，自去年 9 月以来，美国共有 43 个州发现沙门氏菌疫情，染病人数达到 410 人，并有 3 人被怀疑是在感染沙门氏菌后死亡的。而根据调查发现，几乎所有感染沙门氏菌的患者都食用过花生酱，并且大多数人食用的都是国王坚果公司的 5 磅重罐装花生酱。整个美国花生酱事件的最终的责任承担可见下表：

① 王玉娟：《美国食品安全法律体系和监管体系》，《经营与管理》2010 年第 6 期，第 58 页。

② 徐启生：《美国食品安全问题严重》，《光明日报》2009 年 3 月 17 日。

表 4-1　　　　　　美国"花生酱"质量安全事件中的责任处理

1. 政府主体的责任承担
事件爆发并没有追究 FDA 行政长官的责任

2. 市场主体的责任承担	
美国花生公司总裁	被美国农业部长逐出了农业部花生标准委员会
美国花生公司	总部位于美国弗吉尼亚州林奇堡的美国花生公司于 2009 年 2 月 13 日向该州破产法庭申请根据破产法第七章条款进行破产清算

3. 立法影响
事件大大加快了美国参众两院研究制定食品安全加强法案的进程，而通过立法 FDA 的权力得到了进一步加强，奥巴马总统承诺，联邦政府会加大对食品和药物管理局的投入，大幅度增加食品监察人员数量，实现食品安全研究现代化

　　从上表 4-1 可以看出，与德国发生的食品质量安全事件一样，监管机构最后从法律层面加强了规制，主要是对相关市场主体追究了相应的法律责任。然而，并没有追究政府组织和政府行政人员的责任。

　　（三）韩国

　　2004 年 6 月，据《朝鲜日报》等媒体披露，经韩国警察厅调查发现，几家不法食品原料企业将本应当垃圾扔掉、含有大量大肠杆菌等细菌的萝卜废料做成饺子馅，卖给生产速冻饺子和包子的食品企业，其中一家企业的饺子馅产量甚至占了 70% 的市场份额。据韩国食品医药品安全厅公布，有 18 家企业制售劣质饺子，其中还包括一些著名的大型食品企业。2004 年 6 月 13 日，涉案公司"景象食品公司"总经理写下遗书向国民谢罪，然后投江自杀，震动全国。在处理过程中，检察机关没收和销毁了制造劣质食品的设备，还采取了取消许可证、封闭工厂、通报给税务局等强硬措施。

　　事后，韩国修改了《食品卫生法》，将制售有害食品定为"保健犯罪"，所处的刑罚最高可以达到 10 年，罚款达到 2 亿韩元（约 143 万人民币）。规定制售劣质食品者将被处以 1 年以上有期徒刑；对国民健康产生严重影响的将被处以 3 年以上有期徒刑。制售有害食品的人，5 年内禁止从事相关经营活动。对违反食品安全法的公司，除吊销营业执照以外，10 年内禁止再重新营业。

二　乳制品质量安全事件中的企业质量安全责任

　　奶制品的质量安全事件不仅仅在中国爆发过，在世界其他国家也不断发生。而且因为乳品还面向特殊的消费群体，多为未成年人、甚至是婴幼儿，所以乳制品的质量安全事件往往备受社会各界的关注，一起事件的社会影响广泛而深远。

（一）整体状况

首先，我们可以从下面的汇总表中一览近年来在国外发生的与乳制品有关的质量安全事件，包括这些事件的过程及其处理结果。

59

表 4 - 2　　　　　　　近年来国外乳制品质量安全事件一览表

时间	国家	简单经过	处理结果
2002	丹麦	丹麦产荷兰"多美滋"奶粉受微小金属颗粒和润滑油污染	全球召回
	德国	德国"美乐宝 HN25"婴儿特别配方奶粉被检出含有一种可能会导致初生婴儿胃肠脏器及脑膜发炎的"阪崎氏肠杆菌"	被香港食物环境卫生署要求召回
	美国	美国雅培近 1100 吨婴儿奶粉被怀疑受到含细小铁质微粒的 0.50—0.75 升润滑油污染	被责令在全球进行查封并进行销毁
2003	美国	美国亨氏奶粉疑与婴儿死亡有关	在以色列被召回
2003	比利时、荷兰、法国和德国	奶粉、牛奶、黄油、冰淇淋等乳制品内被检测出与 DDT 杀虫剂相当的致癌物质"二噁英"，爆发有史以来最大的食品安全问题	
2004	美国	美国美赞臣奶粉阪崎氏肠杆菌超标	被判为不合格产品进行销毁，并对消费者进行赔偿
2005	美国	美国雀巢"金牌成长 3 + 奶粉"多批次被查出含碘超标	被迫进行大规模产品召回
2006	美国	2006 年，美国美赞臣 GENTLEASE 牌婴幼儿人工配方奶粉检查出含有金属颗粒	被紧急召回
2007	日本	日本明治 FU 高蛋白较大婴儿配方奶粉，锌含量不符合标准被判为不合格商品	被要求立即下柜
2008	美国	因密封不善而导致罐中奶粉被氧化	召回两批特殊配方婴儿奶粉
	意大利	制作上等比萨饼必不可少的原料意大利莫扎里拉奶酪被检测出二噁英	调查中

续表

时间	国家	简单经过	处理结果
2010	美国	雅培公司 Similac 产品可能受甲虫污染	召回
	泰国	泰国食品和药物管理局官员 2010 年 7 月 1 日认为牛奶中含有消毒水	召回超过 1.1 万箱经过高温处理的牛奶制品
2011	美国	全球最大零售商沃尔玛宣布，已从全美 3000 多家超市撤回一批美赞臣生产的婴儿配方奶粉，原因是密苏里州的一名新生儿上周日在食用这种奶粉后患上重病，疑似受到罕见细菌感染，并在撤走维持生命的仪器后死亡	产品撤回
2011	日本	日本明治乳业公司 6 日公布，该公司生产的"明治 STEP"奶粉检测出微量放射性铯	召回约 40 万罐奶粉，进行无偿更换

当然，国外的这些乳制品质量安全事件的影响并不仅仅局限于域外，也会波及中国。进入到 2012 年之后，在中国相继发现一些从国外进口的乳制品存在违法添加、重金属超标和营养指标不合格等质量安全问题。

（二）日本①

日本雪印乳业株式会社（Snow Brand Milk Products Co., Ltd.）是一家日本制造、贩售乳制品的公司。该公司于 1925 年创业，过去是以奶油、起士、牛奶为主力产品的日本最大乳制品公司，雪印集团更是一个年营业额达 1 兆日元的食品集团。2000 年 6 月，日本大阪、京都、奈良等地的居民在喝下"雪印"乳制品后相继出现呕吐、腹泻、腹痛等食物中毒症状，中毒者多达 1.4 万余人。原因很快查清：雪印方面连续三周未按规定清洗其在北海道工厂的生产线输送管道内壁，导致产品中含有大量金黄色葡萄球菌。雪印公司的奶粉、低脂肪牛奶、酸奶等三种牛奶制品被查出金黄色葡萄球菌毒素，造成 1.5 万名消费者中毒，所有产品被迫全部召回。这起事件重创了雪印公司和日本乳业。

"雪印牛奶事件"发生后，一些对公司的赔偿金额不满的民众开始打官司起诉雪印乳制品公司，要求索赔。当年 7 月和 8 月，雪印乳制品公司开始与消费者进行赔偿谈判，公司不仅同意为每位受害者承担医疗费用，并按人头给予一定数目的赔偿金。在政府的监督下，到 7 月底，雪印乳业公司依法向受害者支付 29 亿日元的赔偿费。第一起个人诉讼也在 8 月出

———————————

① 程永明：《日本企业危机事件及其应对机制——以雪印乳业集团为例》，《日本学刊》2010 年第 2 期，第 58—59 页。

现。一位大阪地区的妇女向大阪地方法院起诉雪印乳制品公司，原告称饮用雪印后，她被诊断出急性肠炎入院治疗，为此她向公司索赔 40 万日元。雪印公司在事发后的赔偿谈判中向她提供 6 万日元，但她称 6 万日元不足以赔偿自己的损失，断然拒绝了这笔数目，谈判破裂后上诉。其后于 2002 年 1 月，制造火腿、香肠等肉制品的子公司雪印食品被揭发雪印伪造牛肉产地证明事件。2002 年 4 月，雪印公司倒闭。

受这起事件的影响，日本政府于 2003 年制定并实施《食品安全基本法》，成立了"食品安全委员会"，专门对农林水产省、厚生劳动省进行监督。另外，日本政府对产品质量安全的责任企业采取了更加严厉的处罚措施，规定食品安全违法者最高可被判处 3 年有期徒刑和 300 万日元罚款，企业法人最高可处以 1 亿日元罚款。

三　国外其他质量安全事件中的企业质量安全责任

1998 年 6 月 3 日，德国高速列车 ICE 出轨并撞上陆桥，造成 101 人死亡。[①] 事故发生后三天，所有此型号火车停驶进行全面检测。重新运行后，最高时速由 280 千米/小时降至 160 千米/小时，随后德国铁路股份公司更换了被认为是事故原因的此型号火车的全部车轮。死伤者获得德国铁路股份公司共计 4300 万马克赔偿。

李斐然和邵京辉回溯了该起事件的责任处理过程："该起事件有长达五年的技术调查和法律审判过程。德国联邦铁路局是监管铁路及其相关基础设施的权威机构。一旦有证据显示铁路公司未能尽责防范危机、保证安全，联邦铁路局作为监管机构将介入调查。在它的组织下，组成了独立调查小组，对事故原因展开全面调查。检察院也对相关工程师展开公诉。检察院收集事故资料、技术报告等文件证据，到 2000 年，有关 ICE 事故的文档已超过 600 个文件夹。当时媒体批评认为，受起诉的只是德铁的普通员工，而发生如此严重的事故，德铁高层应当承担责任。1999 年，事故发生 1 年零 3 个月之后，德铁公司主席约翰内斯·路德维希被免职。德国《明镜》周刊评论说，不断展开的事故原因调查证明德铁存在重大疏忽和失职，以致最后灾难发生。ICE 高速列车事故无疑是他被免职的主要原因。而对相关工程师的审判还在继续。由于事故审判成为公众关注的热

---

① 董锡明：《德国高速列车 ICE1 重大脱轨事故的启示》，《中国铁路》2000 年第 11 期，第 46 页。

点，在 2002 年主审开庭的时候，庭审不是在法院举行，而是在市议会大厅。2003 年，庭审结束，工程师被判无罪，但每人需要支付 1 万欧元的赔偿金。虽然幸存者及受难者家属对判决不满，认为德铁在赔偿问题上十分小气，但终归这桩史上最惨烈的高铁悲剧，经历了长达五年的彻底清查，终于在技术调查和法律审判的领域，画上一个句号。"[1]

从以上事件可以看出，国外的质量安全事件中有关责任承担和责任处理有以下显著特点。质量安全事件的产生大多不是企业生产中的故意行为，常常是对风险的认识不足或者出于疏忽。但是基于事故造成的经济损失和社会影响，还是追究企业相关负责人的法律责任。而社会公众对质量安全事件责任承担的反应较为理性，消费者和消费者组织在责任追究和处理中发挥重要的作用。而且，对政府组织的责任追究和政府行政人员问责都不常见。

第四节　中国企业质量安全责任的"软约束"

在当前，由于企业的原因发生质量安全事件之后，再加之监管的漏洞和法律法规体系的不健全，企业有较大的概率逃避责任的追究。即使企业被依法追究质量安全的责任，而目前我国的法律体系中，对于企业的责任约束可能也是相对比较弱的，这对于通过生产假冒伪劣商品来谋取高利润的企业而言，通过法律责任产生威慑力和阻吓的作用都相对软弱，达不到约束企业履行质量安全市场主体责任的作用。

我国法律中对于企业质量安全赔偿方面的惩罚性责任体现在《消费者权益保护法》和《食品安全法》中。《消费者权益保护法》第 49 条规定："经营者提供商品或者服务有欺诈行为的，应当按照消费者的要求增加赔偿其受到的损失，增加赔偿的金额为消费者购买商品的价款或者接受服务的费用的一倍。"该条款创造性地规定了惩罚性的双倍赔偿原则。自 2009 年 6 月 1 日开始实行的《中华人民共和国食品安全法》（以下简称《食品安全法》）第 10 章专门规定了违反《食品安全法》的"法律责任"，其中第 96 条规定："违反本法规定，造成人身、财产或者其他损害的，依法承担赔偿责任。生产不符合食品安全标准的食品或者

---

① 李斐然、邵京辉：《98 年德国高铁惨祸后的信任重建》，《中国应急管理》2011 年第 8 期，第 55 页。

销售明知是不符合食品安全标准的食品，消费者除要求赔偿损失外，还可以向生产者或者销售者要求支付价款十倍的赔偿金。"这一规定确立的食品安全责任惩罚性赔偿制度，在保障我国消费者权益方面起到了重要的作用。但是，我们从这些法律条文中可以看到，依据这些条款所能够得到的赔偿额度也仅仅是"价款"的 2 倍或者 10 倍。在 2009 年 12 月 26 日通过的《侵权责任法》中，该法案的第五章第四十七条规定："生产者在明知产品存在质量问题，依旧进行生产和销售，造成他人生命或权益受损的，受害人有权依法请求相应的惩罚性赔偿。"这被看成是惩罚性赔偿制度在产品责任领域的正式确定，对市场秩序的维护和打击制裁缺陷产品都能起到正面作用。

　　但是在英美法系国家中，尤其是美国，在产品质量安全责任方面，有使用惩罚性赔偿的理论和实践的有益探索。[①] 自从 18 世纪 70 年代惩罚性赔偿制度在英国初步建立起来，随着百年来的发展，这种法律制度已成为重要的法律信条之一。以美国为例，质量安全事件的施害人在支付受害人实际损失之外，还会被要求额外以惩罚、威慑为目的的赔偿，这一部分的赔偿金被认为是具有惩罚性赔偿性质的。美国联邦最高法院颁布的《惩罚性赔偿示范法案》中对此进行了相应描述，将惩罚性赔偿定义为"给予请求者仅仅用于惩罚和威慑的金钱补偿"[②]。美国侵权行为法（第二次重述）（1977 年）第 908 条将惩罚性赔偿定义为：（1）惩罚性赔偿是补偿损害赔偿、名义上的赔偿之外，为处罚被告可恶的行为并遏制他以及类似的其他人在以后再为类似行为，而判处的赔偿；（2）惩罚性赔偿可以对被告基于其他人的邪恶表现和不顾后果放任的可恶的行为而判处。

　　在美国 20 世纪 60 年代以前，产品责任领域鲜少出现惩罚性赔偿，一直到了 70 年代后期，这种规则的运用出现了蓬勃发展的态势，但到了 80 年代中期，惩罚性赔偿的使用呈现下降趋势，主要原因是由于有学者认为，将惩罚性赔偿引用到产品责任的案例中，可能会对美国市场经济的发展带来负面影响。[③] 但惩罚性赔偿制度成为美国固有制度的地位并没有受到动摇。

---

①　王利明：《惩罚性赔偿研究》，《中国社会科学》2000 年第 4 期，第 113 页。

②　董春华：《美国产品责任法中的惩罚性赔偿》，《比较法研究》2008 年第 6 期，第 99 页。

③　同上书，第 101 页。

在美国有一些典型的质量安全惩罚性赔偿责任的案例可供我们借鉴。首先是所谓的里贝克与麦当劳公司案。[①] 1992 年，79 岁的里贝克（Stella liebeck）在麦当劳买了一杯 49 美分的外带热咖啡，不慎将咖啡泼到手上，导致手部烫伤。当时麦当劳公司对于热咖啡的安全温度规定是 150 度，但该热咖啡的实际温度为 190 度。此案最终判决是麦当劳向里贝克赔偿 16 万美元的补偿款和 270 万美元的惩罚性赔偿款。

其次，1972 年的格林萧诉福特汽车公司案（Grimshaw v. Ford Motor Company），[②] 13 岁的理查德·格林萧（Richard Grimshaw）乘坐邻居格瑞（Lily Gray）驾驶的一辆 Ford Pinto 牌汽车回家。正常行驶的汽车突然减速停止，被后车追尾。被撞后，油箱爆炸，汽油外溢，引起车身起火、爆炸。驾车女司机当场死亡，小格林萧严重烧伤面积达 90%，失去了鼻子、左耳和大部分左手。事故之后的六年里，他先后接受了 60 多次手术治疗以修补被毁坏的面容和其他损伤。

在案件审理过程中，陪审团给出了高达 1.2 亿美元的赔偿额认定。如此高额的惩罚性赔偿的原因在于，律师向陪审团出示下列证据证明了福特公司在该起事故中有责任：[③]（1）福特公司在 Pinto 车型设计期间曾进行过一系列的碰撞试验，表明如果发生碰撞，汽车内部会充满从爆炸油箱流出的汽油。（2）在第一批 Pinto 车投放市场之前，福特公司的两名工程师曾提出过要在油箱内安装防震保护装置，每辆车需要增加 11 美元的成本。福特公司经过计算后做出的决定是不安装该附加装置，至少在两年之内不这么做，那么增加该附加装置导致的成本为 1 亿 3750 万美元。而假设充其量有 180 辆 Pinto 车的车主因事故而导致死亡，另外 180 位被烧伤，2100 辆汽车被烧毁。依据当时的普遍判例，福特公司将可能赔偿每个死者 20 万美元，每位烧伤者 67000 美元，每辆汽车损失 700 美元。那么，在不安装附加安全设施的情况下，可能的最大支出仅为 4953 万美元。这一证据的披露激怒了陪审团。在诉讼后的一次采访中，一名陪审团成员讲述了陪审团是如何将惩罚性赔偿定为 1.25 亿美元的。由于不安装必要的安全装置的决定，福特公司节省了将近 1 亿美元的成本。原告律师正是基于这一证据和计算提出了 1 亿美元的赔偿请求，而陪审团认为，即使给予

---

① http：//en. wikipedia. org/wiki/Liebeck_ v. _ McDonald's_ Restaurants.

② http：//en. wikipedia. org/wiki/Grimshaw_ v. _ Ford_ Motor_ Co.

③ 王利明：《美国惩罚性赔偿制度研究》，《比较法研究》2003 年第 5 期，第 11 页。

这一数额的赔偿也并不意味着对福特汽车公司无视消费者生命安全的惩罚。所以陪审团要求在节省的总额中加上 2500 万美元。

到了 20 世纪 80 年代中期，美国国内又围绕着惩罚性赔偿在产品责任领域的社会效果起了分歧。支持者认为，对于大型的生产企业来说，一般的补偿性赔偿对其根本起不到威慑作用，在利益大于损失的前提下，企业会选择付出小额的赔偿而获得更多利益。此外，惩罚性赔偿能对企业产生威慑作用，督促其市场行为符合法律法规。反对者认为惩罚性赔偿所带来的后果太严重，惩罚性的判决往往使被告企业承受巨大的经济损失。由此带来的连锁反应是，企业考虑到惩罚性赔偿的不可预测性使得其在市场上的行为缩手缩脚，比如因害怕被惩罚的风险而拒绝开发新产品，这些都会阻碍经济发展。即便如此，在美国大部分州还是承认这一制度。

相对于英美法系的国家，尤其是美国，在法理的思想和案例的实践中，都体现了对产品质量安全危害的责任人给予较高的惩罚，以限制或者约束生产者或者经营者履行质量安全责任的惩罚性赔偿原则的探索。而在我国，无论是立法的思想，还是在法院处理有关质量安全事件的案例中，都缺乏对企业质量安全责任的这种硬约束。这对于当前的严峻的质量安全形势，对于当前在很多生产厂家中存在的责任意识淡薄的乱象而言，不能不说存在一定的缺陷。好在《食品安全法》又处在新一轮的修订当中，很多学者也表达了提高惩罚性赔偿的意见，不管是食品还是其他产品，惩罚性赔偿责任制度的有效利用，但是不滥用，是督促生产者注重产品质量安全，同时也是切实保护消费者质量安全权益的有效手段之一。

第五章　社会组织的质量安全责任

在萨特之前，西方学界有关责任的研究里面，责任通常是指向个人的行为以及与他人之间的关系。现代存在主义拓展了责任的维度，指出人还应该对自己负责。而作为存在主义哲学的代表人物，萨特就认为，人是具有自由意志的，他应该最大限度地实现自我的价值，这就是最大的自我责任。同样，在质量安全的责任体系当中，生产者应该承担质量安全的主体责任，政府的责任也固然重要，但是，消费者发挥的作用也必然是重要的一环。在西方各国产品质量安全法律体系的发展过程中，从合同责任、担保责任、过失责任再到现在的以严格责任为主流的产品责任法律规范的演变进程中，就与消费者自我力量的觉醒和消费者的社会组织在其中的推动作用分不开。消费者权益保护意识的觉醒和消费者权益保护组织的兴起，不仅对于法律体系当中企业产品责任的归责方法的演变，以及让企业承担质量安全主体责任有着关键的驱动作用，同样，消费者的这种社会组织也是监督和督促政府承担质量安全责任的重要力量。

第一节　社会组织在质量安全中的功能

要使得企业承担质量安全的市场主体责任，对于企业在生产和经营中的行为就要有适当的"激励—约束"机制。这其中，消费者的社会组织发挥着不可替代的作用。这种社会组织一方面对生产者的生产经营行为进行有效的监督，督促企业向市场提供质量安全的产品。另一方面，也可以为受到质量伤害的消费者提供法律救济和其他方面的救助。例如，德国消费者协会就是一个独立且中立的社会组织，一方面指导消费者的消费，另一方面接受消费者的投诉，帮助消费者解决纠纷。

在质量安全体系中，如果消费者的社会组织不能正常发挥其功能，或者不能为消费者所认同，成为其反映和投诉质量安全问题的有效途径，就会影响质量安全责任体系的有效运转。1998 年国务院发布施行的《社会团体登记管理条例》中将社会团体定义为"指中国公民自愿组成，为实现会员共同意愿，按照其章程开展活动的非营利性社会组织"①。本章中所指的社会组织，就是消费者权益保护组织，这是由消费者出于自愿而组成，为了保护消费者在市场经济活动中免遭质量伤害，或者给予救济和援助而组成的一种非营利性的社会团体。

根据奥尔森的集体行动理论，质量安全责任体系中社会组织发挥着不可替代的作用。在遇到质量问题时，消费者会计算维权成本和所获赔偿之间的比例，如果所获收益不大或无利可图，基于理性的成本—收益分析，消费者会选择忍气吞声。因此，从数量上来看，虽然消费者人数众多，有条件成为一个共同集团，采取集体行动，维护自身的权益，但事实上，消费者存在集体行动的困境。所以，除非一个集团中人数很少，或者除非存在强制或其他某些特殊手段以使个人按照他们的共同利益行事，有理性的、寻求自我利益的个人不会采取行动以实现他们共同的或集团的利益。换句话说，即使一个大集团中的所有个人都是有理性的和寻求自我利益的，而且作为一个集团，他们采取行动实现他们共同的利益或目标后都能获益，他们仍然不会自愿地采取行动以实现共同的集团的利益。② 这样，如果没有消费者的社会组织，单个消费者在面对生产者的时候力量薄弱，即使遭受了质量伤害也难以自己采取行动取得补偿，这样也不利于对企业违法生产经营，不履行质量安全的行为进行监督和惩治。从而，独立的、中立的，由消费者自发组成的社会团体，而这一团体以给消费者的权益保护提供服务为宗旨就成为必然。消费者协会这种组织如果不能保证其独立性和中立性，不能发挥消费者权益保护的职能，就可能在性质和功能上走向这种社会组织本质属性和功能的反面，反而对于消费者权益保护起到负面作用。

梁慧星教授认为，中国的消费者协会属于一种官办的社会团体："消费者协会不同于一般民间团体，是由各级政府发起成立的半官方的组织，

---

① 中华人民共和国《社会团体登记管理条例》第一章第二条。

② 奥尔森：《集体行动的逻辑》，上海三联书店 1995 年版，第 2 页。

协会工作人员和经费由工商行政管理局配备和提供，在同级工商行政管理局的领导下开展工作，属于'官办的社会团体'。"① 这种非独立的依赖于政府机构的社会团体实际上与其设立的初衷相比发生了"异化"。将中国消费者协会与美国、德国、日本等国家和地区的有关消费者协会进行比较，可以更清晰地看到这一状况（见表5-1）。

68 表5-1   各国消费者协会的职责和组织性质比较

国家	名称	职责	性质
美国	美国消费者联盟	首先，消费者联盟参与立法。消费者联盟的员工和其他消费倡议者参与行业、政府机构的决策。消费者联盟经常帮助某些行业制定测试标准，以影响行业标准的完善。其次，消费者联盟影响行政。消费者联盟理事参与讨论白宫组织的大型会议，对改革提出建议，通过提供书面证言或口头证言的方式影响国会	独立性：经费来源和人员组成并非来自于政府。专业性：有充足的资金作支持，消费者协会可以广泛吸纳行业专家、学者、科学技术人员进入，购买专业的测试调查设备，建立专业的实验基地，扩大网络的影响力
德国	联邦消费者保护总会，由各联邦州的消费者保护中心组成，包括全德国共26个致力于消费者政策工作的协会	一方面为消费者当参谋、指导消费，另一方面接受消费者投诉，帮助消费者解决纠纷	独立的中立的机构。国家财政为其资金的主要来源
日本	全国消费者协会联合会	与政府省厅联络表达改善消费生活的愿望；进行食品安全的相关实验和调查；向企业传达消费者的利益诉求	民间消费者运动组织的联合体
中国	消费者协会	向消费者提供消费信息和咨询服务；参与有关行政部门对商品和服务的监督、检查；就有关消费者合法权益的问题，向有关行政部门反映、查询、提出建议；受理消费者的投诉，并对投诉事项进行调查、调解；投诉事项涉及商品和服务质量问题的，可以提请鉴定部门鉴定，鉴定部门应当告知鉴定结论；就损害消费者合法权益的行为，支持受损害的消费者提起诉讼；对损害消费者合法权益的行为，通过大众传播媒介予以揭露、批评；消费者和经营者发生消费者权益争议的，可以请求消费者协会调解②	非独立性组织

① 梁慧星：《中国的消费者政策和消费者立法》，《法学》2000年第5期，第22页。
② 《消费者权益保护法》第32条。

　　各国消费者权益组织的性质是多样化的，既有依托政府部门，常常是各国的贸易和产业部门隶属之下的消费者组织，也有自主成立的非营利性的非政府组织。而我国的消费者协会是自上而下建立的，属于非会员制的、综合性的社会组织。主管行政机关是国家工商管理机构，而登记注册机关是民政部。任丛丛指出："其（指中国消费者协会）活动经费来源主要是国家资助，另外其工作人员尤其是负责人主要是由行政部门的相关领导担任。这种社会团体的特殊性是显而易见的，它与社会团体管理条例中所定义的社会团体还存在差距，它并不是由公民自愿组成，为实现会员共同意愿，按章程展开活动的社会组织。因为我国的消费者协会并不实行会员制，它虽然属于一种非政府性的组织，但是在很大程度上行使着部分政府职能。由于其工作人员非独立性，导致其不可避免地成为工商行政管理部门的附庸实体；由于其资金来自政府资助，而政府资金大多是由大企业大公司缴纳的，在某种程度上消费者协会反而成为某些大公司大企业的代言人。"① 虽然这种看法可能有些偏激，但对于我们认识当前的中国消费者协会与真正意义上的消费者权益保护社会组织的差异不无裨益。

　　消费者协会成立的目的就在于维护消费者在质量安全上的合法权益，在各种类型的社会组织当中，消费者协会对于质量安全的保障应该最为积极。② 同样，消费者应该愿意并能够借助消费者协会对企业进行监督，约束其承担质量安全的市场主体责任。但是武汉大学质量发展战略研究院于 2012 年进行的宏观质量观测的实证数据显示，对于这种维护自身权益的消费者保护组织，竟有 32.52% 的消费者不知道，③ 对于消费者维权效果是否好的问题上（包括消费者组织的维权效果），认为好和很好的比例只占 8.97%，所占比例非常小，认为一般的超过一半，占50.11%，认为不好和很不好的占 40.92%。④ 这些数据可以表明，我国消费者组织的影响力还很欠缺，消费者对于消费者协会维权效果的评价也相当低（见表 5 - 2）。

---

　　① 任丛丛：《美国消费者联盟与我国消费者协会之比较》，《山东省农业管理干部学院学报》2011 年第 2 期，第 56 页。

　　② 陈秀萍：《消费者权益保护途径之比较》，《当代法学》2003 年第 7 期，第 149 页。

　　③ 武汉大学质量发展战略研究院中国质量观测课题组：《2012 年中国质量发展观测报告——面向"转型质量"的共同治理》，中国质检出版社 2013 年版，第 87 页。

　　④ 同上书，第 88 页。

表 5 – 2 消费者对质量维权组织和维权效果的评价①

调查问卷的问项	选项	比率
您知道有消费者组织吗	知道	67.48%
	不知道	32.52%
您认为中国消费者维权效果好吗	很好	1.99%
	好	6.99%
	一般	50.11%
	不好	30.32%
	很不好	10.60%

通常而言，可供消费者选择的解决消费争议的途径有五类。一是与经营者协商解决；二是请求消费者协会调解；三是向有关行政部门申诉；四是根据与经营者达成的仲裁协议提请机构仲裁；五是向人民法院提起诉讼。虽然有这些不同的维权途径，但是在现实中，中国消费者还是认为自己在遭受质量安全伤害之后的维权成本太高。②"维权成本"主要包括经济成本、时间成本和机会成本。对产品质量问题方面，老百姓在选择司法维权时，也同样遇到司法成本太高负担不起的问题，即所谓的"打不起官司"。宏观质量观测的实证数据表明，认为中国消费者维权成本高（包括很高和高）的占了52.69%，该比例超过了一半；而认为维权成本不高和很低的只有5.14%（见表5 – 3）。③

表 5 – 3 消费者对维权成本的看法④

调查问卷的问项	选项	比率
您认为在中国消费者维权成本高吗	高	38.20%
	不清楚	21.40%
	一般	20.77%
	很高	14.49%
	不高	4.29%
	很低	0.85%
您认为消费者维权成本高的原因是什么	程序复杂	68.58%
	途径不畅	56.67%
	耗时长	55.78%
	起诉费用高	36.82%

① 表中数据来源于武大质量院的《2012 年中国质量发展观测报告》。
② 何颖、季连帅：《论我国消费者维权成本过高的原因及解决对策》，《学习与探索》2013年第6期，第73页。
③ 武汉大学质量发展战略研究院中国质量观测课题组：《2012 年中国质量发展观测报告——面向"转型质量"的共同治理》，中国质检出版社2013年版，第87页。
④ 表中数据来源于武大质量院的《2012 年中国质量发展观测报告》。

对于维权成本高的原因，程序复杂、途径不畅、耗时长以及起诉费用高都是主要原因，选择频数都很高，其中程序复杂居首位。其实，在中国，正是因为消费者协会在消费者权益保护上的功能没有充分发挥，否则以上问题都可以得到一定程度的解决。在美国，消费者"集体诉讼"作为一项主要解决那些认为不值得诉讼的小额消费者争议的法律制度，旨在救济广泛而分散的消费者损害，集体诉讼被誉为是"有史以来社会功用最大的救济方式"①。消费者集体诉讼的一个基本目的或者说直接目的，不仅仅是向受害的消费者提供赔偿，而且是向那些原本不可能通过普通诉讼程序实现的权利主张提供赔偿。其重要之处并不在于向消费者提供了赔偿，而更在于若没有集体诉讼制度的应用，这些权利主张根本无法实现。美国集体诉讼获胜不仅有伤害性赔偿，也有惩罚性赔偿，两者相加一般是非常大的数字，这不仅能够震慑企业，使企业基于对消费者的害怕生产出安全合格的产品，也可以支付律师较高的报酬。集体诉讼被用来解决群众性消费者问题，帮助消费者实现其小额索赔请求。其鲜明特征就是落实极度分散的群体性小额损害赔偿请求，从经营者处收回其不当得利，这种制度安排能够克服消费者集体行动的困境。② 当单个消费者对于自己挽回小额损失兴趣寡然时，消费者协会采取"集体诉讼"行动，为消费者向侵害人主张损害赔偿。

第二节 社会组织是消费者的质量安全投诉渠道

一 中国消费者协会在质量安全责任体系中的作用

从各种媒体反映的情况来看，似乎中国这几年的质量安全形势在恶化，但是单从中国质量问题的消费者反映来看，好像并非如此。③

图 5 – 1 的数据来自中国消费者保护协会 2002—2012 年的消费者投诉情况统计，反映的是消费者这 11 年以来投诉的总件数的变化情况，从该图来看，消费者投诉的总件数一直维持在 60 万件以上的水平，规模不小，

---

① 钟瑞华：《美国消费者集体诉讼初探》，《环球法律评论》2005 年第 3 期，第 343 页。

② 同上书，第 348 页。

③ 本节中有关中国消费者协会的统计数据都来自中国消费者协会官方网站公布的历年消协受理投诉情况，并经作者统计整理，可参见 http：//www. cca. org. cn/web/xfts/newsList. jsp? pager. offset = 0&id = 306。

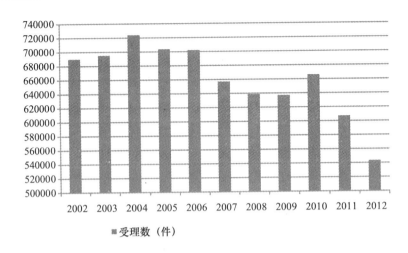

5-1　中国消费者协会接受消费者质量安全投诉的数量（2002—2012 年）

但是在变化态势上，整体还处于一个下降的趋势。已经从 2004 年的高点 72 万多件下降到 2012 年的 54 万件多一点，下降的幅度是相当大的。

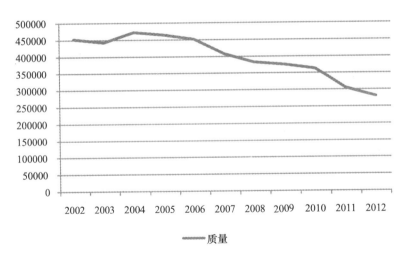

-2　中国消费者协会接受消费者产品质量方面投诉的数量（2002—2012 年）

从消费者投诉事件中反映的质量问题来看，在这 10 年中，消费者向消费者协会投诉的质量问题的数量呈明显的下降态势，已经从 2002 年的 45 万件，下降到 2012 年的 27 万件左右，具体可见图 5-2。

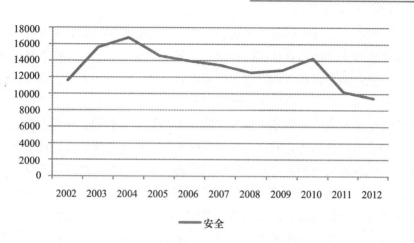

图 5 - 3　中国消费者协会接受消费者安全方面投诉的数量（2002—2012 年）

　　质量安全的另外一个比较重要的方面是产品安全问题，这 11 年的情况可见上图 5 - 3，也从 2005 年的最高 17000 件左右，下降到 2012 年的不足 10000 件的水平。2005 年之后下降的趋势线是比较明显的。

　　从以上的数据图来看，中国消费者协会在接受消费者投诉的总量、有关质量问题及安全问题等方面的投诉的数量在不断下降。这种变化趋势有没有例外呢，从消费者协会的官方网站公布的各类数据来看，还是有的。从消费者投诉所反映的问题的九种性质来看，只有营销合同上的投诉是在上升的，可见下图 5 - 4：

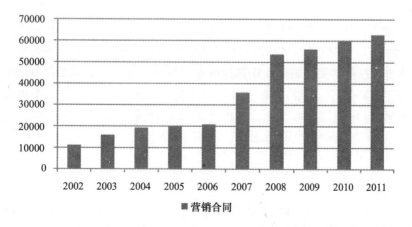

5 - 4　中国消费者协会接受消费者营销合同方面投诉的数量（2002—2011 年）

如果以上来自中国消费者协会官方网站的数据①可以反映 2002—2011 年消费者对于产品质量状况的反映，这种变化趋势好像与每次质量安全事件爆发之后消费者群体在网络上的反馈意见存在很大的不同。对于这两者之间的差异，可以提供的理论解说有很多，比如实验经济学中已经证明的理论，个体在风险问题集中爆发之后，尤其是重大的质量安全事件发生之后，会夸大潜在的质量安全风险的严重程度，再比如从社会心理学的角度来看，消费者可能是一种松散的组织形态，容易受到从众心理驱动力的影响，也就是所谓的"乌合之众"②。消费者反映这种质量安全问题的主要渠道不是消费者协会，而是通过互联网或者其他渠道，但是接受投诉本应是这种社会组织的一项重要的功能，从上面的数据统计的分析来看，在中国，目前的消费者协会是完全无法担此重任的。

如果将目光仅仅停留在这里，这种看似矛盾的现象已经得到理论的合理解释了，但是这种合理解释必须建立在这样一个前提假设的基础上，那就是消费者能够较为完全地通过消费者协会来完整反映自己的质量安全的诉求，这一方面是说消费者有足够的自觉能力，同时消费者协会也是消费者行使自己这种自觉能力的主要渠道。但是实际情况是否如此，中国的消费者是否自觉地充分地通过这种形式承担质量安全的"自我责任"，这里只能给出一个统计趋势，要想真正证明这两者之间的因果关系，还有待进一步的实证研究。

二　国外消费者社会组织在质量安全责任体系中的功能

1987 年 9 月中国消费者协会就加入了国际消费者联盟（Consumer International），但是直到目前为止，该协会仍然是中国内地唯一加入该组织的消费者权益相关组织。反观其他国家，往往不止一家消费者权益组织成为该联盟的会员。到 2011 年为止，该国际组织在世界上的 115 个国家拥有了 220 个成员。从下图 5 - 5 中可以看出其成员在世界范围内的地域分布。

---

① 数据都来自中国消费者协会的官方网站：http：//www．cca．org．cn/web/xfts/newsList．jsp? pager．offset = 0&id = 306。

② 法国著名社会心理学家古斯塔夫·勒庞（Gustave Le Bon）最出名的作品就是《乌合之众：大众心理研究》，书中就阐明了个人在群体影响之下做出不合常理行为的内在机制。参见古斯塔夫·勒庞《乌合之众：大众心理研究》，冯克利译，中央编译出版社 2000 年版。

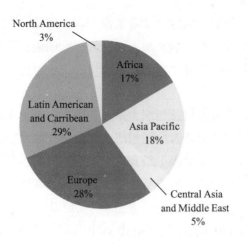

图 5 – 5　国际消费者联盟成员的地域分布

数据来源：http：//www. consumersinternational. org/our-members/member-directory? search =
&region = 2827&type = 0&country = 0&campaigns = #resultsAnchor.

75

　　我们想要强调的是，在世界上人口较多的国家当中，从加入该联盟的消费者权益组织的数量来看，就有较大的差异。

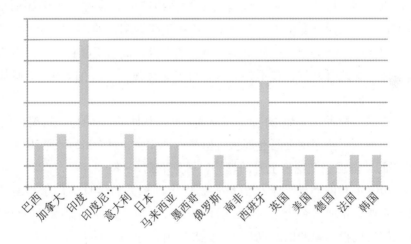

图 5 – 6　各国在国际消费者联盟中的成员数量

数据来源：http：//www. consumersinternational. org/our-members/member-directory? search =
&region = 2827&type = 0&country = 0&campaigns = #resultsAnchor.

76

上图的数据同样来自国际消费者联盟的官方网站，代表了全世界人口较多、经济发展程度不同的国家加入消费者国际联盟的消费者权益组织的数量。结合这些组织的差异，再与中国的情况进行对比，有如下几方面的差异：

首先，各国的消费者权益组织大都不局限于一家，尤其是发达国家和人口数量较多的国家，消费者保护组织的数量都比较多，例如美国，人口很多、经济发展程度也是世界上最高的，该国国内的消费者权益保护组织的数目繁多，上面所说的几家实际上是其国内众多消费者组织的联合体。西班牙、意大利这些较为发达的经合组织（OECD）国家同样如此，即使是同为发展中国家的印度，竟然有多达十几家的消费者组织加入这一联盟。

其次，各国消费者权益组织的性质是多样化的，既有依托在政府部门，常常是各国的贸易和产业部门之下的社会组织，又有消费者自主成立，非营利性的、非政府的社会组织，而且这类社会组织在发达国家尤其如此。

美国的商业促进署（Better Business Bureau，BBB）也是一个非官方的不以营利为目的的组织。该组织成立于1912年，现在在美国和加拿大有116个地区性分支机构。在美国，维护消费者利益的途径，除了立法之外，主要靠BBB承担。[1] 从2004年到2011年，该组织收到的消费者咨询量总数多达几百万件，在不久的将来可能会突破千万件的大关。[2] 具体情况可见下图5-7。

美国消费者在BBB的投诉量从每年60万件的水平上升到现在的90万件，虽然不同年度之间有起伏，但是总体而言，从2002年到2011年的10年间，呈现一个稳步上升的趋势，可见下图5-8。

BBB的功能不局限于从消费者哪里接收相关的信息，还承担着消费者与企业，企业与企业之间共建信任的职能。以此机制为保障，该组织每年已解决的投诉量的情况也是存在逐步趋好的态势，见下图5-9。

---

① http：//mjj. mca. gov. cn/article/jyjl/200712/20071200005016. shtml.

② 本节中美国BBB的相关数据来自历年的Council of Better Business Bureaus Annual Report，并经作者收集和整理。

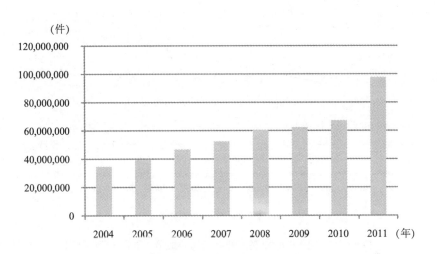

图 5 - 7 美国 BBB 接受消费者咨询的数量（2004—2011 年）

数据来源：BBB 2002—2011 年的统计数据。

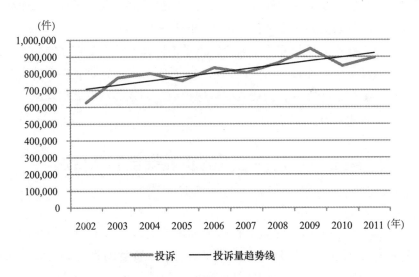

图 5 - 8 美国 BBB 接受消费者投诉的数量（2002—2011 年）

数据来源：BBB 2002—2011 年的统计数据。

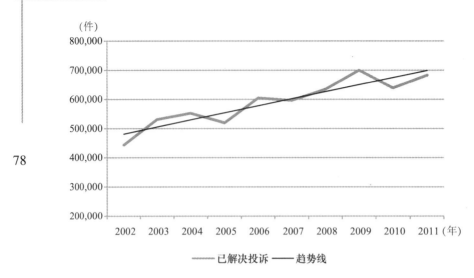

图 5 - 9　美国 BBB 接受消费者投诉的数量（2002—2011 年）

数据来源：BBB 2002—2011 年的统计数据。①

　　假定我们认同上面的论断，即美国的 BBB 是除了美国法律之外消费者权益保护的主要渠道，那么上面的这些数据及其表现的趋势应该能够大致反映美国消费者对于自身权益的保护的自觉性。

　　消费者在产品质量和质量安全的体系中，并不天然是被动的一方，让消费者有动力、有途径表达自己的权益，是消费者责任机制建设的重要一环。除了法律途径之外，消费者权益保护组织的成熟和发展也理应在这一过程中发挥重要的作用。

第三节　社会组织的质量安全信息传递
——以比较试验为例

　　各国的消费者协会的职责和功能有差异，这与每个国家的制度、法律特征等因素有关，但是也有一致性，接受消费者的投诉、向政府反馈信息和提出建议等都是具有共性的职能。除此之外，比较试验也是国外很多消费者权益保护组织的重要职能。② 质量安全问题发生的根本原因在于信息不对称，那么弥补这种信息不对称的措施就是解决问题的有效

---

① 　http：//mjj. mca. gov. cn/article/jyjl/200712/20071200005016. shtml.

② 　孙颖：《论消费者组织的运作与发展》，《法学评论》2010 年第 1 期，第 54 页。

方式，方法可以有两种，一种是让消费者具备更好的质量安全素质能力，即通过消费者教育的方式，让消费者辨识质量安全信息的能力提高，这在日本、美国、德国和一些转型国家，如波兰，以及一些发展中国家，都是重要的消费者权益保护的方式；另外一种是向消费者提供产品质量方面的信息。比较试验对于消费者保护而言最重要的作用就在于此，它可以降低商品供应者和消费者之间的信息不对称，让消费者以更合理选择的方式发挥作用。

79

一　由独立、中立的消费者组织来实施比较试验

比较试验是国外很多消费者组织的重要功能，这些独立且中立的消费者权益保护社会组织围绕比较试验，通过各种路径向消费者传递质量信息，促进生产者质量安全责任的承担。由各国从事比较试验的社会组织组成的全球性联盟——国际消费者研究及试验机构，已经拥有来自全世界40个国家的44个成员组织。每年发起超过50个大型的联合产品试验和大量的小型比较试验。[①]

表 5 - 4　　　　各国进行比较试验的消费者组织和传播媒体

国家	实施的组织	比较试验的传播媒介
法国	Union fédérale des consommateurs（federal union of consumers）（消费者联合会）	Que Choisir（What to Choose）
美国	Consumers Union（消费者联盟）	Consumerreports
英国	Which? Ltd（Consumers' Association）（消费者联合会）	Which?
德国	test Stiftung Warentest（商品检验基金会）	Test、Finanztest
澳大利亚	Australian Consumers Association（澳大利亚消费者联合会）	Choice

商品和服务比较试验理念的提出可以追溯到1927年出版的《物有所值》（*Your Money's Worth*）一书，书中列举了很多类型相同但质量千差万别的产品的例子，并且指出，有些劣质产品往往会以高价售出，而普通消费者无法识别同类商品的差异，书中列举了帮助消费者看穿令人眼花缭乱

---

① http：//www. international-testing. org/about. html，2013 年 5 月 7 日检索。

的广告宣传的方法，并主张建立一个由中立公正的专家所主持的科学试验体系来打击伪劣的消费产品。

消费者社会组织进行比较试验的起源是美国的消费者联盟，该组织于1936年在美国成立，随即开始进行商品的比较试验，其作用和价值很快被消费者所认知。欧洲则是到20世纪40年代才开始接受这一理念，直到1953年才成立了第一批类似的组织机构，最先是法国的消费者联合会（Union Federal des Consommateurs），紧接着成立了冰岛和荷兰的消费者联合会。1964年，德国商品检验基金会成立。发展到当今，类似的组织已经达到40多个。① 在《物有所值》一书中，作者 Chase 和 Schlink 已经提出要建立一个由中立专家主持的科学试验体系来实施比较试验，而从事比较试验的社会组织基本都符合这一性质的要求，独立性、中立性共存。

以上各种消费者权益保护社会组织在形成的历史、组织的形式、职责的范围等方面都存在差异，但是有一点是共同的，那就是独立性和中立性。消费者协会这种组织如果不能保证其独立性和中立性，就在性质和功能上与这种社会组织本质属性和功能相违背，不能成为消费者保护和约束企业履行质量安全责任的重要机制，也就不能发挥在质量安全责任体系中的功能。同样，如果没有独立性和中立性的保障，由这种组织进行的比较试验难免缺乏公正性，难保不被不同利益集团的需求所左右，其结果是不能客观地反映质量安全的真实信息，无从减少消费者面临的质量安全信息劣势，也就不能发挥消费者权益保护的作用。

二 德国商品检验基金会实施比较试验的路径和过程

德国商品检验基金会1964年经过德国议会的决议建立，目标和宗旨就是进行产品比较试验，从而为消费者提供独立且客观的建议。据 FOR-SA 研究所2007年的数据，在德国至少94%的人知道"商品检验基金会"这一组织。其中67%的人是通过产品上的检验标志认识该组织，66%的人通过广播电视中的报道，47%通过杂志上的文章，41%通过日报上的文章，29%通过其主办的 Test 杂志，17%通过《金融检测》杂志（Finanztest）等不同渠道了解该组织的功能。另外，从图5-10来看，德国商品检验基金会位列受到信任的社会机构的首位。

---

① 西博：《商品和服务比较试验使用导则——以德国商品检测基金会的经验为基础》，德国合作机构出版物。

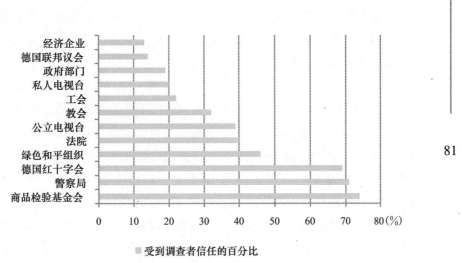

受到调查者信任的百分比

图 5 - 10　德国受到信任以及高度信任的社会机构①

81

此外，根据德国联邦消费者联合会消费者中心 2008 年的调查数据，商品检验基金会也位列能够有效服务于消费者的机构的首位，见图5 –11。

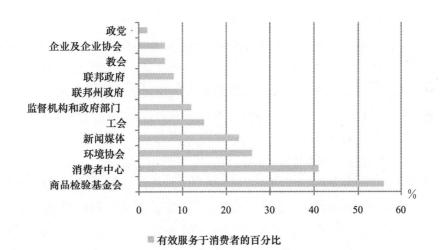

有效服务于消费者的百分比

图 5 - 11　有效服务于消费者的各种德国机构的排名

本图数据来源于德国 FORSA 研究所 2007 年的调查。

———————

① 本图数据来源于德国 FORSA 研究所 2007 年的调查。

正是德国商品检验基金会广泛为德国消费者所认知，得到了普遍的信任，也被认为是有效服务于消费者的公共机构，保障了其进行的比较试验的权威性和传播的效果。

如果消费者对从事比较试验的消费者组织认知和认可的程度不高的话，会影响其试验结果的传播效果。在桑雪骐看来："德国商品检验基金会为消费者客观地提供独立的产品和服务的对比试验。通过对同类相互竞争的产品进行对比试验，公布产品和服务的性能和功能，从消费者的利益出发增强市场透明度。"[1] 为了进行试验，他们会从市场上匿名购买产品或接受服务，根据事先制定的试验程序在独立的检测机构对其进行检测，对产品进行评估并将试验结果在其刊物和互联网上公布。德国商品检验基金会以其很高的知名度和完全中立的试验结果获得了消费者的信任，对消费者的消费行为具有很大的影响，因此好的产品评估往往被生产商作为产品宣传的广告词。

德国商品检验基金会进行比较试验的整个程序可以分为如下几个步骤，每个过程中对于比较试验科学性和独立性的关注保障了试验结果的客观性和公正性。

（一）选择试验的商品

试验商品的选择范围来自于基金会出版的两本杂志 *Test* 和 *Finanztest* 的读者、德国联邦消费者协会、供货方、企业员工、基金会的检验研究院、出版社的市场调研部门（从杂志零售消费者、订阅者和基金会网站的网络顾客获取试验需求）等渠道收集到的消费者关注的焦点，从中再筛选年度试验的样本商品。

（二）选择并购买检验样品

检验样品完全按照其真实的市场意义进行选择，遵循商品在市场上的重要性原则，从而可以凭借较小的样本量来覆盖相对较高的市场份额。同时会考虑和询问供货方的意愿，在获取样本方式上面，做到像其他的消费者一样通过贸易手段购买产品，以保证付费获得检验样品；不是对"新闻产品（用于宣传的产品）"实施检测。

（三）试验方案的制定

试验方案的内容和项目要包括所有对消费者重要的产品特性，如果是

---

[1] 桑雪骐：《消费者对能效标识半信半疑》，《中国消费者报》2013 年 6 月 5 日。

电器的话，会包括其功能、使用、耐久性、环境影响和安全性等典型特性。方案通常由具有检验某种商品的科研或者特殊资质的项目负责人来制定，同时，要从包括行业、科学、标准设定机构和消费者等不同利益相关方寻找外部专家。

在开始检验之前，会成立一个专业顾问组，成员包括供货方、消费者和独立机构的代表，一起讨论市场情况和检测方案，然后将商定的检测方案寄给所有供货方，这也保证了试验的透明度。

83

（四）实施检测

检测可以由组织自己的实验室完成，也可能会委托给有资质、独立和经验丰富的实验室，从事商品试验的实验室必须具备高水平的能力，而且独立于制造商和零售商。一般每项检测会委托1—3家研究所进行，并且不对第三方提及上述研究所，不会选择在供货方的实验室里进行检测。

（五）比较试验的质量保障

比较试验结束之后，会通知供货方检测结果，并给其机会做出回应，这其实是对供货方的预通知。然后由项目负责人和编辑组成的团队共同进行信息的发布，目的是从专业和新闻学的角度保证高质量。再通过自己的验证人员对评估和公布的消息进行独立的审查，按照科学标准进行评估，而且经常比相关法律或者标准中的要求更全面。

（六）公布结果

经过上述试验程序之后，德国检验基金会在 *Test*、*Finanztest*、德国检验基金会的官方网站 Test. de 出版的特刊和一些书籍中公布调查结果。尤其值得注意的是，以上所有出版物中均没有广告，与生产商或者经销商之间没有其他业务关系（包括使用其检测结果做广告），这也是对于试验过程中立性的一种保障。*Test* 每月销售量 509000 份，其中 432000 份是订阅，77000 份为零售，*Finanztest* 每月销售量平均 251000 份，其中 205000 份为订阅，46000 份为零售。Test. de 官方网站年访问量在 3000 万次以上，其中 2.6% 的访问者付费获取信息。通过这些内部出版物，比较试验的结果得到了社会传播。

（七）检测结果的推广

除了基金会在自己刊物上进行比较试验结果的宣传和推广之外，还通过广播、电视和其他纸质传媒大范围地宣传推广比较试验的结果，尽可能地让消费者了解从比较试验中得到的质量安全信息。在广播上，大约每年

4600 篇报道（相当于每天 13 篇），在电视上，大约每年 2800 篇报道（相当于每天 8 篇）。此外，每年大约有 78000 篇文章（约为每天 210 篇）与试验结果有关。

在每一个年度，比较试验会对 100 多种商品进行比较检验，其中包括约 25 项普通服务检验、约 75 项金融服务检验和约 12 项培训服务检验。迄今为止，商品检验基金会已对德国 5000 项商品、85000 种产品和 1700 项服务进行了比较试验。①

在试验结果公布之后，基金会会组织专门回答供货方的问题，每个供货方都可以查阅专家鉴定，还可以回购检测样品。当然，供货方的反应是有差异的，但是一般会按照检验基金会的检验方案对其商品进行改进和持续研发。也可能会对检测结果提出非议，要求查阅专家鉴定书。有时候会批评比较试验的检验内容超出了法律规定的要求，甚至在某些时候，基金会还会收到厂家和商家的律师函、警告函，甚至是诉讼。每年德国商品检验基金会可能被卷入 10 起左右的诉讼。但是基金会获胜的比率达到了85%，剩下的案例中一般都会与起诉方达成庭外和解，至今为止，还没有被判赔偿损失的判例。实际上，通过德国联邦最高法院 1976 年的"滑雪板固定器"案、1987 年的"除草机"案例和"减肥餐"这三个基本判决的支持，德国商品检验基金会可以从事公平但具有批判性的商品比较试验工作，德国商品检验基金会的比较试验得到了法律和司法机构的认可。

比较试验是被世界众多国家的消费者权益保护组织广泛采用的向消费者提供信息的有效途径，通过对比较试验结果的公布，消费者能够清楚地获取关于商品质量和价格的信息，帮助自己做出符合特定需求的购买决定，还能够鼓励优质产品的生产者，敦促其他生产者提升产品品质，促进行业发展。② 同时，这也是这些组织提高公信力，拓展发展空间的重要途径。

那么，这种方式要发挥作用，其基础和实施方法是什么呢，我们可以从国外一些消费者组织从事比较试验的做法上得到很好的借鉴。首先是要保证进行比较试验的组织本身的独立性和中立性，其次在进行比较试验的

---

① 以上未注明其来源的数据，都来自西博《商品和服务比较试验使用导则——以德国商品检测基金会的经验为基础》一书。

② 王佳娜、傅江平：《深圳消委会借鉴德国比较试验》，《中国质量报》2012 年 11 月 30 日。

时候，注意这一过程中的科学性和独立性。最后，要采用最广泛的渠道向消费者传播比较试验的结果，同时达到激励生产者和经营者履行质量安全责任的目标。这些环节中的科学性和独立性缺一不可，实施比较试验的组织的独立性、中立性及被消费者信任是前提条件，比较试验实施过程中的科学性和中立性是试验结果客观性的基础，广泛地向消费者传播试验结果的路径是发挥其社会影响力的重要保障。

毫无疑问，如果消费者对从事比较试验的消费者组织认知和认可的程度不高的话，会影响其试验结果的传播效果。如果这一障碍得不到解决，就需要社会中立的第三方，或者是科研机构来进行比较试验，并在方案实施和结果传播的过程中遵循以上科学性和中立性等要求。

第四节　质量安全社会组织在中国质量安全责任体系中的未来前景

消费者权益保护的社会组织的发育及其功能的完善，对于构建"激励—约束"相容的质量安全责任体系，实现市场的均衡发挥着重要的作用。当消费者苦于没有适当的途径或者缺乏经济实力来向生产者求偿质量伤害造成的损失的时候，如果是一个真正独立而功能健全的消费者协会，就可以而且会主动采取有效措施为消费者向侵害人主张损害赔偿。但上述分析表明，中国的消费者协会在性质和功能上无法达到一个消费者权益保护的社会组织的本质要求，在实践上也没有成为消费者维护自身利益的重要选项，而消费者的确也没有将其视为自己权利的可能的求助对象。这主要是中国消费者组织出现了一家垄断的局面，同时其作为消费者投诉的渠道的作用基本上没有发挥出来。另一方面，消费者的社会组织可能通过进行比较试验的方式向消费者提供产品之间质量安全状况的比较，帮助消费者更好地进行消费决策，也使得消费者可以更好地用"用脚投票"的方式约束生产厂商履行质量安全的市场主体责任。在这一点上，中国消费者协会与各个地方的消费者协会都做出了一定的尝试，但是其效果显然并不是非常的理想，以德国检验基金会在实行比较试验的过程中所提供的经验借鉴，需要中国消费者协会在诸多方面进行深入的改革，至少要成为被消费者广泛认可的独立和中立的社会组织。

程虹等人认为："消费者权益保护组织以其在质量领域中的一致性和

组织细分，以及成员构成带来的专业性，成为质量安全保障和维护质量安全责任体系平衡的最为有效的一支力量。对于目前我国具有行政化和垄断化特征的消费者权益组织，一方面要增强消费者组织的独立性，逐渐摆脱其对行政机关的依附性。首先，可实行消费者组织机构的独立，改变行政机构主管的做法。其次，建议消费者组织机构独立后，再进行人事独立和财务独立。政府机关人员不得在消费者组织中任职和兼职，政府可采取购买、项目合作等多种方式来扶持消费者组织财务独立后经费不足的情况。另一方面，要打破消费者组织垄断化的特征，开放社会公众组织各种类型和不同地域的消费者社会组织，增强消费者组织的活力。"① 这一描述不仅指出了中国消费者组织目前的主要问题，也给出了让其走出困境的路径。

值得注意的是，国内已经有广东等省份现在开始了社会组织的管理改革。2012 年，广东提出"除法律法规规定和特殊领域，其他种类社会组织直接在民政部门登记"后，登记门槛大大降低。② 广东省民政厅提供的数据显示，截至 2012 年底，广东各级民政部门登记的社会组织共有35324 个，比上年度增长 15.1%。另外，中央也提出社会组织改革的新理念，2012 年 10 月 10 日国务院公布的《关于第六批取消和调整行政审批项目的决定》中有这样一段话："凡公民、法人或者其他组织能够自主决定，市场竞争机制能够有效调节，行业组织或者中介机构能够自律管理的事项，政府都要退出"，这被认为是社会组织改革迎来了春风。可以预见，在我国也会出现一个消费者权益保护的社会组织蓬勃发展的高潮，正如消费者权益保护运动的发展带来了企业产品责任理念的不断进步，消费者社会组织的不断发育和完善，也终将改变中国质量安全体系中各方主体力量和地位不对称的现状，有助于形成均衡稳定的责任体系，有利于实现质量安全的良好治理。

---

① 武汉大学质量发展战略研究院中国质量观测课题组：《2012 年中国质量发展观测报告》，《宏观质量研究》2013 年第 1 期，第 30—31 页。

② http://mjj. mca. gov. cn/article/xzglxw/201305/20130500465632. shtml.

第三编

质量安全中的政府责任

第六章 政府在质量安全责任
体系中的职责

从政府质量安全责任的根本含义来看，主要包含了质量安全监管中的职责承担和未能履行好质量安全监管职责情况下的问责。从责任的属性和内涵来看，前者可以理解为积极责任（responsibility）或称为"负责"，涉及的是监管部门在质量安全上的"职责"和"义务"；后者则可以理解为消极责任（accountability）或称为"问责"，是指质量安全监管部门对其监管行为的结果和效果"做出解释"，以及对责任承担中存在的问题"进行追究和惩罚"。所以，从责任内涵的角度来看，政府质量安全监管职责的定义和范围划定是前提，职责履行方式的合理选择和各种可行的政策方法的匹配是职责得以有效履行的保障。从这个意义着手，政府质量安全责任的履行和承担，首先要清晰合理地界定政府在质量安全监管方面的职责和范围，然后寻找到适合这些职责目标实现的最有效的政策手段。从目前我国政府的质量安全监管来看，本身处在经济发展的特定阶段，依据世界各国质量安全发展的历史规律，产品质量问题会较为集中地爆发，也会成为社会关注的焦点问题。同时，自身监管的能力与设定的监管目标之间的差距越来越大，现在所依赖的监管工具的选择与监管目标之间的匹配程度也越来越不紧密，而且还容易造成各种各样的、不堪承受的责任承担、甚至是在与利益结合之后形成严重的腐败问题。从政府质量安全监管的责任承担来看，首先要处理好生产安全和质量安全监管中，政府面对的主要是质量安全的供给和质量安全需求之间的矛盾，从而先定好政府的职责范围，再依据此合理界定的职责范围匹配最合适的监管政策工具。从这一点来看，发达国家的质量安全监管的理论研究和监管实践给我们提供了很多借鉴。

第一节　政府责任的理论基础

政府责任的理论基础包括社会契约论和委托—代理理论等。当然，目前有关政府责任的理论发展前沿是新公共管理理论和新公共服务理论。

一　社会契约理论

潘云华提出："在伊壁鸠鲁看来，就个人与国家而言，个人权利先于国家权力，个人权利是国家权力的正当来源。个人权利的有效维护是国家权力行使正当性的唯一依凭。伊壁鸠鲁的社会契约思想成为以后两千年，特别是 17 世纪之后，启蒙思想家的成熟契约论的雏形。"[1] "国家是人民的事务。人民不是偶然汇集一处的人群，而是为数众多的人们依据公认的法律和共同的利益聚合起来的共同体。"[2] 这是西塞罗为国家下的定义。

一般认为，英国哲学家霍布斯（Thomas Hobbes，1588—1679）是近代"契约论"的主要创始人和系统阐述者。而洛克（John Locke，1632—1704）的学说对社会契约理论的确立和后代政治实践的影响更为巨大。与其他的社会契约论者不同的是，卢梭（Henri Roussea，1844—1910）的理论中带有鲜明的"人民性"。卢梭认为，主权始终属于全体人民，全体人民行使主权，表现为一种公意，即这个政治实体的意志。公意作为人民整体的意志表现，不可分割，不可转让，更不可能被代表。[3] 按卢梭的主张，国家法律应由人民直接规定，是共同意志的体现。人们通过契约建立了公民社会，又通过某种创造性行为建立了政府意义上的国家。这种"创造性行为"依据的不是人们之间的契约，而是人们的意志。即"政府的权力来源于表现全体人民共同意志的法律，人民制定法律决定政体并赋予政府的权力，政府是人民行使主权的工具，须绝对听命于人民"[4]。

社会契约论者所论述的关于对政府的控制，是指社会将政府行使的行

---

[1] 潘云华：《"社会契约论"的历史演变》，《南京师大学报》（社会科学版）2003 年第 1 期，第 49 页。

[2] 西塞罗：《论共和国、论法律》，王焕生译，中国政法大学出版社 1997 年版，第 39 页。

[3] 卢梭：《社会契约论》，何兆武译，商务印书馆 2005 年版，第 20 页。

[4] 陈国权、徐露辉：《责任政府：思想渊源与政制发展》，《政法论坛》2008 年第 2 期，第 35 页。

政权力的最终所有权掌握在自己手中，将政府限于人民的监控范围之内以防止政府的恣意妄为。洛克在社会契约论思想的论证基础上，提出了政府解体学说。洛克曾反复强调，导致政府解体的真正原因，往往来自于社会内部，尤其是因为立法机关或君主滥用社会所委托给它的权力，而不是反抗暴政的人民。因为统治者如果越权使用强力，常常会使之处于战争状态而成为侵略者，因而"必须把他当作侵略者来对待"。洛克强调："在一切情况和条件下，对于滥用职权的强力的真正纠正办法，就是用强力对付强力。"① 至于作为统治者的君主或立法机关是否辜负其所受委托之权，其判断之权应该归于人民。如果人民与暴政之间在世上没有裁判者，人民便可以诉诸上天，而以武力反抗暴政。洛克所论述的政府解体的真正原因，是为了给当时英国的资产阶级革命提供理论依据，矛头直接指向政府权力行使和政府责任问题，人民可以用武力反抗暴政，那么行政问责也必然在其理论逻辑之中。卢梭的"公意"深刻揭示出政治生活需依赖于整个社会的意愿和参与，暗含着国家与社会是分离的，国家的消亡不等于社会的不存在。在卢梭看来，政府是一种邪恶，一种必要的邪恶。公民应该着力限制政府的范围并防止它违背公意，应该用怀疑的目光审视政府，时刻关注它在行使自己的功能时是否限制了公民的自由与平等的权利。而这种审视是对政府的责任和权力之间是否一致的衡量。

91

责任是现代公共行政最基本的品质和最核心的要素，责任担当和履行是公共行政的存在和发展的合法性基础。社会契约理论认为，拥有自然权利的人们将本属于自己的权利让渡给政府，由政府行使对社会的治权并服从它有一个根本的前提：政府必须要承担保障每个人的基本权利、维护全体社会成员普遍利益的公共责任，如果政府的行为超出了契约所约定的范围，违背了原初授权的初衷，没有承担起政府应尽的责任，必将威胁到人类正义的生活秩序，损害公共利益，其对社会的治理权力的合法性基础也必将丧失殆尽。对于公共行政来说，责任的缺失意味着最基本的合法性的丧失。

二　委托—代理理论

委托—代理理论（principal-agent theory）最早来自20世纪30年代的

---

① 洛克：《政府论》（下），瞿菊农等译，商务印书馆1983年版，第95页。

美国经济学家伯利和米恩斯（Berle and Means）。他们因为看到了企业所有者兼具经营者的做法存在着极大的弊端，于是提出了 Berle-Means 命题。① 这以后，如何设计有效的报酬契约来减少代理成本，成为这一理论研究的核心内容。这一理论倡导所有权和经营权分离，企业所有者保留剩余索取权，而将经营权利让渡给代理人。"委托—代理理论"早已成为现代公司治理的逻辑起点。在 20 世纪 70 年代，由罗斯（Stephen Ross）、詹森（Michael Jensen）和麦克林（William Meckling）等人通过一系列经典论文建立了委托—代理的理论框架。

由此看来，委托—代理理论最早是用来解释和解决公司金融领域存在的信息不对称问题。随着"主权在民"思想和代议制民主制度的流行，在人民和政府之间形成了一种委托—代理关系。人民大众成为委托人，将权力委托给政府。人民赋予政府管理国家的权力，政府要以其行政行为对人民负责。

安东尼·奥罗姆（Anthony M. Orum）指出："政治参与要求接受一般的和特殊的信息，那些获得这些信息的人，即在效应和心理上更多地介入的人，就更有可能参与政治。反之，那些没有得到这些信息的人，则无动于衷，缺乏心理上的介入。因此，也就很少有可能参与政治生活。"② 因此，委托—代理理论承认代理人的行为具有理性和自利特征，要解决的就是如何建立对代理人的制约制衡机制以克服组织潜在权力的滥用和行为选择的偏差。其意义就在于，社会组织和公众必须选择有效的机制来监督和约束政府及行政人员，激励机制的选择上力求做到激励相容，建立良好的沟通网络和信息公开渠道，有效激发委托方以积极的心态从事公共事务。正是在这一点上，委托—代理理论与政治活动中的授权和监督有相似之处，自然而然地成为权力监督和制约的理论基础，也成为政府责任的理论基础。

三 新公共管理理论

新公共管理理论认为，传统的科层制之下的公共行政理论已经不能适应新的社会经济形势的变化。强调政府应该减少对市场的干预，让社会机

---

① Berle Adolf A. and Gardiner C. Means, *The Modern Corporation and Private Property*, New York: The Macmillan Company, 1932. pp. 119 – 121.

② 安东尼·奥罗姆：《政治社会学》，张华青等译，上海人民出版社 1989 年版，第 293 页。

制充分发挥作用。同时认为政府应该重视其效率，将经济部门和商业企业的管理原则和实践经验应用到政府部门，为政府注入"企业家精神"。这种理论强调在解决公共问题、满足人民需要等方面要增强有效性及其回应性，重视公共服务的质量和最终结果，秉持"顾客第一"的理念和重视消费者主权。所以，行政问责变得更为重要。

新公共管理理论强调借鉴私营部门的管理工具和管理方法，行政管理的过程相对过去单一的政府控制更为复杂化，另外，我国学者宋涛认为："公共行政管理在向职业化方向发展的同时，也提高了管理的复杂性。在这两种原因的共同作用之下，大大增加了行政外部甚至行政内部不同部门之间对行政部门工作了解的难度，同时也凸显了行政部门及其人员对责任进行回应的重要性，在职业化群体的背后，只有通过有效的问责机制，才能对行政人员的工作进行更好的控制和了解。在行政管理方法日趋复杂的背景下，没有健全的问责机制和专业化的评估方法，例如审计和政府部门绩效评估等等，外人对行政运作过程、行政结果的了解及其评价将无从下手。"[1]

新公共管理理论在政府责任的问责方面同样提出了全新的见解："（在西方）传统的行政问责机制中，公众问责主要依赖于选举机制，受到选举周期的影响，公众对行政直接问责的实现程度比较低，而从20世纪90年代以来，以市场为导向的行政改革改变了行政部门及管理者的角色，行政管理者的工作被看作是满足'顾客和消费者'需要的市场服务，在这种新的环境下，公众问责的实现程度得到加强。公众开始寻求多种方式参与问责，公众和社会团体在传统上是通过投票这样的'垂直问责'（vertical-accountability）方式来参与问责，现在则开始趋向于通过'平行问责'（horizontal-account-ability）方式来参与问责。"[2] 新公共管理的变革措施影响到了行政问责的动态变化程度和变化趋向，当行政管理从传统的严重依赖制度和程序的管理方法向增加弹性管理、放松管制和借鉴企业方法转变的时候，"也就意味着行政问责将从传统的强调等级问责、法律问责向提高职业问责和政治问责进

---

① 宋涛：《新公共管理阶段行政问责的变化特点》，《深圳大学学报》（人文社会科学版）2007年第1期，第86页。

② 同上书，第87页。另外，"垂直问责"以选举问责为核心，"平行问责"如现代民主政治中议会对政府的监督。

93

行转变"①。在新公共管理中，政府的治理目标和绩效评价标准发生了改变，并由此引起了行政问责标准和内容的转变，这是新公共管理对行政问责内涵产生的最重要的影响。

四　新公共服务理论

在登哈特看来，传统的公共管理者的职责是"划桨"，新公共管理理论要求他们去"掌舵"，而新公共服务理论则从掌舵转为"服务"。② 从"划桨"到"掌舵"，意味着公共行政人员不再亲自去承担提供公共服务的责任，而应该尽可能地通过承包或者其他类似的安排让别人去具体实施项目。而从"掌舵"到"服务"，行政人员的职责转变为帮助公民表达并满足他们的共同利益需求。政府的作用转变为与私营组织和非营利性组织一起，为社区所面临的问题寻找解决方案，将相关的各方联系起来，协商解决公共问题。行政人员的角色不再是直接的公共产品或者公共服务的提供者，而是作为协调、中介和裁判的作用。

在新公共服务理论看来，行政组织和行政人员应该要帮助社会建立集体共享的公共利益和公共责任。政府除了确保这种社会共同的发展方向的形成，还有责任确保这些方案要符合公平和公正，同时使得公共利益居于主导的位置。在这一理论当中，与新公共管理理论不同，政府与公民之间的关系不同于企业与其顾客之间的关系，政府不是为"顾客"服务，而是为公民服务，关注他们的需求和利益，同时鼓励更多的公民履行自己的义务。

在新公共服务理论当中，责任更加复杂，因为公共组织和行政人员要关注法律、社会的价值观、政治规范、职业标准和公民利益。传统的公共行政理论认为行政人员的责任就是对上级政治官员负责，新公共管理理论认为对行政人员的责任评估应该从效率、成本—收益以及对市场的回应性等方面进行。但是新公共服务理论中，新公共服务的公共行政官员要受到公共利益、宪法、其他机构、其他层次的政府、媒体、职业标准的要求、社区的价值观和价值标准、民主规范，以及包括公民的需求在内的各种复

---

① 宋涛：《新公共管理阶段行政问责的变化特点》，《深圳大学学报》（人文社会科学版）2007 年第 1 期，第 87 页。

② 珍妮特·登哈特和罗伯特·登哈特：《新公共服务：服务，而不是掌舵》，中国人民大学出版社 2004 年版，第 11 页。

杂因素的综合影响，所以，行政人员要对这些所有的复杂因素负责。①

第二节　政府质量安全责任承担的现状

现代经济学创始人亚当·斯密将市场经济运行比喻为"看不见的手"，但存在着问题，市场不是万能的，它仍然不能解决人类所面临的全部问题。换言之，政府在市场经济中的干预作用之所以重要，是因为在理论上可以自我调整、自我实现均衡的市场经济，在现实中却总是令人失望，总是存在着诸多"市场失灵"的地方。正是由于市场失灵的存在，才有了政府干预的必要和可能。

2008 年底的"三鹿毒奶粉事件"就引起消费者对整个中国奶业的不信任、不购买。一系列有关婴幼儿奶粉的质量安全事件更是引起大众对中国乳制品行业的"谈虎色变"和出离愤怒。但是，仅仅依靠市场的调节机制，不法的个人食品生产者或者食品厂商，可以以其生产行为损害消费者、损害正常生产和经营的其他厂商乃至整个行业的利益，而无需承担招致损害的机会成本，同时还可以得到超过正规厂商的边际收益。所以，必须有政府的介入进行干预才行。政府干预的原则是"外部效应内部化"，即构筑这样一种制度，让产生外部正效应的行为人获得比在市场机制自由作用下更多的收益，让产生外部负效应的行为人承担比在市场自由作用下更多的成本。但是，政府在质量安全责任体系中的介入在中国所直接面临的问题是，这几年质量安全事故频发，似乎质量安全监管没有发挥显著的作用，地方政府、质量安全监管部门及其行政人员在一些影响比较恶劣的质量安全事件中受到很大的问责压力。

一　党纪政纪和问责制的一般现状

自从问责制度被较多地应用以来，每年由于触犯党纪、政纪而被追究相应责任的党员和公务员的人数都达到了十几万人，根据中国共产党中央纪律监察委员会和国家监察部公布的数据，2012 年，各级纪检监察机关给予党纪处分 134464 人，给予政纪处分 38487 人。2011 年全国纪检监察机关分别给予中共党员和政府公务员党纪处分 118006 人、政纪处分

---

①　珍妮特·登哈特和罗伯特·登哈特：《新公共服务：服务，而不是掌舵》，中国人民大学出版社 2004 年版，第 9 页。

35934 人，合计 153940 人；2010 年给予的党纪和政纪处分分别是 119527 人和 38670 人，总数达到 158197 人；2009 年中纪委和监察部给予 85353 名党员党纪处分，给予 29718 名公务员政纪处分，而 2008 年这两项数据的总和是 133951 人；2006 年党纪处分的总人数是 97260 人，政纪处分的总人数是 37775 人，合计为 135035 人。由上面的数据可以清楚地表明，这五、六年来每年的党纪政纪处分的总数都在 13 万人以上，而近一两年该项数字上升并稳定在 15 万人以上，而在其中，党纪处分的人数远远多于政纪处分的人数，前者一般在 8 万人以上，政纪处分一般在 3 万多人。

按照党纪、政纪处分的相关条例的规定，党纪处分针对的对象必须是党员，我们将目前掌握的、从公开的来源渠道统计得到的党纪处分数据，与这些年来中共党员的存量和增长的数据进行对比，可以发现每年党纪处分的人数占全国党员人数的比重在 1.1‰—1.4‰ 之间，如果考虑到中国共产党党员人数的量级，从 2006 年到 2010 年，人数已经从 7200 万持续增长到 8000 万人以上，每年的净增长达到 300 万人，由此可以看出受到党纪处分的总量还是维持在较高的水平上。

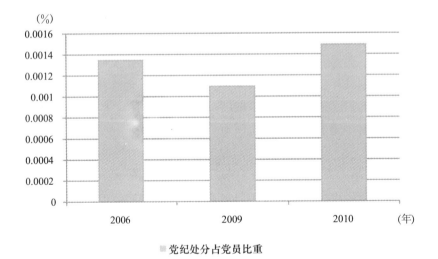

党纪处分占党员比重

图 6－1　分年度党纪处分占全国党员人数的比重

注：本图中全国党员数量相关数据来源于王洪波《全国党员数量和结构的历史数据分析》，《农村经济管理》2011 年第 7 期。

政纪处分针对的对象是国家公务员，从国家公务员局的官方数据来看，从 2008 年到 2010 年全国公务员的数量分别是 659.7 万人、678.9 万人、689.4 万人，近两年年均增长约 15 万人。此外，我国还有 88.4 万参照公务员法管理的群团机关、事业单位工作人员。将这些公务员总量的统计数据与我国每年的政纪处分的人数进行对比，可以看出，每年受到政纪处分的公务员的比重大约在 4‰—5‰ 之间，从总量看要大大低于每年受到党纪处分的总人数，但是从比重上看要高得多，后者是前者的三倍左右。

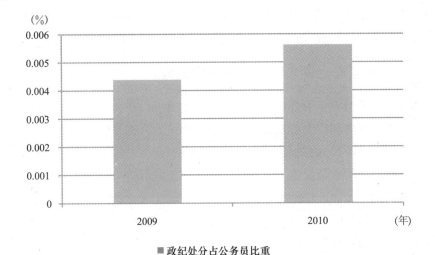

图 6 - 2　2009 年和 2010 年度政纪处分人数占全国公务员总人数的比重

注：本表中全国公务员数量相关数据来源于国家公务员局。①

从各个区域的党纪政纪处分来看，无论是各个省的纪检监察机构公布的数据，还是来自新闻媒体的报道，② 这些年来，其数量和区域覆盖面都有不同程度的上升。2009 年时只有四川等少数几个省公开通报或者媒体报道了该省本年度的党纪政纪处分情况，数据显示，四川省 2009 年给予该省的党员和公务员党纪政纪处分 4413 人，其中厅级干部 9 人，县级干部 152 人，移送司法机关 312 人。而 2010 年辽宁、吉林、内蒙古、江西

---

① http：//www.chinanews.com/gn/2012/03-13/3738450.shtml，2012 年 5 月 2 日检索。
② 分省区的党纪政纪问责的数据全部来自互联网，经过作者收集整理。

和四川等省也公布了各自的党纪政纪处分状况，其中辽宁省给予党纪政纪处分6654人，涉嫌犯罪被移送司法机关184人，吉林省给予党纪政纪处分4863人，移送司法机关188人。从当前公布的数据情况来看，全国有十余个省公布了2011年的党纪政纪处分情况，既有东部经济发达的上海、广东等省市，也有西部的甘肃、青海和新疆等省和自治区。东部各省的党纪政纪处分的人数一般高于西部各省区，当然这里面可能受到各地人口、党员人数和公务员人数差异和经济发展水平、社会政治环境复杂程度等多种因素的作用，也有可能是这些多种因素共同作用的结果，在现有的数据质量制约下，无法得到进一步的有意义的结论，只能说明这些年来各种新闻媒体对党纪政纪问责的关注程度明显提高了，而且从各个地方政府层面来看，对于这种问责方式的运用和信息公开的程度都有提高。

二　质量安全事件中的党纪政纪处分

近年来质量安全事件频频暴发，政府监管部门在质量安全事件中的责任追究成为媒体和广大群众关注的焦点，而最近几次影响范围较广，造成的人民群众财产和人身损害较为重大的质量安全事件都有相关的政府宏观质量监管部门的人员受到不同程度的党纪政纪处分。①

从不同年度和区域的整体状况对党纪、政纪处分和问责制进行了实证分析，针对质量安全领域的行政责任追究我们看到，重大安全生产责任事故中党纪政纪处分涉及的人员很多、范围也比较广。

2009年中纪委和国家监察部同时处理了16件特别重大的安全责任事故，一共给予298人党纪政纪处分，这些被处理的人当中有251人被依法追究刑事责任。而在2006年，由中纪委和监察部处理的特别重大质量安全事件只有5起，给予党纪政纪处分105人（包括给予撤销党内职务和行政撤职处分31人），受到党纪政纪处分的人员中，有地（厅）级干部7人，县（处）级干部32人，科级以下干部及其他人员66人。

2010年由中纪委和监察部处理的特别重大安全责任事故有16件，在这些事件的处理过程中，一共给予197人党纪政纪处分，其中有省部级干部1人、厅局级干部11人、县处级干部40人，有55人受到撤职以上处分。另外有163人被依法追究刑事责任。

———————————

① 中共中央纪委、监察部近年来每年都会向媒体公布上一年发生的特别重大安全责任事故的处理情况。

　　2011 年由监察部处理的安全生产责任事故有 13 件，处理完成 9 件，其中发生在 2010 年的 9 起，2011 年发生的 4 起，分别是：京珠高速河南省信阳"7·22"特别重大卧铺客车燃烧事故、"7·23"甬温线特别重大铁路交通事故、滨保高速天津"10·7"特别重大道路交通事故、云南省曲靖市师宗县私庄煤矿"11·10"特别重大煤与瓦斯突出事故。目前已结案 9 起，包括 2010 年发生的大连中石油国际储运有限公司"7·16"输油管道爆炸火灾事故、上海市静安区胶州路公寓大楼"11·15"特别重大火灾事故等。一共有 269 名相关人员受到了党纪政纪处分，其中有省部级干部 4 人、厅局级干部 33 人、县处级干部 62 人，107 名涉嫌犯罪的责任人员被移送司法机关依法追究刑事责任。2012 年监察部直接参与调查处理特别重大生产安全事故案件 6 起，共有 102 人受到党纪政纪处分，包括厅局级干部 7 人、县处级干部 42 人，移送司法机关处理 33 人。目前，尚有 2 起事故监察部正在抓紧调查处理，分别是：陕西省延安市包茂高速"8·26"特别重大道路交通事故、四川省攀枝花市西区肖家湾煤矿"8·29"特别重大瓦斯爆炸事故。监察部在参与事故调查处理中，还深挖案件线索，直接查处了 3 起事故背后隐藏的腐败问题；督办重大生产安全事故 29 起，已办结 7 起，有 99 人受到党纪政纪处分，有 20 人被移送司法机关处理。

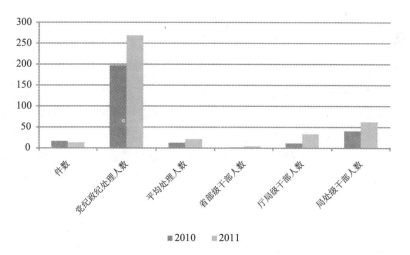

6－3　2010 年和 2011 年度中纪委和监察部处理的特别重大责任事故情况

注：本图中数据来自中央纪检委和监察部网站，并经作者整理。

从以上事件处理的特征和相关的数据我们可以看出，这些年来每年由中纪委和国家监察部重点处理的特别重大安全责任事故的数量一直都比较稳定，但是，平均而言，每一件特别重大的质量安全责任事故，都有十多人受到党纪政纪的处分，而且这其中涉及的官员级别比较广泛，既有省部级官员，也有地厅级官员，甚至涉及众多的科级及其以下的工作人员，而且从高级别到较低级别、再到最低级别的政府官员，受到党纪政纪处分的人数呈现较大的增长。涉及的省部级干部非常有限，仅仅是个位数，而厅局级干部到县处级干部，再到科级干部，增长常常达到数倍。

具体到单个的质量安全事件，在"三聚氰胺"事件当中，中央纪委监察部对三鹿奶粉事件中负有重要责任的质检总局、农业部、卫生部、工商总局和食品药品监管局的有关人员做出处理。①

中共河北省委常委扩大会先期对部分"三鹿奶粉事故"负有领导责任的相关人员做出组织处理。免去石家庄市分管农业生产的副市长、石家庄市畜牧水产局局长的职务。鉴于对奶源质量监督不力，石家庄市食品药品监督管理局局长、石家庄市质量技术监督局局长也被上级主管机关免去了党内外职务。

根据国家处理奶粉事件领导小组事故调查组的调查，将三鹿牌婴幼儿奶粉事件定性为一起重大食品安全事件。依据《国务院关于特大安全事故行政责任追究的规定》、《党政领导干部辞职暂行规定》等有关规定，免去河北省省委常委、石家庄市委书记的职务；鉴于在多家奶制品企业部分产品含有三聚氰胺的事件中，国家质量监督检验检疫总局监管缺失，免去国家质量监督检验检疫总局局长的职务。

再比如上海市发生的"染色"馒头事件。② 2011 年上海市政府联合调查组公布了对"染色"馒头相关责任人的处理结果，宝山区质量技术监督局分管副局长负有领导责任，给予记大过处分；宝山区食品生产监督所副所长负有主要责任，给予撤职处分；宝山区食品生产监督所副所长和宝山区食品生产监督所监督科科长负有日常监管不力责任，分别给予记大过处分。

2011 年媒体曝光的"瘦肉精"猪肉事件中，河南省相关部门对涉及此事的违纪人员进行停职或开除公职处理，其中沁阳柏香镇动检站站长被

---

① http：//news. ifeng. com/mainland/200903/0320_ 17_ 1070383. shtml.

② http：//news. sina. com. cn/c/2011-04-29/195222383542. shtml.

开除公职；孟州市涉案的防疫员和检疫员也被开除公职；商丘芒山动物防疫监督检查站检疫员停职检查。①

2012 年 1 月 28 日国务院常务会议同意温州"7·23"动车事故调查组给予铁道部、通信信号集团公司、通信信号研究设计院、上海铁路局等单位 54 名责任人员党纪政纪处分的处理意见。②

三 特种设备安全事故中的党纪政纪处分

101

在近年来发生的一系列特种设备安全责任事故处理过程中，在很多事例中，对特种设备安全生产和安全监管的各个环节的不同主体都有责任追究，其中就有对监管部门的党纪、政纪的问责。③

（一）重庆武隆县芙蓉江大桥"10·28"重大安全事故案

2008 年 10 月 28 日，重庆市武隆县芙蓉江大桥发生一起建设施工安全重大事故。本事故中，特种设备——缆索起重机因起重绳断裂而滑落，导致吊篮及其平衡物配重（重约 2 吨，在吊篮正上方）坠落桥面，造成 11 人死亡，12 人受伤，直接经济损失 550 余万元，属重大安全事故。该案例的直接原因是缆索起重机的起升机构违规使用编结钢丝绳；缆索吊起升机构钢丝绳编结处断裂、滑脱，致使重约 2 吨的配重坠落在装有 23 人的吊盘上。间接原因就包括多个主体，首先是施工企业、监理公司、劳务承包公司、代理业主安全主体责任不落实，武务路 B 段项目部现场安全管理混乱。案件所涉及的公司的上级主管部门，如市交委、交运集团、建工集团等，在管辖期间，对重庆渝通公路工程总公司、重庆交通投资有限公司的安全生产监督检查不力。

其次，政府监管部门的失职也难辞其咎，武隆县质监局未认真组织特种设备安全隐患排查。2008 年 4 月，市质监局《关于印发特种设备安全生产百日督查专项行动实施方案的通知》（渝质监发〔2008〕90号）要求，"2008 年 5 月 1 日—6 月 28 日，各区县质监局对特种设备督查必须保证覆盖 100% 乡镇（街道）"。武隆县质监局明知事故地点安装有特种设备，但没有按照市质监局规定的期限到事故地点进行检查，未

---

① http：//news. xinhuanet. com/2011-03/16/c_ 121196246. htm.

② http：//www. chinanews. com/gn/2011/12-28/3567045. shtml.

③ 本节中所使用特种设备事故的案例素材主要来自武汉大学质量研究院"十二五"科技支撑计划 06 项目课题组通过国家质检总局特设局和中国特检院收集的相关事故分析报告。

能及时发现安全隐患。未严格执行《特种设备安全监察条例》。《特种设备安全监察条例》明确规定，"未依法取得许可、核准、登记的单位擅自从事特种设备的生产、使用或者检验检测活动的，特种设备安全监督管理部门应当予以取缔或者依法予以处理；凡发现重大违法行为或者严重事故隐患时，应当在采取必要措施的同时，及时向上级特种设备安全监督管理部门报告"（国家质检总局《关于〈实施特种设备安全监察条例若干问题〉的意见》明确"未经许可擅自从事特种设备生产、使用、检验检测的属重大违法行为"）。10月23日，县质监局分管副局长郑兴田带队检查，发现武务路芙蓉江大桥缆索吊存在重大违法行为后，虽对其下达《特种设备安全监察指令书》，但未采取有效措施及时制止，也未向市质监局报告，致使施工单位一直使用隐患设备直至事故发生。市交委质检站履行施工现场监督检查职责不到位。2006年1月，市交委《关于明确工程安全管理工作职责有关事宜的通知》（渝交委法〔2006〕13号）规定，"公路水运工程施工现场的监督检查工作由重庆市交通委员会基本建设工程质量监督站具体实施"。2007年6月，市交委《关于做好2007年度第二批市级管理权限下放交接工作的通知》（渝交委法〔2007〕19号）规定，"2007年7月1日前已开工并由市交委质检站下发质监通知书，该项目的工程质量安全监督管理仍由市交委质检站负责"。2007年12月，市交委质检站在武务路施工现场安全监督检查中，发现施工企业使用吊篮运送作业人员，吊装系统没有取得检验检测机构的许可，存在重大安全隐患，虽三次下达质量监督意见书和停工整改通知书，但未采取有效措施督促整改到位，致使该安全隐患一直持续到事故发生。而且，按照安全生产属地管理原则，武隆县政府未主动排查整治芙蓉江大桥特种设备存在的安全隐患。

所以，事件追究了施工单位不同级别的负责人的刑事责任，而且，对该县质量局的副局长和科长分别给予行政降级和开除处分，而且对该县所属地区质监局的相关负责人给予了诫勉谈话处分。

（二）铁岭钢水包案

2007年4月18日7时53分，辽宁铁岭市清河特殊钢有限公司炼钢车间的一台60吨钢水包在整体平移到铸锭台上方时突然整体脱落，钢水包侧翻，近30吨的钢水涌向一个距离5米远的工作间，造成正在开班前会的32人死亡、6人重伤、2人轻伤。由于事故现场钢水温度很高，救援人员无法进行搜救，2 名轻伤人员均为自行逃离现场。此次事故直接经济损失达 866.2 万元。经国家安监总局调查认定，辽宁铁岭清河特殊钢有限责任公司 "4·18" 钢水包倾覆特别重大事故是一起责任事故。铁岭市清河特殊钢有限责任公司是经铁岭市批准，于 1987 年与大连钢厂联建，具有高牌号钢生产能力的冶金企业。在 "4·18" 惨剧发生 34 小时之后，32 名遇难者的身份仍然未通过 DNA 技术鉴定确认，此次安全事故可以算是新中国成立以来，在钢铁企业发生的最严重的恶性事件。

103

　　事故的直接原因是清河特殊钢有限公司炼钢车间吊运钢水包的起重主钩在开始下降作业时，由于下降接触器控制回路中的一个连锁常闭辅助触点锈蚀断开，下降接触器不能被连通，致使驱动电动机失灵；由于电气系统设计缺陷，制动器未能自动抱闸，导致钢水包失控下坠；主令控制器回零后，制动器动力矩严重不足，未能有效阻止钢水包继续失控下坠，钢水包撞击浇注台车后落地倾覆，钢水涌向被错误选定为班前会地点的工具间。事故的间接原因就包括特种设备制造单位和使用单位不具备相应的资质和安全操作违规。还包括铁岭市特种设备监督检验所在该事故起重机制造监督检验、安装验收检验工作中未严格按照有关安全技术规范的规定进行检验。铁岭市质量技术监督局清河分局在对该公司的现场检查工作中未认真履行特种设备监察职责，监管不力。铁岭市清河区安全生产监管局未认真履行安全生产监察职责，监管不力。当地政府对安全生产工作重视不够，对存在的问题失察。

　　这起事故处理了大批质检系统有关责任单位及相关责任人，在对特种设备检验检测机构的处理中，撤销铁岭市特种设备监督检验所的起重机械监督检验项目资格，并处以罚款 20 万元。还追究了有关人员刑事责任。铁岭市特种设备监督检验所起重检验一室主任王振东、起重检验一室检验员郑卫国因涉嫌构成玩忽职守罪，均已被法院判处有期徒刑 3 年。更有多人被给予党纪、政纪处分。铁岭市质量技术监督局清河分局张相监管分局局长尹志吉对事故发生负有主要责任，给予撤职、党内严重警告的处分。铁岭市质量技术监督局清河分局向阳监管分局局长王栋对事故发生负有主要责任，给予撤职处分。铁岭市质量技术监督局清河分局局长、党组书记肖军对事故发生负有主要领导责任，给予降级、党内严重警告处分。原任铁岭市特种设备监督检验所副所长、现任铁岭市质量技术监督局主任科员崔红军对事故发生负有主要责任，给予撤职、党内严重警告处分。铁岭市特种设备监督检验所所长李杰对事故发生负有主要领导责任，给予降级、党内严重警告处分。铁岭市质量技术监督局特种设备监察科科长李佳君对事故发生负有主要领导责任，给予降级、党内严重警告处分。铁岭市质量技术监督局副局长、党组成员孙长韧对事故发生负有重要领导责任，给予记大过、党内警告处分。铁岭市质量技术监督局局长、党组书记王耀辉对事故发生负有重要领导责任，给予警告处分。

104

从以上较为典型的特种设备安全责任事故以及事故发生之后的责任追究我们可以看出，与安全生产责任事故的党纪、政纪问责一样，对于重大特种设备安全责任的问责也可能涉及众多政府行政人员，而且会涉及不同级别的公务员。辽宁省铁岭市清河特殊钢有限公司"4·18"钢水包倾覆特别重大事故中，受到行政处分的政府官员多达15人，其中受党纪、政纪处分的官员最高行政级别至副厅级，而且对级别较低的安全监管部门的行政人员处理得较重。例如从"钢水包"案例中受到处分的严重程度来看，共5人被撤职，包括1名正科级，2名副科级，2名正股级官员；共4人被降级，全部为正科级官员；共2名被记大过，为副处级官员；共3人被记过，包括1名正处级，2名副处级官员；共3人被警告，包括1名副厅级，2名正处级官员。

第三节　消费者对中国政府质量安全责任的评价①

在目前的社会化大生产体系当中，质量安全责任是一种"混合责任"，即这种责任体系的构成和平衡，需要政府监管、企业、消费者及其社会组织三方的共同参与（程虹，2010）。这就意味着，在监管机构的监督下，生产者要履行市场主体责任，同时，消费者责任、社会组织的社会监督责任也要发挥作用。但是，从质量安全事件发生之后各种媒体所反映的情况来看，目前消费者对政府的质量安全监管责任的履行和效果体现出更为强烈的关注，而且多是对监管部门的履责效果大加抨击，认为这些机构"监管不到位"，或者监管部门没有履行好自己的职责。

---

① 本节内容来自李酣《中国政府质量安全责任的消费者评价及影响因素——基于2012年全国调查问卷的实证研究》，《宏观质量研究》2013年第1期，已经获得《宏观质量研究》杂志社的授权使用。

一 中国消费者对中国政府质量安全责任的认知

消费者到底对监管部门的责任履行是一个怎样的评价呢？武汉大学质量发展战略研究院（以下简称武大质量院）于 2012 年在全国 26 个省的 48 个地区进行了基于消费者评价的质量观测，从观测结果中我们可以得到消费者对于政府质量安全责任评价的数据。

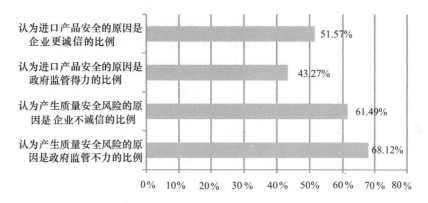

图 6-4 中国消费者对于质量安全风险原因的认知①

从上图 6-4 我们可以看出，中国消费者在对国内和国外质量安全风险产生原因的认识上，有明显的反差。多数消费者认为政府监管不力是产生质量安全风险的重要原因，这一比重甚至高于认为企业不诚信是质量安全风险原因的比重，前者的比例达到了 68.12%，而后者为 61.49%。② 也就是说，认为政府监管不力是重要的质量安全风险原因的，要比认为企业不诚信是重要原因的高出约 7 个百分点。而对于进口产品安全的原因，虽然也有相当多的消费者认为国外政府监管得力是其中的重要原因，但是更多的消费者认为企业更诚信是进口产品安全的原因，比重分别是 43.27% 和 51.57%。③ 从理论上说，政府当然不是质量安全问题的制造者，所以不应该是质量安全风险产生的原因，而企业是

---

① 如无特别说明，本节中图表和实证检验所使用的数据全部来自于武汉大学质量发展战略研究院《2012 年中国质量发展观测报告》。

② 武汉大学质量发展战略研究院中国质量观测课题组：《2012 年中国质量发展观测报告——面向"转型质量"的共同治理》，中国质检出版社 2013 年版，第 73 页。

③ 同上。

产品的生产者和市场交易经营的主体，是理所当然的质量安全风险因素的主要来源，而从武大质量院的调查结果来看，消费者的这种判断发生了逆转，或者说消费者对于中国质量安全风险因素的认识并不符合科学规律，不是理性的。那么，什么原因会影响消费者对于质量安全风险因素的选择，导致中国的消费者对政府质量安全责任做出这样的判断和评价呢？这需要做进一步的研究。

有三类文献研究了消费者对政府的评价以及影响消费者评价的因素。第一类文献从理论上证明了政府监管在质量安全责任体系中的重要作用。第二类文献不仅为消费者或者居民对政府绩效的评价构建了理论基础和评价体系，还采用不同的样本，从不同角度进行了实证检验。第三类文献分析了消费者属性因素对于消费者评价结果的影响。

在经典经济学中，有关产品质量安全责任的文献并不认为政府监管是解决这一市场运行障碍的可供选择的手段，而是主张通过法律途径和法律救济回复市场交易双方的利益平衡（Viscusi & Moore，1993）。随着信息经济学的兴起，学者们认识到，质量安全是一个典型的由市场交易中的信息不对称导致的风险问题，不对称的质量安全信息对各个主体会带来外部性影响，从而质量安全领域需要政府规制。斯蒂文·萨维尔（Steven Shavell，1984）最早指出，产品质量安全风险的控制过程中，企业所面对的法律责任制度和政府监管必须保持平衡。然后，罗斯－阿克曼（Rose-Ackerman，1991）界定了政府规制的适用范围，而罗伯特·因内斯（Robert Innes，2004）和塞巴斯蒂安·鲁永（Sebastien Rouillon，2008）等学者都从理论上分析了政府规制与法律责任体系如何共同作用，以实现社会福利最大化的最优路径。在国内学者方面，程虹、李丹丹（2009）、程虹（2010）从宏观质量管理的角度对质量安全责任体系中政府责任的内涵和外延做了科学划分，限定了政府监管的范围和履责的方式。而其他国内学者，则强调了政府在农产品或食品安全中实施监管的具体方式，从而给出的政策建议也是加强质量安全责任领域中的政府规制（周德翼、杨海娟，2002；徐柏园，2007；张朝华，2009）。

第二类文献研究了政府职能或者政府治理的消费者评价。其中，一些学者分析了对政府职能及其履责的绩效进行公民评价的理论基础和评价的体系。周志忍（2008）对中国公民参与政府绩效评估的实践进行了系统的回顾，并为政府绩效评价的公民参与构建了一个概念体系和分析框架。

徐友浩、吴延兵（2004）通过对政府管理部门绩效评估的案例分析，说明了用顾客满意度评估政府绩效的特点和可行性。蔡立辉（2003）总结评议了西方国家政府评估的理念和方法。另外一些学者对政府履责的效率或者绩效进行了实证研究。托尼·赛奇（Tony Saich，2006）研究了中国城市和农村居民对政府绩效的总体评价，他的研究表明，这种评价会随着政府级别的降低而下降，另外，他还研究了政府供给特定公共品（如道路建设、医疗保险等）的居民满意度。而唐和帕瑞什（Tang & Parrish，2000）则具体研究了公民的文化程度与公民对政府的评价之间的关系。

107

第三类文献研究了影响消费者的评价结果的相关因素，包括消费者主观因素和消费者的内在属性因素。弗林、斯诺维奇和莫兹（Flynn J. Slovic，P. & Mertz，C. K，1994）认为性别和人种可能影响消费者对于风险的判断。另有学者研究表明，消费者行为和选择偏好可能受到年龄、受教育程度、文化背景、职业性质等个人因素的影响（何小洲等，2007）。比利安娜和沃斯利（Biljana J. & Anthony Worsley，1998）、冯忠泽和李庆江（2008）的实证研究证明，消费者对于农产品质量安全风险的认知水平与消费者的性别、受教育程度和家庭规模有关。而马骥、秦富（2009）利用对北京市城镇消费者对安全农产品消费行为的抽样调查，检验了消费者的购买经历、消费者的学历、家庭中是否有儿童和消费者对农产品安全性担心程度等因素对于消费者对农产品安全评价的影响。

以上这些文献从理论和实证两方面研究了政府职能的居民或消费者评价，也检验了消费者属性因素对政府绩效评价的不同影响。进一步，具体到政府的质量安全监管职能，虽然国内外学者已经论述了政府监管在质量安全责任体系中的地位和作用，但还没有从消费者评价的角度对政府质量安全责任的履行效果及其影响因素进行实证研究。下面我们将就这一问题进行统计描述和计量检验，并运用计量方法探讨影响中国消费者对于政府质量安全责任履责效果评价的因素。

二　消费者属性与其对质量安全责任的判断

消费者行为和选择偏好可能受到年龄、受教育程度、文化背景、职业性质等个人因素的影响（何小洲等，2007），从而消费者个人的内在属性，可能会影响消费者对于政府质量安全责任承担效果的评价。再有，消费者的家庭结构、家庭收入或者家庭支出等家庭背景因素，也可能影响消费者的偏好函数，进而影响消费者对这一问题的选择和评价。

武汉大学质量发展战略研究院《2012 年中国质量发展观测报告》中的调查问卷，通过消费者个人基本信息和家庭基本信息两栏收集了消费者的性别、年龄、民族、户口类型、婚姻状况、文化程度、工作单位性质、工作职位、家庭结构、家庭月收入和家庭月支出等有关信息，我们可以利用这些消费者属性的信息，对影响消费者对政府质量安全责任评价的因素做进一步的统计分析。①

首先，消费者对政府质量安全责任的评价是否受地域差异的影响呢？为了分析这一问题，我们按照中国目前普遍采用的区域划分方法，② 将全国分为东部、中部和西部三个不同的区域。

那么，这三个不同区域的消费者对政府质量安全责任的认知有什么差异呢？首先，从消费者对政府监管在质量安全风险产生原因中作用的认知来看，各个区域的消费者的评价与全国样本基本一致，即认为政府监管不力是质量安全风险产生重要原因的选择比例，都超过了 50%，同样也高于认为企业不诚信是质量安全风险产生重要因素的比例。但是，在这三个区域，这些比例在数值上还是有所差别的。中部地区的消费者更多地认为政府监管不力是质量安全风险的产生原因，也即在质量安全监管中没有承担好相应责任，这一比重超过了 70%；东部地区消费者中取这种认识的，相对中部，也相对西部消费者要少，比例分别是 64.01%、76.94% 和 66.26%。

表6-1　　　　　　　　　　　　样本区域划分方法

区域	通用方法包含的省份	研究样本包含的省份
东部地区	北京、天津、河北、辽宁、上海、江苏、浙江、福建、山东、广东和海南	北京、天津、河北、辽宁、上海、江苏、浙江、福建、山东、广东和海南
中部地区	山西、吉林、黑龙江、安徽、江西、河南、湖北、湖南	山西、吉林、安徽、江西、河南、湖北、湖南
西部地区	四川、重庆、贵州、云南、西藏、陕西、甘肃、青海、宁夏、新疆、广西、内蒙古	四川、重庆、贵州、陕西、宁夏、新疆、广西、内蒙古

① 武汉大学质量发展战略研究院中国质量观测课题组：《2012 年中国质量发展观测报告——面向"转型质量"的共同治理》，中国质检出版社 2013 年版，第 73 页。

② 对于我国区域，按照不同的标准，有不同的划分方法。我们这里采用大多数经济学文献中对于中国经济区划的划分方法。

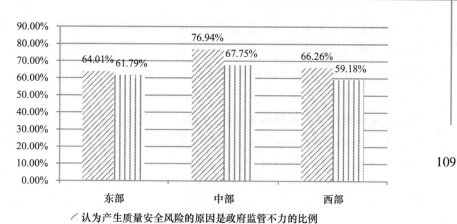

　　认为产生质量安全风险的原因是政府监管不力的比例
　　认为产生质量安全风险的原因是企业不诚信的比例

图 6 - 5　不同样本区域的消费者对中国政府和企业质量安全责任的认知

　　从上面的分析来看，消费者所处的地域差异会对消费者对于中国政府质量安全责任的评价产生一定的影响，但并没有使这种认识发生根本的转变。而且，消费者多认为正是由于国外的企业更为诚信而且政府监管得力，才使得国外的产品更加安全。东、西部地区的消费者都做出了这样的评价，中部地区的消费者选择政府监管得力的比重还是高于企业更诚信的比重。

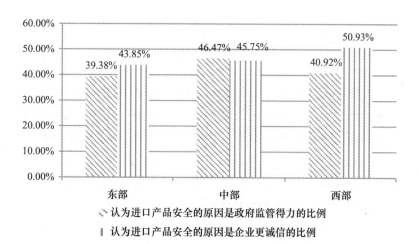

　　认为进口产品安全的原因是政府监管得力的比例
　　认为进口产品安全的原因是企业更诚信的比例

6 - 6　不同样本区域消费者对进口产品政府和企业质量安全责任的认知

从文献中可以看出，已有实证研究表明消费者的性别可能影响消费者的评价和判断。那么，这一因素会不会影响消费者对政府质量安全责任的判断呢？从图6－7看，将样本数据按照性别分组，男性消费者相对于女性消费者，更少地将政府视为质量安全风险因素的来源，而女性消费者在认为政府是质量安全风险因素产生的原因，以及国外政府监管得力是进口产品更安全原因的选择比例上，要高于男性。但是，不管是男性还是女性消费者，都更多地选择企业更诚信是进口产品安全的原因，大大超过他们选择政府监管得力是进口产品安全的原因。

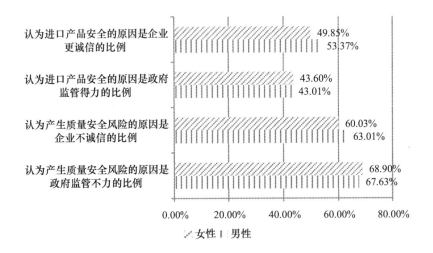

图6－7　不同性别消费者对质量安全风险原因的判断

托尼·赛奇（Tony Saich，2006）在他的文章中将研究对象分为农村居民和城市居民，来看户口对于居民政府绩效评价差异的影响。同样，户口因素会不会影响消费者对于质量安全政府和企业责任的评价呢？从下图6—8的数据来看，拥有城市户口的消费者更多的认为进口产品安全的原因是企业更诚信。但是，这一差异对于消费者认为进口产品安全的原因是政府监管得力的选择上几乎没有影响，农村户口和城市户口的消费者选择这一项的比例分别是43.35%和43.22%。此外，城市户口消费者对质量安全风险因素是政府监管不力和企业不诚信的选择比例都略为高于农村户口的消费者。

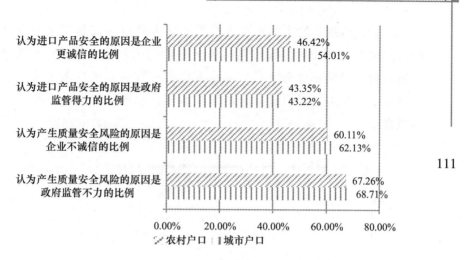

图6-8　不同户籍消费者对质量安全风险原因的判断

唐和帕瑞什（Tang & Parrish，2000）等一系列学者的观察表明，那些文化程度较高的人常常对政府的评价较低。不同教育水平的消费者，认为政府监管不力是质量安全风险原因的比例有较为显著的差异，从图6-9可以看出，大学本科文化程度的消费者持这一观点的比重为73.6%，明显高于其他文化程度的消费者，但是具有研究生文化程度的消费者做这样选择的比重则是最低的，为62.50%。

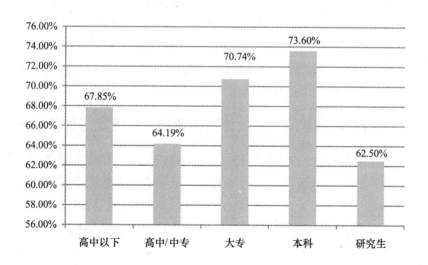

图6-9　不同文化程度消费者对质量安全风险原因的判断

最后，消费者的支出水平与消费者认为政府应该是质量安全风险因素的选择有什么样的联系呢？从下图 6 - 10 来看，在对支出数据取对数进行无量纲化处理之后，那些支出水平较高的消费者更为密集地选择政府监管不力是质量安全的风险因素，也即做出这一选择的比例也较高。

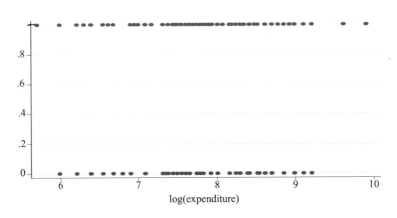

图 6 - 10 不同支出水平的消费者对质量安全风险原因的判断

以上，我们根据消费者的属性特征，如地域、性别、户口、文化程度和家庭支出，对样本涉及的消费者进行了分类，再看每一个具体的组别中，消费者对于政府质量安全责任的认知。从上面的这些描述性统计的结果来看，分类样本中的消费者对政府质量安全责任的判断与全样本中消费者的评价和判断大致相同。但是，在不同的分组中，组内不同的消费者群体对这一问题的判断还是有差异的。

三　消费者对政府质量安全责任评价影响因素的实证分析

从上文的分析中，我们可以看到，如果依据反映消费者属性的不同变量对消费者进行分组，在不同类别下，消费者选择政府是质量安全风险因素的比例存在数量上的差异，但是这并不能说明这些属性变量显著地影响了消费者对政府质量安全责任的评价。要想判断到底哪些消费者属性变量会对消费者的这一评价产生系统性影响，我们必须做进一步的计量检验。

由于要分析消费者的内在属性对政府质量安全责任评价影响的显著性和影响方向，而且武大质量院《2012 年中国质量发展观测报告》中，消费者对政府责任的评价是二元选择变量（Binary Choice Variable），所以我们选用 Probit 模型进行计量检验。根据上面的分析，所使用的计量模型为

$$Y = B X_i + \varepsilon_i \qquad (6-1)$$

其中 Y 为被解释变量，有三种情形：

$$Y = \begin{cases} 1, & \text{消费者认为政府监管不力是产生质量安全的风险因素之一} \\ 0, & \text{消费者不认为政府监管不力是产生质量安全的风险因素} \end{cases}$$
$$(6-2)$$

或者

$$Y = \begin{cases} 1, & \text{消费者认为政府监管不力是质量安全风险因素，} \\ & \text{且认为进口产品安全的原因是国外政府监管得力} \\ 0, & \end{cases} \qquad (6-3)$$

以及

$$Y = \begin{cases} 1, & \text{消费者认为政府监管不力是质量安全风险原因，} \\ & \text{但不认为企业不诚信是质量安全风险原因} \\ 0, & \end{cases} \qquad (6-4)$$

上式中，ε_i 为随机扰动项，X_i 是影响消费者对政府质量安全责任判断的可能因素，根据数据集的特点和上一节的分析，这些因素包括消费者所在的区域、性别、年龄、户口类型、婚姻状况、工作单位性质和家庭支出等变量。

下表 6-2 给出了实证分析所需全部解释变量和被解释变量的变量名称、符号和定义。

表 6-2 变量说明

类别	变量名称	变量符号	变量定义
被解释变量	质量安全风险的原因是政府监管不力	regulation1	不是 =0；是 =1
	消费者认为政府监管不力是质量安全风险因素且认为进口产品安全的原因是国外政府监管得力	regulation2	不是 =0；是 =1
	选择政府而不选择企业是质量安全风险的原因	regualtion3	不是 =0；是 =1

类别		变量名称	变量符号	变量定义
解释变量	区位变量	所处区域	area	东部地区 =0；中部地区 =1；西部地区 =2
	个人性质变量	性别	sex	男性 =1；女性 =2
		年龄	age	18—35 岁 =1；36—50 岁 =2；51—54 岁 =3；55—60 岁 =4
		户口类型	hukou	城市 =1；农村 =2
		婚姻状况	marriage	已婚 =1；未婚 =2
		文化程度	education	高中以下 =1；高中/中专 =2；大专 =3；本科 =4；研究生 =5
		工作单位性质	profession	政府机关 =1；事业单位 =2；国有企业 =3；私营企业 =4；外资或合资 =5；其他 =6
	家庭属性变量	家庭月支出	expenditure	元

我们从变量的描述性统计中可以看出所要分析的变量的一些数量上的特征，具体可见下面的变量描述性统计表 6 - 3：

表 6 - 3 　　　　　　　　**变量的描述性统计表**

变量	均值	标准差	最小值	最大值
regulation1	0.6953291	0.4603901	0	1
regulation2	0.4294055	0.4951228	0	1
Regualtion3	0.2428802	0.4289385	0	1
area	0.4341752	0.7496187	0	2
sex	1.483015	0.4998441	1	2
age	1.684713	0.8400237	1	4
hukou	1.287686	0.452804	1	2
marriage	1.2638	0.4408094	1	2
education	2.822187	1.148421	1	5
profession	3.497877	1.676584	1	6
expenditure	2887.429	1645.187	300	20000

由于实证分析的数据来自抽样问卷调查，在做进一步的实证分析之前，需要对数据先进行信度和效度检验。利用 SPSS18.0 软件对以上变量进行信度和效度检验，数据的效度通过了 KMO 和 Bartlett 检验，检验结果见下表 6 - 4。Cronbach 信度系数 α 为 0.5496，尽管没有达到非常可信的 0.8 及其以上，但仍然在可信范围之内。[1] 所以，选取的数据适合进行下一步的实证检验。

表 6 - 4　　　　　　　　　　　KMO 和 Bartlett 检验

Kaiser-Meyer-Olkin 度量		0.701
Bartlett 的球形度检验	近似卡方	1988.726
	df	28
	Sig.	.000

方程 1 中的被解释变量表示消费者选择政府监管不力是质量安全风险重要因素的概率，对消费者支出取对数以无量纲化处理，[2] 对该方程的检验结果见下表 6 - 5。

表 6 - 5　　　　　　　　　　方程 6 - 1 的计量检验结果表

	OLS	Probit	Probit-dummy		
area	0.0150 (0.0149)	0.0431 (0.0432)	以"东部地区"为参照项	中部地区	0.0198 (0.0992)
				西部地区	0.0500 (0.0916)
sex	0.0402* (0.0224)	0.115* (0.0644)	以"男性"为参照项		0.0999 (0.0654)
age	0.0212 (0.0152)	0.0615 (0.0441)	以"18—35岁"为参照项	36—50岁	-0.0659 (0.0834)
				51—54岁	0.00331 (0.153)
				55—60岁	0.238 (0.150)

① 台湾地区学者吴统雄（1985，p.37）认为信度范围小于 0.3 即为不可信的，0.3 以上都是可信的范围，只不过取信的程度由低到高依次排列。

② 以下的实证分析都采取了对消费者支出用取对数的方法以无量纲化。

116

	OLS	Probit	Probit-dummy	
hukou	0.0271 (0.0293)	0.0767 (0.0839)	以"城市"为参照项	0.0761 (0.0860)
marriage	−0.0223 (0.0298)	−0.0627 (0.0852)	以"已婚"为参照项	−0.0826 (0.0918)
education	0.0300 ** (0.0123)	0.0850 ** (0.0352)	"以高中以下" 为参照项	高中/中专 −0.0430 (0.107) 大专 0.150 (0.116) 本科 0.246 ** (0.122) 研究生 −0.0654 (0.212)
profession	0.00399 (0.00765)	0.0116 (0.0221)	以"政府机关"为参照项	事业单位 0.0421 (0.119) 国有企业 0.0519 (0.135) 私营企业 −0.0535 (0.128) 外资或合资企业 −0.564 ** (0.223) 其他 0.145 (0.134)
expenditure	0.0506 ** (0.0232)	0.146 ** (0.0671)		0.185 *** (0.0681)

注：括号中是标准差，* 表示 $p < 0.05$，** 表示 $p < 0.01$，*** 表示 $p < 0.001$。

虽然描述性统计表明，不同地区的消费者对政府是质量安全风险原因的判断在程度上有所不同，但是从上表 6 – 5 的回归结果来看，区域因素对于消费者的这种判断并没有显著的影响。此外，消费者的年龄、户口、婚姻状况、工作单位性质这些消费者的属性特征，对消费者选择政府监管不力是质量安全风险因素也没有显著的影响。但是，性别、文化程度和家庭支出水平对消费者这一判断的影响是正显著的，也就是说，在这些消费者属性因素影响之下，消费者会更多地选择政府监管不力是质量安全风险的产生因素。通过 OLS 方法（ordinary least square，最小二乘法）检验该方程，计量结果是稳健的。

在表 6-5 中，我们用消费者属性变量对消费者进行分组，然后对这些属性因素设置虚拟变量进行回归，以反映组内消费者相对于参照项的选择差异性。回归结果表明，具有本科文化程度的消费者相比高中以下文化程度的消费者，更有可能选择政府监管不力是质量安全风险的因素，这一结果是显著的，这也证实了前面描述性统计中对本科文化程度更多做出这一选择的经验判断。此外，在外资或者合资企业任职的消费者做出这一选择的概率，要显著小于在政府机关工作的消费者，因为变量前面的系数为负数。

进一步的，消费者认为政府监管不力是质量安全风险因素，且认为进口产品安全的原因是国外政府监管得力的概率，不但表明消费者错误判断了质量安全风险的真正来源，而且对中国政府在质量安全中的履责评价更为负面，我们以此作为方程 2 的被解释变量，下表 6-6 给出了计量检验的结果。

表 6-6 　　　　　　　　　方程 6-2 的计量检验结果表

	OLS	Probit	Probit-dummy		
area	−0.0065 (0.0154)		以"东部地区"为参照项	中部地区	
				西部地区	
sex	0.0298 (0.0232)		以"男性"为参照项		
age	0.0131 (0.0157)		以"18—35岁"为参照项	36—50 岁	−0.145* (0.0815)
				51—54 岁	−0.122 (0.150)
				55—60 岁	0.187 (0.139)
hukou	0.0070 (0.0303)		以"城市"为参照项		0.0210 (0.0849)

117

	OLS	Probit	Probit – dummy		
marriage	0.0434 (0.0309)		以"已婚"为参照项		0.0644 (0.0895)
education	-0.0066 (0.0127)		"以高中以下"为参照项	高中/中专	-0.155 (0.107)
				大专	-0.0679 (0.113)
				本科	-0.150 (0.119)
				研究生	-0.245 (0.214)
profession	-0.0088 (0.0079)		以"政府机关"为参照项	事业单位	-0.226 ** (0.114)
				国有企业	-0.222 * (0.130)
				私营企业	-0.373 *** (0.124)
				外资或合资企业	-0.412 * (0.230)
				其他	-0.232 * (0.128)
expenditure	0.0314 (0.0240)				0.118 * (0.0666)

注:括号中是标准差,* 表示 $p < 0.05$,** 表示 $p < 0.01$,*** 表示 $p < 0.001$。

从上表 6 – 6 中可以看出,在全国样本的回归中,以上消费者的属性因素并不会显著地影响消费者认为政府监管得力是进口产品更为安全的原因,以及同时认为政府监管不力是质量安全风险原因的判断。换言之,这些消费者的这种对于中国政府质量安全责任更为负面的评价不受消费者属性因素的影响。通过用 OLS 方法检验该方程,计量结果是稳健的。

不过,如果同样用消费者属性变量对该样本中的消费者分组,再进行虚拟变量回归,会发现,36—50 岁的消费者相对于更年轻的消费者做出这样评价的概率要显著低一些。同样,来自事业单位、国有企业、私营企业以及外资或者独资企业的消费者相对来自政府机关的消费者,更少做出这样的选择。

如果选择政府是质量安全风险的原因，已经表明消费者对于质量安全风险的真正原因没有科学的认识。那么，不选择企业的不诚信，而选择政府监管不力是质量安全风险的原因，则说明做出这样选择的消费者，对于这一责任承担问题的看法更为不理性和极端，在武大质量院的《2012 年中国质量发展观测报告》的观察中，数据显示，有多达 452 位消费者做出了这样的选择，那么影响这些消费者做出如此极端判断的原因是什么呢？方程 3 中的被解释变量表示消费者认为政府监管不力是质量安全的风险原因，但不认为企业不诚信是质量安全风险的原因，计量回归的结果见下表 6 - 7。

119

表 6 - 7　　　　　　　方程 6 - 3 的计量检验结果表

	OLS	Probit	Probit-dummy		
area	- 0. 0186 (0. 0140)	- 0. 0606 (0. 0452)	以"东部地区"为参照项	中部地区	- 0. 0428 (0. 103)
				西部地区	- 0. 120 (0. 0962)
sex	0. 0411 * (0. 0210)	0. 132 ** (0. 0667)	以"男性"为参照项		0. 136 ** (0. 0678)
age	0. 0122 (0. 0143)	0. 0381 (0. 0450)	以"18—35 岁"为参照项	36—50 岁	- 0. 00357 (0. 0862)
				51—54 岁	- 0. 0208 (0. 158)
				55—60 岁	0. 134 (0. 148)
hukou	- 0. 0160 (0. 0276)	- 0. 0507 (0. 0876)	以"城市"为参照项		- 0. 0404 (0. 0898)
marriage	- 0. 0159 (0. 0281)	- 0. 0505 (0. 0889)	以"已婚"为参照项		- 0. 0474 (0. 0948)
education	0. 0033 (0. 0115)	0. 0114 (0. 0366)	"以高中以下"为参照项	高中/中专	- 0. 0742 (0. 111)
				大专	- 0. 189 (0. 120)
				本科	0. 0140 (0. 125)
				研究生	- 0. 195 (0. 233)

	OLS	Probit	Probit – dummy		
profession	0.0033 (0.0072)	0.0105 (0.0228)	以"政府机关"为参照项	事业单位	0.264** (0.127)
				国有企业	0.325** (0.143)
				私营企业	0.113 (0.139)
				外资或合资企业	0.316 (0.240)
				其他	0.221 (0.141)
expenditure	−0.0319 (0.0219)	−0.102 (0.0691)			−0.0933 (0.0700)

注：括号中是标准差，* 表示 p<0.05，** 表示 p< 0.01，*** 表示 p< 0.001。

从上表6-7的检验结果来看，首先，只有性别因素会显著影响消费者的这一判断，而且使得消费者更多地做出这种极端的评价。OLS 回归的结果表明这一结果是稳健的。其次，用消费者属性变量对该样本中的消费者分组，再进行虚拟变量回归，会看出这一样本中的女性，相对于男性消费者会更多地对中国政府质量安全责任的履行做出如此评价。另外，来自事业单位和国有企业的消费者，相对于来自政府机关的消费者做出这种选择判断的概率更高。

从实证分析中我们可以看出，中国消费者对目前监管部门质量安全责任的履行存在较大的非议，甚至很多消费者完全错判了质量安全风险的真实来源及真正的责任主体。此外，从对这一判断可能会产生显著影响的消费者属性的因素来看，不管是性别、文化程度还是家庭的消费支出，这些消费者属性因素的变化都无助于他们对政府质量安全责任的履行做出科学的判断。不过，对于按照不同属性将消费者进行分组的检验结果来看，在各个组别的内部，对政府质量安全责任的判断随着消费者的组内差异的变化会产生显著的变化，某些类别的消费者对政府质量安全责任的认知，相对于本组中的"参照项"有着较为科学和理性的评价。

我们首先对武大质量院《2012 年中国质量发展观测报告》的调查数

据进行了描述性的统计分析。在全样本中，消费者群体对于中国政府在质量安全风险中的作用，即其监管责任的承担有总体性的负面和非理性的评价。所以，需要从整体上加强对消费者群体质量安全责任的宣传和教育，扭转消费者对政府质量安全责任的不科学认知，从而有助于中国质量安全治理的舆论环境的改善，最终有利于质量安全风险状况的好转。

同时，按照消费者的属性因素进行分组检验的计量结果，有助于我们采用具有针对性的政策手段应对这种困境。具体而言，可以从以下三个方面着手。首先，计量结果表明，文化程度会对消费者的这种非科学判断和评价产生显著的负面影响，尤其是本科学历的消费者，选择政府监管不力是质量安全风险因素的概率高于较低学历者，而研究生学历的消费者是所有这些消费者当中，对这一问题看法最为科学和理性的，所以，我们需要在高等教育过程中，尤其是在本科层次的教育中，加强有关质量安全责任方面的消费者教育。此外，女性消费者相对男性而言，做出这种判断的概率更高，所以更需要针对女性消费者群体进行质量安全责任的科学教育。再次，在合资、外资和私营企业中从业的消费者对中国政府在质量安全责任体系中履责问题的看法相对符合质量安全风险的科学规律，而政府单位和事业单位的消费者对政府监管责任的看法更为不理性，也需要对这类消费者加强质量安全责任的宣传。

121

第七章 政府履行质量安全责任的 信息规制方式

质量安全问题的产生本质上是一个信息不对称导致的市场失灵问题，这在阿克洛夫和迈克尔·斯宾塞（Michael Spencer）等人的一系列文献中已经得到了充分的证明。从另一方面来说，这种生产者和消费者之间关于产品质量和安全信息的不对称的解决要靠政府，因为这种信息带有一定的公共产品的属性，如果由私人来供给的话，一定会出现所谓的"搭便车"问题，所以私人提供这种信息会低于社会合意的水平，产生另一种市场失灵。而在上一章我们也表明，政府在质量安全领域的监管和介入，在一定条件下，对于全社会而言，有助于更好地实现质量安全治理。马加特和维斯库斯（Magat & Viscusi，1992）认为，质量安全规制的主要制度功能就在于保证能够通过有效的方式充分传递信息，针对不同类型的信息，采用不同的手段进行有效的传递。这样看来，政府监管部门在质量安全责任体系中履行其责任的较好的方式就是向市场交易的双方提供质量安全的信息。

第一节 国外政府质量安全监管的履行方式

一 以风险信息监管为核心的政府质量安全监管

由市场机制来提供信息很可能失败，原因有很多。首先，信息是一种公共物品，尤其是在质量安全领域更是如此。在技术意义上，质量安全或者质量风险信息对于消费者而言或者根本不可利用，或者对任何人都可利用。人们因此可以获得信息利益，而不需要为其生产支付费用。一旦有关质量安全的信息产生，例如，一个主题是研究工作场所致癌物导致风险的报告，比如石棉粉尘可能带来肺部沉着的研究，这些信息可能会给许多工人或者消费者带来保障，甚至经济利益，但没有单个的工人及消费者有愿意为这个研究报告或者科学发现而支付他那部分费用的动力。每个人都有借别人的努力而"搭便车"的冲动，这些行为造成的结果是信息公开得很少，这就是质量安全信息这种公共品由私人供给存在的困境。

123

制造商一般也很少有提供有关危险品的信息的动力。这是因为在激烈的市场竞争中，质量安全危险程度方面的信息披露可能会减少消费者对于其产品的总的购买量，而不是有助于任何制造商获得更好的销售额。例如烟草生产者在有关烟草对人类健康的安全方面就很少产生竞争，其内在规律导致烟草生产商之间不可能在这些领域进行竞争，生产企业可能会将其产品质量相比竞争对手的优势向消费者提供信息，但基本上不会自揭其短。

信息不对称可能导致阿克洛夫所描写的"柠檬市场"（Lemon Market）问题，即存在质量安全危险的产品将安全的产品逐出了市场，格雷欣法则（Gresham's Law）发挥作用，[1] 也就是所谓的产生"劣币驱逐良币"效应，最终导致某种类型的市场的消失。生产者知道哪些产品是安全的，但是消费者不能辨别，如果质量安全的产品不能比有危险的产品卖价更高，而通常安全产品生产的成本更高，如果消费者不能够辨别两者的不同，质量安全产品的经营者将无力竞争。这种情况下，销售者拥有信息，而购买者没有，这将导致两者之间的信息不对称的问题，质量安全的产品将会退出市场交易，而有危险性的产品将统治整个市场，这时，旨在提供信息的规制是合适的。从而，信息不对称是将政府质量安全监管职责范围划定在风险信息范围内的根本基础。

菲利普·纳尔逊（Phillip Nelson，1961）根据消费者获得商品质量信息难易程度的不同，将商品划分为搜寻品、经验品和信任品三种特征[2]：

---

① 托马斯·格雷欣（Thomas Gresham）为16世纪英国伊丽莎白女王当政时期的铸币局长。格雷欣敏锐地观察到，消费者保留储存成色高的货币（undebased money，贵金属含量高），在市面使用成色低的货币（debased money）进行市场交易，而使得在民间流通的大多为劣币，良币则较少见于世，他的这一观察被学者们定义为"劣币驱逐良币"效应或者"格雷欣法则"，此定理也被广泛用于经济学之外的其他学科的分析中。

② Nelson Phillip, 1970, "Information and Consumer Behavior", *Journal of Political Economy*, Vol. 78, No. 2, p. 312.

（1）搜寻品特征，指在购买前消费者就已充分掌握的信息以及产品中包含的安全风险的因素，因而不需花费事前搜寻成本；（2）经验品特征，指消费者只有在购买消费之后才能知道的质量信息；（3）信任品特征，指消费者即使在消费之后也很难知道其好坏的质量信息，此类信息的事前和事后搜寻成本都很高。当然，这种分类方法可以将不同商品纳入不同的类别，也可以概括同一种商品的不同质量安全特征。

风险信息监管在农业和食品的质量安全管理领域运用比较广泛。早在1995 年，联合国粮农组织（Food and Agriculture Organization of the United Nations，FAO）和世界卫生组织（World Health Organization，WHO）组成的联合咨询委员会便确定了食品风险信息分析系统的定义，并开始在世界范围内推广应用。① 如今，风险分析已成为国际公认的食品质量安全管理理念和手段之一，这种方法表现为对食品现存的或潜在的危害进行评价和监管的过程。完整的风险分析系统由风险评估、风险管理和风险交流三个有机部分组成。②

政府要能提供足够的信息，使得人们面对产品和质量安全的潜在风险时，能够做出明智的判断。政府可以由自己提供信息，或者要求私人和私人公司公开信息。人们常常对他们日常生活中面临的不同风险之间的关系没有清楚的认识，这种状态不仅对于政府的公开决定，而且对于公民都会造成一个比较大的障碍。在美国，这个问题可能出现在私人领域、地方政府、州和联邦的层次上，例如在生产安全领域，没有被告知风险的工人不能有效地参与对工作过程中可能的不同水平的安全做出决定的整个过程。如果没有足够的质量安全的各方面的信息，消费者或者消费者组织可能仅仅是对那些夸大的材料做出较大的反应。对于美国这样的联邦制国家而言，由于各州之间不同的社会价值观、不同的社会安排，政府决策的流程可能有不同的选择，许多的决策建立在各个州政府的层次上，但是信息的缺位是实现这一程序有效性的严重阻碍，在联邦的层次上同样存在这样的问题。应对质量安全领域的轰动性事件的暂时性考虑往往代替了对于替代方案的理性分析。在中国的质量安全治理中，同样存在这样的风险，突发

---

① 周应恒、彭晓佳：《风险分析体系在各国食品安全管理中的应用》，《世界农业》2003 年第 3 期，第 4 页。

② 张晓勇、李刚、张莉：《中国消费者对食品安全的关切——对天津消费者的调查与分析》，《中国农村观察》2004 年第 1 期，第 15 页。

质量安全事件带来的紧迫感使得监管部门忽视了信息手段的长效作用，而转为求助于那些短视的、应急性的规制措施。

二 国外不同的质量安全信息公共监管模式

随着工业化大生产的发展，质量安全风险信息的特征正在不断地发生变化，在世界各国和不同地区，如欧盟、美国，在质量安全管理的实践过程中逐渐形成了差异化的质量安全信息监管模式。

（一）欧盟

在 20 世纪 90 年代后期，欧洲发生了一连串的食品安全事件；先有比利时戴奥辛污染食用油事件，后来又有英国狂牛病和口蹄疫等事件，欧洲的食品安全亮起了红灯。于是，当时新任的欧盟健康与消费者保护部门（Directorate General for Health and Consumers，DG SANCO）委员伯尔尼先生（David Byrne），在 1999 年底刚到任就全力着手建立新的欧盟食品安全管理体系。2000 年 1 月发布了欧盟食品安全白皮书，提出了成立欧洲食品安全局（European Food Safety Authority，EFSA）的建议，以协调欧盟各国，建立欧洲大陆层级的、新的食品安全法规。经过了两年多的讨论和准备，欧盟内部对加强欧盟食品安全控制的观点趋于一致。发展到今天，在欧盟的框架下，目前已形成了严密的食品安全风险管理体系，主要由欧盟委员会健康和消费者保护总署、欧盟食品与兽药办公室和欧盟食品安全局组成。各机构主要职能分配如表 7-1。

表 7-1　　　　　　　　欧盟食品安全信息系统构成

欧盟委员会 （风险管理机构）	欧盟食品与兽药办公室 （风险管理机构）	欧盟食品安全局 （风险评估和风险交流机构）
负责相关法律法规的制定和执行，采取必要的保护措施	监督和评估各个成员国执行食品安全、兽药、农药等法律的情况，以及欧盟食品安全局的工作情况	针对食品和饲料安全潜在的危害进行评估，并承担风险交流工作

欧盟食品安全局（EFSA）针对欧盟委员会、欧盟各成员国或其他管理机构提出的任务及请求，可以从农田到餐桌的整条可追溯食品链上进行风险评估工作，形成一个综合统一的食品安全体系，并对其职责范围内的领域提供科学和技术援助。主要职责是向欧盟委员会和欧洲议会等欧盟决

策机构就食品安全风险提供独立、科学的评估和建议，负责向欧盟委员会提出一切与食品安全有关的科学意见，以及向民众提供食品安全方面的科学信息等。欧盟食品安全局建立了专门的咨询论坛和各国的联络组，加强了欧盟各成员国的紧密结合，有效避免了工作重复，有助于更早地确定潜在风险和提出新的问题。欧盟食品安全局还可利用除本身以外的科学资源，如委托其他机构进行风险评估相关的科学研究等，不仅能更严谨、更及时地完成风险评估任务，还促进了欧盟、成员国、国际组织和第三国之间的交流与合作。为了确保风险管理的公开、透明性，一方面，欧盟食品安全局将其内部管理及运行程序公布于众，鼓励消费者参加有关会议，使公众可以广泛获取该局信息。另一方面，大规模的网络平台的建立，促进了欧盟食品安全局各项活动的可视化，方便向消费者的风险信息的交流。EFSA 科学委员会和科学小组负责 EFSA 食品安全评估的工作。委员会和小组成员均是经公开征选的专家，且具有风险评估的经验和同侪评鉴的学术工作成果。委员和组员是由理事会指派，每三年一任。科学委员会委员的工作有：（1）负责提供特定领域的风险评估，并提出策略性的建议；（2）协调各会员国内外的专家及研究团体；（3）提供科学小组间事务协调方面的协助。科学委员会的成员是由科学小组的主席们加上 6 位独立的科学家所组成的。科学小组是由专家们依所需工作所组成的，主要负责风险评估。

除了上述食品领域以外，欧盟在化学品领域的风险信息管理的历史可以追溯到更早。1979 年 9 月，欧盟对危险物质指令（67 /548 /EEC）进行了第 6 次修订（79 /831 /EEC），规定将 1981 年前上市的化学品列为现有物质，1981 年后上市的化学品列为新物质，要求新物质在上市前，企业要对这些物质潜在的职业/消费者风险和环境影响进行预评估，然后进行通报。1992 年 4 月，欧盟对指令 67 /548 /EEC 进行了第 7 次修订（92 /93 /EEC），要求从 1993 年开始对新通报的物质进行风险评估。1993 年 3 月，欧盟发布了现有物质法规（793 /93 /EEC）对现有物质进行评估和控制，要求在 1990 年 3 月至 1994 年 3 月之间生产和进口量超过 1000 吨/年的化学品（高产量物质，HPVCs），生产厂家或进口商提交包括进入环境的途径与转归、生态毒性、急性毒性、亚急性毒性等数据，以用于风险评估；欧盟将根据这些提交的信息和成员国的提议，经过讨论后确定优先评估名单，然后由各成员国组织专家进行风险评估。1993 年 7

月，欧盟根据危险物质指令的要求发布了关于对已通报物质对人类和环境进行风险评估的原则的指令（93／67／EEC）。1994 年 6 月，欧盟根据793／93／EEC 的要求，发布了关于现有物质对人类和环境进行风险评估的原则的法规（1488／94／EC）。1998 年 2 月，欧盟发布生物杀灭剂指令（98/8/EC）要求生物杀灭剂进行风险评估。2003 年，为了支持指令93／67／EEC、法规 1488／94／EC 和指令 98／8／EC 的要求，欧盟发布了风险评估的技术指导文件（TGD）。在 REACH 法规颁布以前，现有物质的评估工作主要由成员国国家来进行，由于受资金、人力等各方面资源的限制，风险评估的工作开展十分缓慢，自 1993 年以来，仅有 141 种HPVCs 化学品优先进行了风险评估，但拿出最终报告的仅 70 种，这给人类健康和环境保护带来了潜在的风险。2006 年 12 月通过的 REACH 法规，将企业风险评估的范围从新化学品扩展到了所有化学品，要求企业必须对产量或进口量超过 10 吨的化学品进行化学品风险评估（REACH 中称为化学品安全评估，简称 CSA），这将大大推动化学品风险评估的步伐。为配合企业开展 CSA，欧洲化学品管理署（ECHA）在 2008 年 5 月发布了信息要求和化学品评估指南，对评估所需的数据和评估的方法进行介绍。在通常情况下，REACH 框架下的欧盟化学品风险评估主要由四个基本步骤构成：数据采集、效应评估（危险评估）、暴露评估、风险表征。REACH 法规框架下的化学安全评估（CSA）是基于欧盟化学品风险评估技术建立的，主要包括数据采集、效应评估、PBT（持久性、生物蓄积性和毒性）和 vPvB（高持久性和高生物蓄积）评估、暴露评估、风险表征等五个部分。从这样一个时间发展历程来看，欧盟的化学品风险安全监管也是经历了一个逐步完善的过程。

（二）日本

日本于 2003 年 7 月颁布了《食品安全基本法》，依法成立了食品安全委员会从事日本食品安全风险评估和风险交流工作。食品风险管理的任务则由厚生劳动省和农林水产省承担，前者主要负责关于食品卫生的风险管理工作，后者主要负责关于农林、水产品的风险管理工作。日本食品安全委员会是由 7 名资深委员组成的全日本食品安全最高权威和决策机构，受内阁直接管辖，独立性强，有助于减少权力腐败现象，确保风险评估的公正性。该委员会下设 16 个专家委员会，各专家委员会权责明确，相互协作。另外还设有三个评估专家组，分别对化学物质、生物材料和新食品

127

（转基因食品、新开发食品等）进行风险评估。日本食品安全委员会承担风险评估任务，除了接受风险管理机构提交的评估请求或食品安全委员会本身指定的请求，还会通过召开国际会议，与国外政府国际组织、相关部门和消费者、各利益相关方进行风险交流，确定自身食品安全风险评估的方向。日本食品风险评估内容涉及国内水产品、转基因食品、抗药菌、肉禽类食品，及外国所生产的食品等，范围广，种类齐全。此外，日本境内"食品标签制"的实施，规范了各级食品生产商、批发零售商的责任，保证了从食品生产到销售的每一个环节都可以相互追查，便于在评估过程中及时发现问题环节，必要时对产品实行召回。

（三）美国

美国在质量安全风险信息的披露上已经做了很多的工作。最早的例子是美国在 1965 年、1969 年和 1984 年几经修订的关于吸烟的安全风险的强制性规制。此外，美国的 FDA 始终要求出台关于药物制品必须有相关风险说明的政策。美国的环保署对于杀虫剂和石棉做了同样的要求，美国国会曾经要求产品应该带有一个关于含糖量的警示，这些早期致力于提供信息的要求可以被认为是现代信息规制性法律的最显著的特征。当然还有很多其他的例证。1983 年，美国的职业安全和健康管理委员会发布了有关危险信息交流的标准，而在 1986 年，这项标准已经能够得到普遍的应用。而根据美国有关危险信息交流的标准，化工生产者和进口商必须评估他们生产或者进口的化学产品的风险，其中就包括危险物质安全表和带有技术性说明的危险信息，而更为重要的是要将这些危险信息传递给相关的使用者。而在危险的工作环境中，所有的雇主都必须采取一个风险交流的方案，其中包括个人培训，并且告知工人有关的风险。而相关的实证研究有关危险信息的交流标准已经在劳动力市场取得了良好的效果。

美国食品药品监督管理局（U. S. Food and Drug Administration, FDA）负责管理美国 80% 的食用产品，并负责检查药物和医药产品的功效和安全，向公众提供准确、有科学依据的药物及食品信息。FDA 通过以下方式履行这种质量安全风险信息供给的职能：（1）提供药物及其他受其管理的产品的安全信息，并接受对不良反应等事件的报告；（2）召回已被发现存在不合理风险的产品；（3）检查加工厂及其他受其管理的生产设施。

从上可以看出，美国的 FDA 基本已经采取了信息监管的策略，而在其最初想要实施的措施中，FDA 要求，几乎所有的加工的食物必须附有营养成分的说明，里面包含了胆固醇、脂肪含量、脂肪热量和纤维，而且要求遵守政府的具体服务标准，要求生产商遵守政府标准化的术语的界定，包括减少、新鲜等词汇的具体用法及其使用的限定等。

美国消费品安全委员会（Consumer Product Safety Committee , CPSC）的主要职责有：（1）发现市场上消费品所存在的危险，以及制定产品标准以预防危险的发生；（2）实施产品召回及调查与产品相关的安全事故；（3）向消费者提供各种产品安全信息，包括产品安全警报，并对其进行相关教育。从以上 CPSC 的职能来看，其主要也是发挥在质量安全信息提供上的功能。CPSC 现在还通过中文的形式，发布《中国产品危害每月小结简报》来提示中国厂商注意那些他们生产的产品最常出现的危害，诸如儿童产品含铅过量，儿童上衣外套带拉绳引起的窒息等问题。比如2013 年 5 月的简报中，可以看到产品质量安全的风险信息（见表 7 - 2）。

表 7 - 2 美国 CPSC 网站发布的《中国产品危害每月小结简报》（2013 年 5 月）①

Recall #	Description of Hazard
13—182	烘干机风扇出故障，使得机器过热，构成潜在火灾危害
13—183	垒球棒的把柄会脱离垒球棒，致使垒球棒在被挥舞时会脱离球员的手，从而击中附近的人
13—186	手提式取暖器会过热，构成火灾危害
13—189	手提式取暖器会过热，构成火灾危害
13—191	取暖器的设计未能防止邻近物品起火，构成火灾危害
13—192	儿童运动衣在连帽处有拉绳，对幼儿构成窒扼危害
13—194	一些豆袋座椅的拉链易拉开，使得幼儿易吞入或吸入豆袋椅内的小珠子，构成窒息和窒扼危害
13—195	床垫边栏会断裂，构成跌倒危害
13—198	地毯不符合美国联邦阻燃标准，构成火灾危害
13—204	婴儿床围栏的针线松脱，对婴儿构成缠绕危害
13—205	玻璃茶杯会意外碎裂，构成割伤和灼伤危害
13—206	玩具小鸡发出的音乐声分贝太高，超过了 ASTM F963 标准，构成损害听力危害

① http：//www. cpsc. gov/zh-CN/Business—Manufacturing/International/Chinese/1/20135.

第二节 质量安全政府责任与信息规制的匹配

130

在质量安全监管中，采用提供信息的规制，要求政府向消费者和社会大众提供信息，教育或者向消费者宣传或者要求生产者公开产品质量安全信息的形式。大量的有关风险信息公开的实证研究表明，信息公开常常是一个有益的而且成本效率比较高的策略，消费者会对公开的危险或者关于风险的新信息做出反应。①

政府对质量安全的规制是政府应对质量安全领域市场失灵的反应，由于政府本身存在的局限性，政府的规制行为可能遭遇政府失灵（Government Failure），如果我们检视市场缺陷和古典的规制模式，可能发现政府的规制失灵是因为政府面对所察知的市场缺陷，做出了错误的应答，或者是没有找到匹配市场失灵的正确的政策工具。应飞虎更是着重指出："由于规制工具与规制目标的匹配程度直接决定公共规制的质量和规制目标的实现，所以规制工具的选择在规制决策体系中处于关键地位。"②

一 规制目的与规制措施的匹配

信息工具作为一种新型的规制工具，伴随着政府规制的领域从纯粹经济领域转向到社会领域，近年来成为理论界和政府部门关注的热点。但是虽然实务部门对这种规制方法的运用有所涉及，但是还缺乏理论层面的总结，而且，在对信息规制工具的研究中，对信息工具的选择等问题缺乏深入探究。同样，在金融、财政等学科领域对信息工具的研究比较重视，研究成果也比较多，但是对这些年来出现众多的、重大问题的社会秩序规制和社会规制等领域，尤其是我们这里所希望关注的安全生产和质量安全领域的研究比较缺乏。

当然，我们从国外的研究中可以借鉴很多的研究成果。国外关于信息

---

① 戚建刚：《我国食品安全风险监管工具之新探——以信息监管工具为分析视角》，《法商研究》2012 年第 5 期，第 9 页。

② 应飞虎、涂永前：《公共规制中的信息工具》，《中国社会科学》2010 年第 4 期，第 116页。

工具的研究成果一直很丰富，而且信息的对称和不对称问题从 20 世纪六七十年代以来一直也都是经济学界研究的核心问题。① 当然，在其他领域，学者们的理论和实证研究成果也非常丰富。美国学者孙斯坦（Cass Sunstein）出版的《风险与理性：安全、法律及环境》认为，信息公开是政府规制的重要规制工具，是对政府命令方式的替代方案之一，能够保证以更低的成本获得规制的收益。② 现任美国最高法院大法官、著名的规制学者布雷耶（Stephen G. Breyer）在其名著《规制及其改革》一书中更是对规制和规制手段的匹配进行了深刻的总结。

131

表 7 - 3　　　　　　　　　　规制目的和手段的匹配③

自然垄断	服务成本定价；国有化
租金控制（过度利润）	税收；放松规制
外溢	可交易的市场权利；就标准的谈判
过度竞争	放松规制
不完全信息	信息披露；标签；甄别；标准制定
道德风险、不平等交易权力、家长主义	以激励为基础的规制；标准

从上表可以看出，面对主要由于生产者和消费者之间的信息不对称所导致的质量安全问题，显然，信息披露是解决该问题的主要手段之一。除此之外，标签也可以作为实际可行的替代手段，以作为对某种有用但是有风险的组成部分的规制。但是对不完全信息规制的实践已经证明，仅有标签是远远不够的，因为难以向生产安全场所或者消费者完整清晰而且有效地表达标签中的不完全信息。当前面的措施不起作用的时候，可以选择的政策方式还有标准和甄别，等等。所有这些信息工具的配合，包括自愿性和强制性的信息规制工具，有可能还需要与其他的规制政策工具结合起来，才能实现质量安全规制的整体目标。

---

① 信息不对称近几十年来一直是经济学研究的中心，斯蒂格利茨等人因此获得诺贝尔经济学奖，而随之衍生而来的对公共管理领域信息不对称的理论和实证研究也日益丰富。
② 凯斯·R. 孙斯坦：《风险与理性：安全、法律及环境》，师帅译，中国政法大学出版社 2005 年版，第 318 页。
③ 史蒂芬·布雷耶：《规制及其改革》，李洪雷等译，北京大学出版社 2008 年版，第 277 页。

二 信息规制工具在质量安全中的应用①

首先，在质量安全领域，对于被规制主体来说，如产品生产厂商，他们与消费者和监管者进行博弈而规避该项规制措施的激励不高。在众多可供选择的规制工具中，这是一种最尊重市场主体的市场友好型规制工具，与发挥质量安全市场主体作用的要求吻合。其次，信息规制工具自身的成本低。这主要是因为选用这些信息规制工具，并不需要质量安全的政府监管部门额外地投入执行政策和执法的成本，同样对质量安全监管机构的执行或者执法的资源能力也就不会提出更多的要求。再次，作为事前规制工具，质量安全领域的信息规制具有较好的预防事故发生、弥补事故对消费者的损害和解决事故纠纷的效果。最后，不会产生因公共机构参与而导致过度的权力集中在行政人员那里，带来权力和经济利益之间的结合，导致质量安全规制中寻租和腐败问题可能产生。而信息提供作为一种浅度干预工具，监管机构没有直接介入市场主体之间的交易行为，监管部门没有"创租"的空间，寻租自然没有前提条件。②

最强的政府规制或质量安全监察干预情形下，无需信息工具；而在政府规制或质量安全监察不能进行深度干预的情形下，则依赖信息工具。在其他所有中间情形下，工具的选择较为复杂。在质量安全的领域，如果更多地使用信息工具可以保障市场上的公平交易，但是这并不是唯一的解决问题的方式，在理论上，正如之前的章节已经分析过的，对制售假冒伪劣商品的生产者使用惩罚性赔偿等比较严厉的处罚也可以达到这一目的。但是两种不同的工具着眼点不同，对生产者造成的影响也不尽相同。

经济学家郎咸平曾建议，在食品安全监管方面可以借鉴美国的"吹哨法案"，用"放权于民"的方式实现合理监管，改善目前政府部门既是游戏规则的制定者又是执行者的矛盾。所谓"吹哨法案"，其实是一部告密者保护法案，其目的主要是为了实现内部监督，即每个人本着为社会公众利益的考虑，都可以站出来通过告密的手段揭露贪腐、密谋和不公等内

---

① 应飞虎和涂永前（2010）对整个公共机构的规制领域中信息工具的优势和现状进行了分析，质量安全是规制的一个重要的子领域，所以信息工具也是重要的政策工具。可参见应飞虎、涂永前《公共规制中的信息工具》，《中国社会科学》2010 年第 4 期。

② 应飞虎、涂永前：《公共规制中的信息工具》，《中国社会科学》2010 年第 4 期，第 121 页。

幕，以维持社会公正。告密者将受到法律的保护。"每个知晓内情的人都可以站出来揭露、诉讼和检举，他们将因此受到保护、免责和奖励，这样的话，'双汇瘦肉精'一案早就水落石出了。"郎咸平曾经如是说道。①

相关资料显示，美国的"吹哨法案"始于 1986 年，是《联邦民事欺诈索赔法案》的一个程序性修正案，②也称"告发人诉讼"。该法案允许个人代表美国政府，起诉任何收到或使用政府资金，并从中获利的合约人和其他实体，包括州和地方政府的欺诈行为，这个人就是"吹哨人"（whistle blower）。可见，这一制度设计，实际上是让有商业质量安全欺诈行为公司的内部知情人员站出来揭发其质量安全的各种问题。

在"安然公司"事件和 2008 年金融危机发生之后，为了防止金融领域中日益严重的欺诈行为，美国开始在银行和金融领域大力推行这种制度和机制。《多德—弗兰克金融改革法案》（Dodd-Frank Act）规定，如果举报人提供的原始信息能够帮助司法机关成功破获涉案金额超过 100 万美元的案件，举报人将能够获得涉案金额 10%—30% 的奖励。美国证券交易委员会（SEC）公布的一份报告显示，自该举报机制建立以来的短短两个月内，"吹哨者计划"就收到来自美国和全球其他地区的起诉情报 3000 多条。其中，举报最多的三类金融违法行为是市场操纵、财务信息不透明和上市信息作假。

目前，美国《"吹哨人"保护法》在 40 多个州适用，拉美等许多国家也希望美国帮助它们起草本国的"吹哨人"保护法。③我国台湾地区也正在探讨这种机制的建立。在林益世贪渎案中，"行政院""法务部长"曾勇夫就以林益世案为例，指出检举人先向媒体爆料，就代表对于揭弊者的保护不足，因此将在年底前完成《吹哨者保护法草案》初稿，"廉政署"也将每两个月召开一次廉政会报，贯彻重奖重惩的原则。为了鼓励民众安心检举，将参考外国法制定《吹哨者保护法》（《揭弊者保护法》）。

实际上，我国在清朝，这种法案及其证人保护机制就已经有明文规定。在《清律》中有，"若刑部及大小各衙门官吏不执法律听从上司〔指

---

① http：//news. xinhuanet. com/politics/2011-05/03/c_ 121371469_ 5. htm。

② http：//old. jfdaily. com/gb/node2/node17/node74568/node82139/node82150/userobject1ai1286024. html，2013 年 4 月 15 日检索。

③ http：//opinion. hexun. com/2011/hns047/，2013 年 4 月 15 日检索。

奸臣]主使出入[已决放]人罪者，罪亦如之。若有不避权势，明具实迹亲赴御前执法陈诉者，罪坐奸臣言告之人[虽业已听从致罪有出入亦得]与免本罪仍将犯人财产埚给[若止一人陈奏全给]充赏，有官者升二等，无官者量与一官或[不愿官者]赏银二千两"。也就是说，如果刑部以及各级政府，不按照法律而听从上司的指令来影响判决结果的，等同于被告人的罪责。如果有人不畏权贵，有真凭实据可以直接到皇帝面前告状。以权力干涉司法者属于奸臣之罪。告御状者，如果本身有罪的，可以因此得到豁免；奸臣之财产分摊给告御状者，如果只有一人，全部奖励给他。并且还有额外奖励，有官的嘉奖升两级，无官的给一官，如果不愿当官的，赏赐白银 2000 两。这就是说，大清律例在反腐败上用了"吹哨法案"。

有人可能会不以为然，认为这种机制在中国实行是存在困难的，如，可能举报人的身份不能做到保密，招致打击报复，另外，即使假设一次告赢了，接下来也将没有任何单位愿意接收此人，生存维艰。而在美国，负责证人安全的机构就有四个：联邦马歇尔办公室负责证人的安全、健康；司法部执行局负责证人进入项目的确认；联邦监狱局负责强制证人的监管；联邦总检察长办公室，对进入项目的具体案件作最后审批和确认。[①]各个部门相互协作、密切配合，采用整容、改变住址甚至移民等多种手段，来确保证人的安全。这样的制度设计，显然可以鼓励更多知情者勇敢地站出来，揭开黑幕。该制度，在国内显然是缺失的，"举报人屡遭报复"的新闻常见报端，而对告发者的严密保护是这种法规有效的前提条件。在此保护之下，这种法案调动监督者曝光企业不法行为的积极性，然后利用消费者对企业的制约作用和企业间的竞争机制，去实现行业行为的规范。目前，在《关于严厉打击食品非法添加行为切实加强食品添加剂监管的通知》中已经可以看到"吹哨法案"的精神得以体现，其中设立了专项资金奖励举报人。《通知》明确提出：地方各级政府要设立专项奖励资金，指定专门部门负责，切实落实对举报人的奖励，保护举报人的合法权益，鼓励生产经营单位内部人员举报。但显然，目前的这些规定都存在相当的局限性，适用范围稍显狭窄，对"吹哨者"的激励不足，保护措施和体系仍然有较大的欠缺。

---

① 沙鸿瀚：《我国刑事证人保护制度的立法完善》，《武警学院学报》2010 年第 5 期，第 36 页。

三　质量安全信息规制的实例

美国在经济、社会和环保等不同领域中，都针对这些规制领域中存在的不对称信息问题采取了不同的信息规制政策，以向社会公众提供安全或质量等方面的信息，防止市场失灵的出现。在环保质量领域有 TRI 制度，在食品药品的规制领域有 FDA 的一系列信息规制的措施。

金自宁详尽分析了美国环保行政领域保证环境质量的 TRI 制度，包括该制度的具体规则和产生良好效果的原因。他首先定义了该制度："美国 1986 年的《紧急规划与地区居民知情权法》（*Emergency Planning and Community Right-to-Know Act*，EPCRA）第三部分导入了 TRI（Toxics Release Inventory，有害物质排放目录）制度，要求具有一定规模、有害物质使用量或加工量超过一定数量的企业或机构，每年报告有害化学物质的排放量和废弃物的移动量。美国环境保护署将企业或机构报告的数据制作成数据库，通过互联网向公众公开，所有人均可查看。"[1] 到 2011 年，这一数据库包含了美国几千家企业超过 650 种化学物质的处置信息，这些企业分布在制造业、金属采矿业、电力和危险性废物处理业。2011 年，有 20927 家机构向 TRI 报告，总共涉及 41 亿磅的有毒化学物质。[2]

对这一政策的评价结果认为，TRI 这一信息规制的制度取得了成功，不仅实现了政策制定的预期目标，而且取得了超过预设的效果。美国环保署的一项调查显示，执行 TRI 规定之年度报告的企业和机构中，有 70% 声称他们因为 TRI 的缘故强化了其减排工作。[3] 据统计，该制度实施的头十年（1988—1997 年）当中，列入 TRI 的化学物质排放量就削减了 42.8%，其中主要都是企业自发性减排的结果。[4]

至于 TRI 制度为何会获得成功，金自宁总结道："正如一些研究者的深入分析所揭示的，TRI 制度的成功在很大程度上是因为它激发出了一种特别的信息现实机制，克服或者说消解了环境风险管制中的'信息

---

[1]　金自宁：《作为风险规制工具的信息交流——以环境行政中 TRI 为例》，《中外法学》2010 年第 3 期，第 384 页。

[2]　EPA, The Toxic Release Inventory, National Analysis Overview, 2011.

[3]　EPA, The Toxic Release Inventory, Environmental Democracy In Action, 1992.

[4]　Lynn Frances M, and Jack Kartez, "Environmental democracy in action: The Toxics Release Inventory", *Environmental Management*, Vol. 18, No. 4, 1994, p. 512.

瓶颈'。"① 这其实是一种赋予公民"信息权力"（information empower-ment）的信息规制方法。同时，让公众了解有害物质的信息，会导致市民和厂家之间在减少有害物质上的共同努力，形成了一种"环保民主"（environmental democracy）。② 又比如 FDA 对药品的信息规制。FDA 非常注重与公众进行药品风险信息方面的双向沟通。

20 世纪中期在当时的联邦德国（西德）爆发的反应停（沙利度胺）事件③使欧盟理事会意识到了药品安全的重要性。欧洲药品质量管理委员会（European Directorate for the Quality of Medicines，EDQM）是于 1964 年由欧洲 32 个成员国组成的药品注册与管理机构，直属于欧洲议会，负责检查原料药，为欧洲的药品质量服务。至于欧盟在药品领域的信息规制，沈琳认为，主要是由欧洲药品局来实施的："欧盟理事会于 1993 年建立了欧盟药品管理局（European Medicines Agency，EMEA），1995 年开始运作，2004 年 5 月更名为欧洲药品局（European Medicines Agency，简称 EMA），主要负责向成员国当局和欧洲委员会提供人用药品和兽用药品在质量、安全、疗效方面的科学意见；实施 GMP、GSP（Good Service Practice，优良服务作业规范）等的监管工作；监督药品上市后的安全性；建立数据库，促进药品审评监督及管理的情报信息工作，全面监测药品的安全性和有效性。"④

第三节　中国质量安全治理与信息工具的使用

多年来，在国外和中国，政府规制的重点领域都是经济领域，所以无论是从理论准备还是实践上，发展了较为精密的经济规制理论和与之配套

---

① 金自宁：《作为风险规制工具的信息交流——以环境行政中 TRI 为例》，《中外法学》2010 年第 3 期，第 385 页。

② Lynn Frances M, and Jack Kartez, "Environmental democracy in action: The Toxics Release Inventory", *Environmental Management*, Vol. 18, No. 4, 1994, p. 512.

③ 1959 年，西德各地出生过手脚异常的畸形婴儿。伦兹博士对这种怪胎进行了调查，于 1961 年发表报告称"畸形的原因是催眠剂反应停"，使人们大为震惊。反应停是妊娠的母亲为治疗阻止女性怀孕早期的呕吐服用的一种药物，它就是造成畸形婴儿的原因，1961 年 11 月，Chemie Grünenthal 撤回联邦德国市场上所有反应停，不久其他国家也停止了反应停的销售，期间由于沙利度胺有万余名畸形胎儿出生。由于这一事件，联邦德国药厂 Chemie Grünenthal 支付了 1.1 亿西德马克的赔偿。

④ 沈琳：《药品质量风险规制研究》，沈阳药科大学 2011 年博士论文，第 63 页。

的政策工具。如针对自然垄断、电信和能源等领域的政府规制措施和实践，可以说，在这些领域的规制取得了较好的效果。但是近年来，随着分工和全球化的发展，质量安全等领域爆发的问题和影响愈来愈重要，需要政府规制理论和政策工具的创新。但是，从学术界目前的研究成果来看，无论是国外还是国内，显然由于对规制工具的选择缺乏理论准备和深入的研究，监管部门也一直存在着对市场干预程度较深的规制工具一定程度的偏好。

137

在目前的政府质量安全监管中需要扩大信息工具的使用范围。很多情形下，尤其是质量安全领域，信息工具的使用对交易主体的利益保障和相关法律的有效实施能起到积极作用，但这种制度和工具的使用在我国趋于不足。

而在特种设备相关领域，虽然《安全生产法》第45条规定，生产经营单位的从业人员有权了解其作业场所和工作岗位存在的危险因素。但这远远不够，有效的制度不是从业人员的了解权，而是企业的主动告知。该法没有确立违法行为的公告制度，劳动者缺乏这类信息，就无法用脚投票，从而不会对违法企业造成巨大压力。

与质量安全风险产生的原因类似，信息不完全和信息不对称导致了金融风险的高发，并且显著地降低了金融市场的运作效率。法玛在20世纪70年代提出了有效市场假说，三种有效市场形态的划分都是依据市场价格所反映的信息充分性的高低。[1] 而解决这一问题的根本就在于处理好在信息披露、信息传递、信息解读和信息反馈各个环节出现的问题。信息规制在处置这些信息不对称状态，以及由此而引起的逆向选择和道德风险问题上发挥着重要的作用。

我国在金融领域较早地学习和引入了西方国家的信息规制手段。比如在银行业中，学习和吸收《巴塞尔协议》不同版本中对于信息披露和透明度的要求，这在银行系统内部早已经是毋庸置疑的共识。在现实中，不仅已经上市的商业银行全部按照对上市公司的要求，及时对外披露有关经营信息，而且非上市的商业银行也执行了信息披露制度，接受投资者和社会公众监督。此外，在当前的资本市场中，企业的信息披露已经从强制性信息披露演进到自愿性信息披露阶段，因为前者已不能完全满足投资者对

---

[1]　Fama, Eugene F, 1970. "Efficient Capital Markets: A Review of Theory and Empirical Work," *Journal of Finance*, 25 (2), pp. 383—417.

投资对象信息的需求。所谓的自愿性信息披露，就是指除了强制性信息披露之外，上市公司基于公司形象、投资者关系等动机主动对外披露公开信息，这其中包括了管理者对公司长期战略及竞争优势的评价、环境保护、社会责任和公司治理效果等。张宗新等人（2005）构建的中国上市公司自愿性信息披露指数表明，中国上市公司越来越愿意进行这种信息的传递，意图通过这种"声誉机制"来提升企业在投资市场上的地位。而陈燕、李晏墅、李勇（2005）则认为完善资信评级、信息披露等都是治理金融信用缺失的有效的制度安排。

面对规制机构的监管，产品的生产者和销售者可能有自己的对策来应付、甚至逃避这种管制。但没有关系，信息经济学对信息规制的原理和可能效果进行了理论解释，不管是隐藏信息（hidden information）还是隐藏行动（hidden action）导致的信息不对称，都可以用信息规制的手段来弥补。在金融市场的规制中，这也是一种积极的实践探索。此外，在规制领域中的实践探索也激发了规制理论的重要突破。规制经济学其实是 20 世纪 70 年代之后才逐渐发展起来的，斯蒂格勒的《经济规制论》、佩尔兹曼的《走向更一般的规制理论》是早期这一领域的扛鼎之作。之后，包括植草益、托里森等人在公共事业、自然垄断、价格规制等领域著述不断，逐渐奠定了西方规制经济学的学科基础和体系。发展到现在，激励规制理论已经成为规制理论的新主流，甚至被称为是最近 20 年以来，在规制经济学领域取得的最重要的理论成果。根据植草益的观点，所谓激励性规制，就是在保持原有规制结构的条件下，激励被规制企业提高内部效率，给予受规制企业以竞争压力和提高生产或经营效率的正向诱因。① 只有规制措施对于被规制对象来说是激励相容的，才能让其真正发挥市场主体的作用，主动顺应规制目标从事生产经营活动，规制措施才能真正达到设计的初衷，这也就是机制设计理论和激励性规制在监管领域大行其道的根本原因。这一理论最先在电力市场的规制研究中得到了广泛而深入的探讨，后来两位法国经济学家让·拉丰和让·泰勒尔对电信市场的开放与竞争、电信服务定价、网络互联等与电信改革相关的关键问题进行了深入分析，奠定和基本完成了激励性规制的理论体系。其实，在质量安全领域又何尝不是如此，要真正让企业这种市场主体有积极性履行其主体责任，面

---

① 植草益：《微观规制经济学》，朱绍文、胡欣欣译，中国发展出版社 1992 年版，第151—153 页。转引自熊宇《食品安全激励性规制的思考》，《人民论坛》2011 年第 7 期。

对这一领域中的逆向选择和道德风险的"诱惑"，没有设计合理的激励措施，规制是很难奏效的。

在监管领域，不管面对的监管对象是金融、电力、电信、医药，还是产品、食品的质量安全，信息规制是解决信息不对称导致的市场失灵的有效措施之一，而激励性规制理论是设计规制措施的重要原理。引入信息规制和激励性规制政策实现管制的放松，同时，也需要重建规制机构本身，以及完善规制的内容体系。这样，在不同的规制领域中，规制机构的设置和履责的手段也可以互相借鉴。中国目前已经在证券、保险和银行领域分别成立了监管委员会，这些机构也分别有立法、执法、消费者教育和消费者保护等多项功能。例如，保监会中有保险消费者权益保护局，证监会设有投资者保护局，人民银行和银监会内部都成立了独立的金融消费者保护局。而在2008年的金融危机之后，美国自大萧条以来规模最大的金融改革法案《多德—弗兰克法案》，其中一项重要的改革，就是在美联储下设金融消费者保护署，拥有监督、监察和执行权。这些监管机构的设置和职能设定对质量安全监管领域的相关改革也具有一定的借鉴意义。

总而言之，质量安全监管部门以开放的态度采撷众家之长，不管是在规制的理念、还是在具体的措施上，都要勇于借鉴，才能有助于建立更有效的，促进市场主体主动履行其主体责任的体制和机制。

139

第八章　政府质量安全责任的问责

改革开放之后，特别是20世纪90年代以来，随着安全生产和质量安全事故的频繁爆发，我国政府在这些领域中，开始关注对于政府行政人员的党纪政纪处分和问责。过去，官员权力很大，但出事以后不直接承担责任，除非触犯党纪国法，出了问题，才按党纪政纪追究。问责，则是即便你不触犯党纪国法，但是你的责任范围之内，职务范围之内，出了问题也要承担责任。问责开始于2003年的"非典"时期，此后随着问责的深入，逐渐形成制度化。随着国家公务员法的颁布实施，就从法律角度上明确了问责制，这就使问责法制化。目前，国家正在进行行政体制改革，其中有一项即是建立全面的行政问责制。经过十余年的问责体系和问责实践，这种制度带来了政府管理效果的积极效应，也对政府治理和官员行为有了新的约束机制，但是在具体的执行过程中，由于目前的党纪政纪问责制本身处在发展变化的过程中，在许多方面，包括问责的具体应用、问责的启动和实施等等，都不尽完善，从而其正面效应没有充分地发挥出来。在质量安全责任的问责成为党纪政纪问责的重点领域之后，这种问责体制和机制设计内在的问题逐步显露，在特定事件的处理上对行政官员职责履行的负面效应也有所体现，这就要求对其进行系统分析并提出改革的建议和措施。同样，在安全生产和质量安全领域，重大事故发生之后，对一定级别以上的行政人员进行党纪、政纪处分也体现出一些特点，有些与党纪政纪处分制度设计的初衷相背离，有些对党员干部认真履行自己在质量安全监管和治理中的职责反而产生了逆向激励，我们不仅需要分析其中存在的问题，也需要提出进一步对这些制度进行修改和完善的建议和措施。

第一节　国外问责的一般规律

我国的问责制度的建立实际上最早借鉴了香港特别行政区实施的"高官问责制"，而香港的这一制度设计与国外的问责制度有内在的联系。一般而言，国外普遍建立了政务官和事务官分离的政府行政人员管理体系。这种从性质上对行政人员的划分，也带来了随着问责对象的不同，对不同类别的行政人员的问责范围、处理方法等方面的差异。

一　国外问责制度的共性

以下我们将从英、美、法等国的问责制度来看其中所体现的共性。

在英国，布莱尔政府 2001 年通过《部长级官员准则》，部长级官员需要承担集体责任与个人责任，并由议会充当问责者的角色，从而在制度和法律上建立健全了问责体制。至于法国，唐铁汉提出："法国的行政法对行政行为、行政组织、治安、公共事业、责任和行政诉讼都有具体的规范，既规定了行政权力机关的权能、行政活动的方式，也规定了对行政活动的损害后果应该承当的责任。在法国，官员的失职或者以权谋私的行为，有关人员会被迫或者自动下台。"① 美国的国会和政府设有监督部门，分别负责对政府各部门及其官员和国会议员的行为进行监督。国会设有政府责任办公室（Government Accountability Office，GAO）帮助国会调查联邦政府的工作表现，预算经费去向，政府项目是否达到了预期的目标，是否向公众提供了良好的服务，等等。美国国会在 1978 年通过的《政府道德法案》，详细规定了对包括总统在内的高级政府官员进行调查的程序。日本颁布的《国家公务员法》和《国家公务员伦理法》对公务员的行为进行了约束和规范，《人事院规则》制定了对国家公务员违反公务员伦理法的处罚标准，建立专门机构监督和保证问责制的实行。瑞典公共管理局将瑞典的政府部门及其官员的责任划分为三类：法律责任、政治责任和道德责任。瑞典对政府的监督主要通过议会进行，具体是通过监察专员办公室和宪法委员会来实施，监察专员办公室的监察范围包括法院及所有从中央到地方的行政机关及其官员，

---

① 唐铁汉：《我国开展行政问责制的理论与实践》，《中国行政管理》2007 年第 1 期，第 7 页。

宪法委员会有权力检查内阁的所有文件和记录，并每年向议会提交相应的报告。

美国、英国和法国三国，以及日本和瑞典等国家，都把政府官员分成政务类公务员和业务类公务员。政务类公务员又分成两种：选任制官员属于选民"选出来的人民仆人"，对选民负责；政治任命官员属于政治家"任命的"，是"政治家的仆人"，对政治家负责。业务类公务员是依法"考出来的"，是"法律的仆人"，对法律负责，承担法律责任与纪律责任。而所谓的问责，主要针对的就是政务类官员。[①]

二　对政务官和事务官的问责

在美国，由于三权分立和制衡原理的要求，政府不对国会负责，总统只向全体国民负政治上的责任。总统可以要求每个行政部门的主管官员提出有关他们职务的任何事件的书面意见，并拥有任命和罢免政府官员的权力，以增强官员们的政治回应力和责任心。不过，总统的这项权力也是受限的。例如，1935 年美国最高法院在汉弗莱执行人诉合众国案（Humphrey's Executor v. United States）中裁决：总统不得以政治的理由和其他理由随意把独立管制委员会的委员免职，只能根据无效率、玩忽职守和违法乱纪理由免除该委员会委员的职务。

美国联邦贸易委员会（Federal Trade Commission）的组织法规定，委员会的成员由总统提名，经参议院同意后任命，只能由于"无效率、玩忽职守、违法行为"等原因才能够被辞退。在罗斯福总统推行新政期间，由于联邦贸易委员会主席汉弗莱对于总统的政策不予支持，于是，罗斯福总统在汉弗莱任期未满以前就罢免了他的委员职务，并且没有指出任何一项法定的免职理由，而事实上，罗斯福总统罢免汉弗莱的原因是想改变委员会的政策。而汉弗莱要求支付他的欠薪，于是引发了诉讼，并且汉弗莱一直上诉到联邦最高法院。这就是"汉弗莱执行人诉合众国案"。从这个案例中也可以看出，在美国对于某些独立的管制机构，包括像 FDA 这样的独立的社会性规制机构，总统也不能以类似质量安全事件的政治影响这类理由随意地对其进行责任追究。因为在案例中，大法官乔治·萨瑟兰（George Sutherland）代表联邦最高法院做出的判决里面指出，普通行政机关与独立的行政机关的法律性质是不同的，普通行政机关的工作是纯粹行政性质的，而独立的行政机关的工作具有准立法和准司法的性质。总统对于准立法（Quasi-Legislation）和准司法（Quasi-Judicial）性质的官员不具有无限制的罢免权力。国会在设立"准立法"和"准司法"性质的机构时，有权要求他们独立于总统的控制而执行职务，这一点是不容置疑的。作为一个附带的因素，这个权力包括规定在他们执行职务期间，禁止罢免他们，除非具有正当的理由。

143

　　在问责的事由、问责的形式等方面，西方发达国家中的事务官员和政务官员是有区别的。对事务官的问责通常由各国法律对问责范围做出概括性的规定，主要针对行政机关和公务员滥用自由裁量权或者行政不作为而对公众的合法权益造成的伤害，而且承担的主要是行政责任。在美国，政府内部专门的问责机构主要有政府道德办公室（Office of Government Ethics）、美国监察长办公室以及功绩制保护委员会（Merit Systems Protection Board）。

第二节　质量安全领域中问责制度的作用与问题

　　我国的党纪政纪处分和问责制实施以来，首先对很多行政领域的问题有了一个解决的途径，也对行政部门和行政人员的履责有了一定的威慑力。但是，由于种种原因，有些是问责制本身还处于完善的过程中，有些是现有的这些问责制度的设计路线存在弊端，在质量安全责任的问责过程中产生了一些负面影响，不利于政府和行政人员质量安全职责的履行。

一　质量安全责任领域问责的效果

　　2001 年 4 月 21 日国务院颁布并施行《国务院关于特大安全事故行政责任追究的规定》，这是我国落实安全生产责任制的重要法律，也是对地方政府和政府有关部门追究特大安全事故行政责任的法律依据。其中规定，地方人民政府主要领导人和政府有关部门正职负责人对特大火灾事故，特大交通安全事故，特大建筑质量安全事故，民用爆炸物品和化学危险品特大安全事故，煤矿和其他矿山特大安全事故，锅炉、压力容器、压力管道和特种设备特大安全事故，其他特大安全事故等七大类特大安全事故的防范、发生，有失职、渎职情形或者负有领导责任的，给予相应的行政处分；构成玩忽职守罪或者其他罪的，依法追究刑事责任。2006 年 11 月 22 日，监察部、国家安全生产监督管理总局发布《安全生产领域违法违纪行为政纪处分暂行规定》。2007 年 7 月 3 日，国家安全生产监督管理总局发布《〈生产安全事故报告和调查处理条例〉罚款处罚暂行规定》。2007 年 10 月 8 日，中央纪委印发《安全生产领域违纪行为适用〈中国共产党纪律处分条例〉若干问题的解释》。2008 年 11 月 17 日，国家安全生产监督管理总局、国家档案局发布《生产安全事故档案管理办法》。这些新的法律法规中涉及一系列质量安全责任追究的新内容、新要求，也发挥了下面一些重要的效果。

这些有关安全生产和质量安全责任的法规与规范不仅明确了党组织负责人在不贯彻执行党和国家安全生产、质量安全方针政策和安全生产、质量安全法律法规方面的违纪责任，明确了政府和所属部门及其工作人员中的党员在安全生产和质量安全监管方面的违纪责任，也明确了企业、事业单位及其工作人员中的党员在生产、管理方面的违纪责任，还明确了承担安全生产和质量安全评价、培训等社会中介机构中的党员在安全生产方面的违纪责任。上述人员，只要有安全生产方面的违纪行为，就必须受到党纪追究。这对于增强全社会的安全生产和质量安全责任意识，调动各方面的积极性，具有重要作用。

这一系列的规范对安全生产和质量安全领域中各类违纪行为及其处分依据做出了明确规定，增强了原有的党纪政纪处分在实践中对于责任追究的可操作性，在很大程度上避免了适用党纪政纪处分进行追责过程中的分歧、不确定性和随意性。关于党纪、政纪处分的一系列规定的出台为严格执纪提供了一把"利剑"，为查处安全生产和质量安全领域违反党的组织纪律和公务员相关法律的违纪行为的认定和处罚提供了法规依据，对进一步推进安全生产执法，解决安全责任"严格不起来，落实不下去"的问题，能够起到重要的积极推动作用。

这些党纪政纪处分相关规定是从源头上加强安全生产工作的重要举措。当前诱发安全事故的因素是多方面的，但是事故背后的权钱交易、官商勾结等腐败问题和失职渎职等违法违纪行为，是发生安全生产和质量安全事故的一个重要深层次原因。而党纪政纪责任的追究充分体现了惩治和预防安全生产和质量安全领域腐败行为的要求，通过严厉查处生产安全和质量安全事故背后的违法违纪行为和腐败问题，促进安全生产和质量安全各项制度的落实。

二　问责制在质量安全责任实践中的弊端和问题①

虽然问责制度设立的初衷是好的，而且在实践过程中尤其是在安全生产和质量安全领域发挥了一定的作用，但是这种问责制由于其内在还有诸多不完善的地方，而且这种问责制实施的有效性也需要与一系列的配套措施相结合，所以其效能受到了较大的限制，而且党纪政纪处分的过多过滥对党员和公务员群体，尤其是处在安全生产和质量安全领域的党员和公务员的日常工作和职责的担当产生了较大的负面效果。

（一）责任的惩罚机制和补偿机制不对称

从责任的性质角度看，党纪政纪责任的处分是对中共党员和政府公务员的一种惩罚性责任的追究。受到党纪政纪处分的党员和行政人员依据其受到的处分类型的不同会在经济收入、职位职权、社会形象和生活福利等各个方面受到不利的影响。

在经济方面，基本上党纪和政纪处分的几种不同的形式都会与个人的经济利益有一定的关联，其中有些是直接相关的，如政纪处分中的降职、撤职和开除。公务员的工资性收入与公务员的职务和级别直接联系在一起，而有一些处分方式会影响到公务员未来的升迁，其影响的效应会以一定的滞后效应体现出来。党纪处分中虽然这几种处分方式表面上看不与个人收入直接相关，其中的撤销党内职务和开除党籍等处分，虽然只是党内处分，但是在中国目前的政治和行政体制下，也基本意味着公务员职位和职业生命的终结，其他几种党纪处分也会在不同程度上影响公务员的职业生涯，继而影响公务员的显性工资收入。如党纪处分中，都有关于受到不同级别的党纪处分之后的党内职务晋升的影响，可见下表 8 - 1。

行政机关公务员在受处分期间不得晋升职务和级别，其中，受记过、记大过、降级、撤职处分的，不得晋升工资档次；受撤职处分的，应当按照规定降低级别。

---

① 关于中国的问责制度在质量安全责任实践中的弊端分析，受益于武大质量院"十二五"科技支撑计划 06 项目课题组历次举行的项目研讨会。

表 8 – 1　　　　　　　　党纪处分对行政人员的影响

党纪处分级别	政治生涯的影响
警告处分	一年内不得在党内提升职务和向党外组织推荐担任高于原任职务的党外职务
严重警告处分	一年内不得在党内提升职务和向党外组织推荐担任高于原任职务的党外职务
撤销党内职务	在党外组织担任职务的，应当建议党外组织撤销其党外职务。党员受到撤销党内职务处分，二年内不得在党内担任和向党外组织推荐担任与其原任职务相当或者高于其原任职务的职务
留党察看	其党内职务自然撤销。对于担任党外职务的，应当建议党外组织撤销其党外职务。受到留党察看处分的党员，恢复党员权利后二年内，不得在党内担任和向党外组织推荐担任与其原任职务相当或者高于其原任职务的职务

　　除了这些显性的工资收入之外，在中国的公务员体制中，行政职务和级别的差异还体现在很多其他方面，这些都构成了公务员的隐性收入，例如公务员的医疗、公务用车等等，《南方周末》就曾比较过这其中的差异，指出在中国省部级干部有很多，任职期间正部级干部和副部级干部的工资收入差不多，但是在退休之后，正部级干部依然可以按照规定享受专车和专门的司机以及专门的医疗服务，而副部长级别的官员只是在位期间有这些待遇，退休之后这一切都取消了，这些就是中国利益与职务级别紧密挂钩的真实写照。①

　　中国的公务员体系中只有领导成员和非领导成员的区分，而没有政务官和事务官的划分。这样，公务员的一生都是在这个行政体制内部工作，没有其他专业特长，即使是专业性很强的安全生产和质量安全的政府监管部门之中也大多如此，这就导致一旦这些人被追责，失去在政府部门的职位，就很难有其他合适的工作机会。这点与其他有着政务官和事务官区别的国家有着很大的不同，在这些国家，事务官除非存在故意或者重大过失，否则不会被追究行政责任，更不用说政治责任，而通过选举和政治任命担任领导职务的被称之为政务官，这些人被问责之后，还能从事其他行业的工作。

　　（二）问责之后的"复出"

　　当然，我国对于接受党纪、政纪问责的干部也有一定的复出补偿机制，以下有一系列我国关于问责官员复出的规定。

---

　　① 《南方周末》（www. infzm. com/content/70110，2012-02-16）。

表 8-2　　　　　　　　　党纪政纪规定中的"复出"规定

颁布时间	条例名称	具体规定
2002 年	《党政领导干部选拔任用工作条例》	第六十二条：引咎辞职、责令辞职、降职的干部，在新的岗位工作一年以上，实绩突出，符合提拔任用条件的，可以按照有关规定，重新任用或者提拔担任领导职务
2004 年	《党政领导干部辞职暂行规定》	第二十九条：对引咎辞职、责令辞职以及自愿辞去领导职务的干部，根据辞职原因、个人条件、工作需要等情况予以适当安排
2004 年	《中国共产党纪律处分条例》	第十三条：党员受到撤销党内职务处分，二年内不得在党内担任和向党外组织推荐担任与其原任职务相当或者高于其原任职务的职务
2009 年	《关于实行党政领导干部问责的暂行规定》	对引咎辞职、责令辞职、免职的党政领导干部，可以根据工作需要以及本人一贯表现、特长等情况，由党委（组）、政府按照干部管理权限酌情安排适当岗位或者相应工作任务

　　从上表中列出的相关规定可以看出，党纪政纪的相关规定也列出一些这样的补偿和纠正机制，但是其中很明显的是这些规定主要适用于领导干部，而目前大量处理的往往是级别较低的党员干部，他们受的处分也较重，难以通过这些机制获得矫正，所以一旦受到党纪政纪处分，对个人的影响往往是永久性的。这从这些年来政府官员被"问责"之后"复出"的诸多案例可以明显地看到里面存在的这种趋势。

　　2010 年 10 月，因拆迁问责第一案被宣布免职的江西省宜黄县县委书记邱××和宜黄县原县长苏××，被证实最近分别出任抚州金巢经济开发区管委会主任和抚州市公路局局长。又如三鹿奶粉事件中国家质检总局食品生产监管司原副司长鲍××，2008 年 12 月复出升任安徽省出入境检验检疫局局长、党组书记；2009 年 4 月 30 日，国家质检总局官网发布消息称鲍××任科技司副司长；同日，安徽出入境检验检疫局宣布国家质检总局党组决定：邱××任安徽出入境检验检疫局党组书记、局长，免去鲍××的安徽出入境检验检疫局党组书记、局长职务。

　　再如瓮安事件中被撤销一切党政职务的原县委书记王××，在悄悄复出之后调任贵州省南州市财政局副局长，还有黑砖窑事件中被处分的山西洪洞县原副县长王××，被撤职后没过几天，便以县长助理的身份进行工作。因在西丰警察进京拘传记者事件中负直接领导责任，2008 年 2 月，辽宁省铁岭市西丰县委书记张××被责令引咎辞职，但不到 9 个月就"东山再起"，出任沈铁城际轨道交通工程办公室副总指挥。因上海"11·15"

火灾被撤职的原上海静安区委常委、副区长徐××日前复出，2011年12月，担任上海市申江两岸开发建设投资（集团）有限公司副总裁。

（三）同体问责与新闻媒体问责的结合

1. 同体问责为主的历史和现状分析

党纪、政纪处分和问责制的主体可以是同体问责或者是异体问责，而且这在相关的问责制度中也有具体的规定。所谓同体问责和异体问责，按照孙红竹的定义："（同体问责）是指党的纪律监督部门、上级党组织抑或是行政机关内部对党员或者政府行政人员履行职责的情况进行监督质询并对其违法失职行为进行责任追究的制度安排。同体问责的主体主要是行政首长、上级行政机关和行政监察机关。异体问责是指由行政系统之外的主体对其进行问责。异体问责主要包括国家权力机关、司法机关、新闻媒体及全体公民等。"① 而目前我国的党纪、政纪问责突出的一个问题就是问责的主体单一，主要以同体问责为主。②

从问责的实践来看，我国行政问责也基本上是由上级行政机关进行的问责模式。行政问责的"自上而下"的同体发起者主要是上级党政机关。

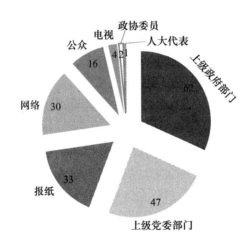

图 8-1　问责中问责主体的来源分布

注：上图数据来自宋涛《社会规律属性与行政问责实践检验》，社会科学文献出版社 2010 年版，第 241 页。

① 孙红竹：《新时期中国行政问责制研究》，首都师范大学 2011 年博士论文，第 61 页。
② 周亚越：《论我国行政问责制的法律缺失及其重构》，《行政法学研究》2005 年第 2 期，第 88 页。

根据学者宋涛的统计，2003—2009 年，《人民日报》和《中国青年报》共报道了 195 个行政问责事件，564 个被问责对象，在这 195 个问责事件中，81% 的发起者是上级党政部门。其中，上级政府部门为主要发起者，占 32%；上级党委部门占 24%，二者合计占发起者的 56%，成为我国官员问责事件的主要发起者。①

在各个地方颁布的行政问责制的相关规定中，我们也可以看出，问责依然以同体问责为主，而忽视了其他问责主体（见表 8－3）。②

149

表 8－3　　　　　　　地方行政长官问责制度对同体问责的规定

问责规范名称	问责主体	异体监督来源信息
长沙市人民政府行政问责制暂行办法（2003 年 8 月 15 日施行）	长沙市人民政府	上级或同级人大常委会的要求，公民、法人和其他组织的检举、控告、投诉，新闻媒体曝光等
重庆市政府部门行政首长问责暂行办法（2004 年 7 月 1 日施行）	重庆市人民政府	公民、法人和其他组织向市人民政府提出的附有相关证据材料的举报、控告；新闻媒体曝光的材料；人大代表、政协委员提出的问责建议；司法机关或仲裁机构提出的问责建议
云南省人民政府关于省人民政府部门及州市行政负责人问责办法（2008 年 3 月 1 日施行）	云南省人民政府	人大代表、政协委员通过议案、提案等形式提出的意见建议；司法机关等提出的意见建议；公民、法人和其他组织的检举、控告；新闻媒体的报道
浙江省影响机关工作效能行为责任追究办法（2010 年 3 月 8 日施行）	省纪委、省监察厅、省委组织部、省人力资源和社会保障厅	未规定
温州市人民政府部门行政首长问责制暂行办法（2007 年 5 月 17 日）	温州市人民政府	公民、法人或其他组织署名的附有相关证据材料的检举、控告材料；审判机关、检察机关提出的问责建议；市人大代表、政协委员提出的问责建议；新闻媒体曝光的材料

① 宋涛：《社会规律属性与行政问责实践检验》，社会科学文献出版社 2010 年版，第 239—240 页。

② 陈翔、陈国权：《我国地方政府问责制的文本分析》，《浙江社会科学》2007 年第 1 期，第 76 页。

2. 新闻媒体驱动的问责的现状和理论分析

目前在安全生产领域和质量安全领域发生的重大安全责任事故，多数是由媒体曝光之后，产生了广泛的社会影响，上级党政部门被动地对媒体反映的情况进行调查，而调查的过程及处理决定也受到媒体的广泛披露，处于社会公众的极大关注之下。① 在这些事件的调查过程中，媒体主导了社会舆论的方向，导致社会公众关注的焦点过多地集中在安全监管部门的职责履行上，反而对于企业在安全生产和质量安全中的主体责任被掩盖。这种现状，一方面要求抓好党纪政纪问责在日常工作中对于失职行为的监督和预防，以免形成重大的不良后果和质量安全事件；另一方面，在重大质量安全事件之后对于媒体报道和舆论导向的疏导也成为重要的工作，这种社会舆论效应影响了党纪政纪问责内在的公正性。

从时间序列来看，在 2007 年之前，非党政部门的"报纸"、"网络"、"电视"作为一种社会问责主体的影响和作用是比较小的，但是从 2007 年开始这种影响逐步增加。而最近几年，一些重要的质量安全事件往往是由媒体发现和曝光，继而由相关的质量安全监管部门介入处理，但是由于已经形成了广泛而恶劣的社会影响，问责接踵而至，造成了监管部门质量安全责任的履行形象大为受损，内部众多的行政人员也受到了严肃的问责处理。

2012 年 4 月 15 日，中央电视台《每周质量报告》节目曝光了河北一些企业用皮革废料熬制成工业明胶，卖给浙江新昌县药用胶囊生产企业，最终流向药品企业。国内 13 个药用空心胶囊产品被披露使用皮革废料所生产明胶。但众所周知，最先对该问题爆料的是中央电视台的一位主持人。4 月 9 日上午 11 时，央视《晚间新闻》主持人赵普发出微博称："转发来自调查记者短信：不要吃老酸奶（固体形态）和果冻，尤其是孩子，内幕很可怕，不细说。"② 这条微博被频繁转发后，随即引发各界对明胶与食品安全的关注。

近年来，三鹿奶粉、染色馒头、毒豆芽、地沟油……几乎每一起质量安全事件都是媒体扮演"先行者"，通过曝光引发社会关注，而本应起到质量安全监管作用的部门跟在媒体后面亦步亦趋。在《中国青年报》发起的一项调查中，对于保障食品安全的措施，62.1% 的人首选"加大舆

---

① 高国舫：《廓清对媒体问责质疑的几个观点》，《岭南学刊》2007 年第 6 期，第 57 页。

② http://finance.ifeng.com/news/bgt/20120409/5891029.shtml.

论监督和曝光力度"。① 理应是质量监管部门，可先发现问题的却总是媒体。媒体曝光固然是在履行社会监督，但也从侧面折射出部门监管的不力。监管屡屡落后媒体，从现实原因来看，有如下几个方面：

首先，生产安全和质量安全监管常常会涉及多个监管部门，以食品的监管为例，本应是无缝链接的链条式管理，但是在现实中，链条与链条之间却出现断裂。现行的"分段监管为主、品种监管为辅"的食品安全监管模式，往往涉及药监、质监、卫生、工商等多个部门，各部门间权责不清，管与不管，常常以利驱动，有利就抢着管，无利就让着管，导致重复监管和监管盲区并存。这样的情况在其他的质量监管领域同样存在。

其次，监管部门之间常常存在"政企合谋"的现象，② 其原因有多样，但是对于一些监管部门，没有充足的行政经费保证，办公经费和人员工资依然要靠罚款来解决。这样违法企业成为监管部门部分资金的来源，难免存在相互勾结和包庇现象。

2012 年最重大的质量安全事件就是所谓的"铬胶囊"和"皮革明胶"了。实际上这早就不是什么新闻，早在 2004 年，央视就对河北省阜城县古城镇的皮革明胶产业进行过曝光。那次曝光之后，国家有关部门对皮革明胶进行了查处。然而，2009 年，有媒体记者重访古城镇，发现皮革明胶的生产仍在继续，并大量被销往食品企业。这次被央视曝光的河北学洋明胶蛋白厂还是位于河北阜城县。③

3. 媒体外部监督的负面影响

新闻媒体对质量安全问题的外部监督的关注导致对政府监管的问责也会产生一系列负面影响。

新闻媒体在报道安全事故和质量安全事件的时候，往往不会注意到各个不同层次和不同监管部门的职责的区别，也没有详细了解各个不同主体的归责方式的差异，而政府和行政人员在安全方面的责任应该是比较确定的，笼统地将模糊的责任加到政府监管部门及其工作人员身上，扩大了问责的范围，也混淆了问责的对象。

---

① http：//zqb. cyol. com/content/2010 - 12/14/content_ 3462016. htm.

② 关于安全生产领域政府监管可能存在的政企合谋的原因和影响因素，聂辉华等人分别在《政企合谋与经济发展》、《政企合谋与矿难》等文献中用计量经济学方法分析了地方政府行政体制等因素与安全生产事故率之间的关系。

③ http：//view. news. qq. com/a/20120416/000009. htm.

从中国近年来媒体发起的"问责"事件，可以清楚地看到媒体对行政官员言行等方面过于苛刻的关注，几起有代表性的事件都是从行政官员最初的不当言行开始，在网络和媒体的关注下，相关内容被不断放大，直至相关的官员受到党纪政纪问责的处理。这些都造成了政府、媒体与公众之间关系的恶性循环。①

（四）问责形成了上下级官员的责任分担机制

152

《国务院关于特大安全事故行政责任追究的规定》第十五条是这样规定的："发生特大安全事故，社会影响特别恶劣或者性质特别严重的，由国务院对负有领导责任的省长、自治区主席、直辖市市长和国务院有关部门正职负责人给予行政处分。"这项规定常常被拿来作为抨击我国行政问责制度不合理的箭靶，认为它显然对领导干部苛以过重的责罚。然而，只要经过客观而理性的分析，就不难发现，这项规定之所以受到质疑并非是它不应该存在，而是被生在了"错误"的地方：明明身为政治责任，却偏偏出现在了有关行政责任追究的规定之中。

尽管在政党竞争制的基础上，西方国家普遍将公务员划分为政务类公务员和事务类公务员，试图通过与政党政治关联程度的差异来区分政治责任和行政责任，但却无法将政治问责与行政问责划分得泾渭分明。在我国由中国共产党一元领导的政治体制下，这两种责任交织得更加紧密，从而导致了在我国的行政责任追究的有关规定中，夹杂了诸如此类有关政治问责的内容。现有研究对政治责任和行政责任的划分有多种角度和方法，但是，从可操作性的角度出发，不妨将问责依据是否具有客观性作为二者的区分标准。在保持合法性的前提下，行政人员在履行职责时，还必须遵守职责权限和工作任务的具体要求。而且，一般来讲，在科层制下，职责权限和工作任务的规定，不仅划定了领导职位与非领导职位的差异性权力内容，而且具有一定程度的客观性。因此，对行政责任的追究是完全可以适用客观标准归责的。这也反映出，"行政"是为了高效率地执行"政治"而设立的基础性技术要求，具有程式化和稳定性的特点。与之相对应，政治责任的问责依据则往往具有很强的主观性，主要表现为职业期望的满足。这里的"职业期望"包括两个方面的内容：公众对官员的期望和上级对下级的期望。公众对官员的期望，是建立在民主政治的基础上

---

① 赵路平：《公共危机传播中的政府、媒体、公众关系研究》，复旦大学 2007 年博士论文，第 2 页。

的，一般体现为民众对公权力拥有者能力的高信任和严要求。由此，政党、公众、舆论媒体和社会团体等都具有政治问责的发起人资格。上级对下级的期望，源自于上级对下级的授权，并以下级行使自由裁量权的合理性为其核心内容，符合"下级服从上级"这一基本组织原则的要求。由此，上级机关或官员当然可以成为政治问责的发起人。需要说明的是，由于我国政治体制的特点，政府官员一般都具有党员的身份，而且党纪处分也往往是依据相对客观的标准做出的，因此，按照上述分类标准，将党纪处分划入行政责任的范畴是具有一定合理性的，并且这样做更有利于明晰政治责任和行政责任的边界。值得一提的是，这种划分方法的优势，还在于它能够从两个不同角度为"职位越高的政府官员承担越多的政治责任"提供合理的解释。

153

政治问责与行政问责的划分是以问责依据的客观性高低为标准的。毋庸置疑，主观与客观是相对的，问责依据的客观性与否，主要取决于职权规定的明确与否。越是明确而具体化的职权规定，问责依据就越倾向于客观化。不论职位高低，每个政府官员都可能成为政治责任和行政责任的主体。根据这种划分方法，当政府官员的职位越高时，对其职权的要求往往规定得越宏观而庞杂，问责依据就越趋于主观，因此，由其承担政治责任的可能性就越高。相反，职位越低的政府官员往往更容易承担行政责任。

政治问责的依据是对职业期望的满足。很显然，从公众对官员的期望角度来说，这种期望的高低是与权力大小成正比的，也就是说，公众往往对职位越高的政府官员寄予更高的职业期望，并为他们提出了更高的能力要求。一般认为，官员的职位升高，意味着权力增大，那么，他们运用手中的权力创造的效益就更大，也就有可能造成更大的伤害。因此，随着事故严重程度的增加，被追责的官员职位越高，承担的责任越重，产生的社会效果就越好。当然，因为这种责任承担也是采用已被普遍认同的"首长负责制"的必然结果，所以，就连表面上"不合理"的所谓领导干部的"连带责任"似乎也显得合理了许多。

（五）结果和案件导向的责任倒追机制随意性过大

中国的行政体系中，党纪、政纪处分的结果导向也受重要历史背景的影响。古代负责监察职责的御史可以将监督情况越级上报，甚至直接密报至皇帝，而且权力扩大到可以无需真凭实据地"风闻言事"，权力的最高者可以随时根据得到的监督信息，开展吏治，监督权广泛且可以不走正当程序。[1]

我国自 2003 年非典疫情开始全面推行问责制以来，党纪政纪问责的范围基本局限于重大安全事故问责，而忽视对日常行政失误问责，缺乏对政府根本责任的关注。据宋涛统计，2003—2006 年的 73 起问责事件中，工作失职为主要原因，占总数的 84%，这其中因为突发公共安全事件引发的工作失职又占了工作失职总数的 92%，可见，我国当前行政问责主要集中于因突发公共事件而发生的重大安全事故。[2]

第三节 "过度问责"的逆向激励

在安全责任相关事件的处理中，党纪政纪处分中的失职渎职行为成为处分的重要原因。根据中纪委和监察部公布的数据，2011 年受到政纪处分的人员中，居前两位的是失职渎职类和贪污贿赂类。其中，失职渎职类 15172 人，占 42.2%；贪污贿赂类 8499 人，占 23.7%。而根据对质量安全事件和特种设备安全事件的责任追究的案例分析结果来看，失职渎职往往成为对这些领域监管人员责任追究的主要理由。而我们的研究发现，在目前有待改革质量安全监管模式的缺陷和模糊的党纪政纪处分和问责规定的双重作用下，失职渎职的界限难以明确划定，如果过多地依照这种存有内在不足的规定对监管部门的行政人员进行处分，对这些人员日常工作中的责任履行反而会产生逆向的激励。逆向激励可能带来两种表现：一种是惰于职守，因为反正问责不太依照日常工作的履责情况来判定，那又何必每日兢兢业业工作。更有甚者，很多行政人员不愿意分管安全生产和质量安全的管理工作。另外一种就是造成政府对于企业的过度干预，规制过度，或者说政府的越位和错位。在预防质量安全事件发生的做法上走向另外一个极端，某种意义上，这对于企业履行质量安全市场主体责任的危害更大。

规制的主体是政府，规制过度即是指在市场经济条件下，政府对市场干预太多，超过了一定的合理范围，存在"越位"和"错位"的现象，

---

① 谢元鲁：《论中国古代国家监察制度的历史经验》，《社会科学辑刊》2004 年第 3 期，第 83 页。

② 宋涛：《社会规律属性与行政问责实践检验》，社会科学文献出版社 2010 年版，第 240 页。

这就是政府的过度规制。即导致本应由市场自身调节的部分领域被政府干预所替代，而随着市场经济的不断发展，政府又存在自身资源和能力的有限性，这必然会导致这些领域既无政府干预又无市场调节，最终导致治理的缺失。

当前我国政府规制过度的原因，一是与我国计划经济体制下所遗留的政府"万能"的思想分不开，老百姓依赖政府；二是行政机构存在过度规制的动力，即为获得更大私益和获得威望值的提升，不愿放权，权力难以弱化；三是由于我国经济和科技的飞速发展，在网络信息快速传播的背景下，舆论力量被集中放大，在应对突发事件时，政府被置于媒体广泛的报道之下，面临巨大压力，在这种压力下，政府只好进一步加大规制力度。如果发生了"危机"，比如一起严重的质量安全事故，或者一连串严重的事故，政府会立即出台解决措施，以符合一般公众的情感需求。如安东尼·奥格斯指出的，制定标准的行政官员偏好那些能够给他们的部门带来更多预算或者能够提高他们的声誉和地位的规制形式。更多的预算和地位直接导致行政部门偏好更多的规制措施。更多的规制，意味着国家使用更多的权力干预更广的经济和社会领域，而权力意味着责任和义务，在基于收益和权力的基础上，承担更多的责任和义务必然是应当的。这给政府造成了巨大压力。

在我国质量安全监管中的规制越位，是指在目前处在经济体制转型期的质量安全监管部门，仍然持续计划经济体制下的思维和监管的惯性，对微观企业生产和经营的质量安全领域和行为进行不必要的约束和控制。美国法学家凯斯·R. 孙斯坦在论述规制问题时，认为过度规制不仅难以起到规范市场的作用，反而出现规制不足的相反效果。他认为，强硬的法律或者行政控制通常对私有市场产生的规范效应太小。

行政审批是一种重要的行业准入规制，造成政府审批范围不断扩大，严重阻碍市场经济的正常运行。经统计，在我国特种设备的监管过程中，有关的政府许可就达到了 1800 多项。按照特种设备种类、特种设备行政许可在生产（设计、制造、维修、改造、安装）、使用、检验等环节的数量分布见表 8-4。

质量安全监管领域的规制错位是指规制者不能也不应该成为提供质量安全的主体。国内的安全生产工作和质量安全工作很大的问题就在于政府的责任太重，而反观国外，如德国的安全生产，一靠立法二靠执法，监管责任偏重企业自己抓，政府重心主要在公共安全和应急。质量安全生产工作本身就是企业的事情，企业是安全生产和质量安全的主体责任。如果开办企业不符合安全标准那就不能开办。试想，如果政府的精力都注入各个企业之中，那么势必饮鸩止渴。

表 8 - 4 　　　　特种设备安全监察领域的行政许可数量分布

种类和领域	电梯	起重机械	大型游乐设备	客运索道	厂内机动车辆	锅炉	压力容器	压力管道	检测机构	人员
行政许可数量（项）	160	505	500	55	80	80	145	230	71	25

　　一方面是政府监管的越位与错位，也存在政府在安全生产和质量安全领域的规制过度和失位。政府监管的组织和行政人员能力与监管对象和监管职责之间的不匹配程度体现得日益明显，另一方面是党纪政纪处分规定中对于失职渎职行为的界定和责任追究的界限模糊，而且由于近年来安全责任问题已经成为社会关心的热点和重点，其中体现的失职渎职行为也成为党纪政纪处分的重要依据，这两者之间的落差导致党纪政纪问责制的实践对官员的责任承担产生负面激励。

　　学术界已经有研究表明，严厉的制裁和过度问责并不必然导致官员责任承担绩效的提升。[①]"因为过度的惩罚也会将官员逼入非正常状态，整天生活在恐慌或麻痹之中。从政府制度化管理的视角看，惩罚机制会产生积极有效的作用，而从政府绩效管理的视角看，惩罚机制会产生相反的作用。"[②]

　　从以上法律法规和条例规定来看，在《公务员》法中对失职渎职行为没有进行界定，而且对失职渎职行为的处罚只是局限在领导层面，而且是以引咎辞职作为单一的处罚方式。在《中国共产党纪律处分条例》中对失职渎职行为有界定，但是往往使用没有清晰界限的词汇，如"给党、国家和人民利益以及公共财产造成较大损失的"，"造成重大损失的"，等等，而且还加上所谓的"造成巨大损失或者恶劣影响的，对有关责任者，

---

① Arie Halachmi, "Performance Measurement: A Look at Some Possible Dysfunctions". *Work Study*, Vol. 51, No. 5, 2002, p.230.

② 世界银行专家组：《公共部门的社会问责：理念探讨及模式分析》，第23页。

依照前款规定加重处分"等情形。这就给安全责任的党纪、政纪处分带来了很大的自由裁量权，上级问责的党政部门基于特定案情和特定的社会舆论环境，可能对同样性质的案例采用不同的处分尺度，对于公务员而言，这些规定的限定性被破坏了，其权威性也同样遭受了削减，其结果就是这些法律规章制度本身所具有的威慑力被消弭。我们可以对这种内在的悖论用一个简单的理论框架进行分析。

质量安全事件中存在事故伤害给消费者带来的损失成本和避免伤害的成本。假设质量安全事故发生的概率可以用 p 表示，用 x 表示政府质量安全监管部门和其中行政人员履行质量安全监管责任的努力程度，x 的值越大表示努力程度越高。用 y 表示企业履行质量安全主体责任的努力承担，同样的，y 的值越大，表示努力程度越高。另外，存在一个质量安全事件发生的概率函数 $p(y)$，随着企业质量安全责任履行情况的提高，$p(y)$ 的值会降低，也就是说，$p(y)$ 是 y 的减函数。如果用 A 表示质量安全事件对消费者造成的伤害的货币价值，那么，$p(y) \times A$ 就表示用货币表示的质量安全事件带来的消费者伤害的预期值。政府质量安全监管部门的工作人员是一个理性人，他们在履行质量安全监管职责的时候，努力就意味着会产生一定的损失，如时间成本和耗费精力等等，这些成本可以货币化为每单位的履责的努力需要耗费 w_g 单位的成本。为了分析的简化，首先我们假设 w_g 是一个常数，不会随着行政人员努力程度的变化而改变。同样，假设企业履行质量安全的市场主体责任，也需要耗费 w_f 单位的成本投入，w_f 也是一个常量。

根据以上假设，我们可以得到一个质量安全事件发生之后的社会总成本函数，用 SC 来表示：

$$SC = w_g x + w_f y + p(y)A \qquad (8-1)$$

更多一点的履行责任的努力带来的成本（边际成本）会等于每单位 w_g 的价格，更多一点的履行责任的努力会减少质量安全伤害的预期成本，也即边际收益。这样，有效的预防水平是上式的最优化解：

$$-w_g = w_f \frac{\partial y}{\partial x} + p'(y)A \frac{\partial y}{\partial x} \qquad (8-2)$$

基于以上这个模型框架，我们来分析不同的责任原则对于质量安全监管部门行政人员履责努力程度的不同激励作用。

对于监管人员而言，除了无责任之外，主要有两种责任划分的原则。

一种是所谓的过失责任，或称行政人员的法律责任，这是一种有限的，基于行政人员努力程度的责任追究原则，只有当行政人员的履责努力程度低于某个标准的情况下，而且发生了质量安全事件，才对其给予相应的责任处罚。另外一种类似于产品责任中的严格责任，也就是对行政人员追究政治责任，这种责任是随着质量安全事件所造成的社会后果和影响来决定监管人员的责任，一旦问责，就是无限的，也就是说，这种责任追究与监管部门行政人员的履责的努力程度没有什么关联。

如果对质量安全监管人员的责任追究采取的是严格责任，只要质量安全事故发生，而且事故的严重程度到了一定的级别，监管人员就必须按照事故的等级承担不同等级的责任 D。当然，这里所指的行政人员的责任包括了党纪、政纪处分，甚至被追究刑事责任。不过，无论是哪种形式的担责，都可以用责任追究对行政人员带来的经济损失来表示。这样，行政人员的预期责任就等于事故发生的概率乘以事故造成的伤害，或者说是事故的等级，即 $p(y)D$，还要加上为预防质量安全事件，在日常工作中提高努力程度，耗费的成本 $w_g x$。如此，行政人员在严格责任下，预期的责任承担的总成本，GC 为

$$GC = w_g x + p(y)D \qquad (8-3)$$

质量安全监管人员有激励去最小化其所承担的成本，最优化的结果是：

$$-w_g = p'(y)D \frac{\partial y}{\partial x} \qquad (8-4)$$

通过将（8-4）式与（8-2）式相比较，可以得出推论一。

推论一：严格责任的归责原则下，质量安全监管部门行政人员的努力程度低于社会合意的质量安全监管履责的努力程度。换言之，这种问责原则没有达到问责制度设计的目的，即激励质量安全监管行政人员在工作中更努力，有惩罚而激励作用，即为"过度问责"。

另外一种极端的情况是无责任原则。假定行政人员选择履责的努力水平 x，则行政人员必须承担努力成本 $w_g x$，而在无责任的原则下，行政人员不需要承担任何惩罚性的赔偿责任，也即 $D = 0$。行政人员支付的总成本为 $w_g x$，他也有最小化其成本的动机，他会选择一个预防的努力程度使得 $w_g x$ 最小化，理性的最优努力水平就是 $x = 0$。将 $x = 0$ 与（8-2）式相比较，可以得出推论二。

推论二：在无责任原则下，质量安全监管部门行政人员的努力程度低于社会合意的质量安全履责的努力程度。

在过失责任原则中，质量安全监管人员如果想规避责任的处罚，必须满足法定的谨慎标准，假定这个谨慎标准为 $\bar{x}$，这个标准就将履责的努力水平，或者谨慎的水平分为两个不同的区域，允许和禁止区域。这样，根据我们之前的假定，行政人员的责任履行成本是其努力水平的函数，那么在允许的区域中，他是没有责任的，仅仅承担其努力的成本 $w_g x$，而不承担其他惩罚性成本，如问责等。在禁止区域，行政人员是有责任的，其所担负的成本包括努力成本，还包括对责任人的预期的惩罚成本 $p(y)D$，在禁止的区域中，行政人员的预期成本是一条曲线：$GC = w_g x + p(y)D$。那么在过失责任的原则下，政府质量监管行政人员的预期成本函数为：

$$GC = \begin{cases} w_g x + p(y)D, x < \bar{x} \\ w_g x, x \geq \bar{x} \end{cases} \qquad (8-5)$$

从以上的分析可以得出推论三。

推论三：在过失责任原则的作用下，在达到谨慎标准 $\bar{x}$ 之前，行政人员每增加一个单位的努力程度，其所增加的成本低于由于降低了事故发生概率而相应减少的预期责任成本。理性的行政人员将会采取更多的措施，去更加努力地履行其质量安全的监管责任。所以从以上三种问责机制来看，对质量安全监管行政人员采用过失责任的归责原则，社会福利的效果会相对更好一些。

但是，当前质量安全责任问责制对行政人员采取的党纪、政纪处分并不是采用过失责任原则，严格按照事先规定的问责触发条件和处罚的规则来追究，而是问责的主体具有很大的自由裁量权。上级问责的党政部门基于特定案情和特定的社会舆论环境，可能对同样性质的案例采用不同的处分尺度，对于公务员而言，这些责任追究的限定性被破坏了，缺乏公平，其权威性也同样遭受了削减，其结果就是这些法律规章制度本身所具有的威慑力被消弭。

在中国，被"过度问责"的质量安全监管部门及其工作人员在行为上出现了两种极端，一方面是在"被问责"的过程中发现自己所从事的工作需要担责的风险过高，责任压力过大，类似严格责任的问责制度失去了对这些监管人员工作积极性的激励作用，从而要么逃避从事质量安全监管工作，要么"听天由命"，履责积极性停滞不前。另一方面，在"被问

159

责"压力和责任惩罚的驱使下，转向采用种种方式更加严厉地监管企业生产过程和企业的生产经营行为。

第四节　小结

当前，在质量安全事件的事后处理步骤包括对于党政领导官员的问责，而这往往是政府用来消弭沸腾的民意的直接和相对有效的方法之一，以至于公众认为问责制只有"行政问责"这一种形式。

从世界范围来看，问责制一般分为道德问责、政治问责和行政问责三类。行政问责只是问责制的一种，甚至不是最重要的一种。[①]

无论对于政府职责的履行、对于生产安全还是质量安全事件的事前预防，还是事后处理能够得到人民群众的认可，党纪、政纪问责机制的实施都产生了积极的效应。但是，目前的党纪、政纪问责实践，在安全生产和质量安全领域，尤其是在重大的安全责任事故发生之后采用的党纪政纪问责，往往偏离了这项制度设立的初衷，其对于党员干部的工作职责的履行都产生了一些重要的负面影响。要去芜取精，发挥其本身应该具有的效力，不仅需要在实践中对于这种问责制本身进行不断的修正，而且需要针对中国的政府管理体制和公务员体系的特征进行系统性的改革。

首先，目前面对质量安全事故的党纪政纪问责制度中，很多规定的具体内容需要细化，包括对于违反规定的行为界定要进一步地细化和清晰化，也就是设定合理的执行某项处罚的触发条件，而且对于每一种违规违法行为的处罚要明确，这不仅体现在应该设立合理的处罚的方式、保持这些处罚之间的递进关系，而且应该将每一层次处罚力度与行为之间的内在关系做出尽可能细致的规定，以避免对质量安全监管领域行政人员实施党纪、政纪处分时的随意性。

其次，党纪政纪问责与中国的政治体制和行政体制的结合还有待完善，良好的问责制本身需要界定公务员的层次关系，各个层级之间的职责范围界限应该是清晰的，也需要在公务员体系内部划分领导成员和非领导成员，政务类公务员和事务类公务员的区别，如果缺乏这些事先条件，在党纪政纪问责制度的实践过程中就会导致问责的扩大化。所以建议中国公

160

---

① 竹立家：《问责官员复出应更加慎重》，《中国社会科学报》2011 年 8 月 30 日。

务员立法进行修改的时候，还是要秉持之前确立的政务类公务员和事务类公务员区分的原则，在新的立法中得到体现，至少应该将安全生产和质量安全监管这类具有较强技术性特征的政府部门的职责及其行政人员的党纪、政纪责任承担做出特殊限定。

再次，在生产安全和质量安全事件的责任处理中，应该分清党纪处分、政纪处分和事故问责三者之间在性质上的区别，同时要做到程序上的公平和公正。问责并不意味着一定要对责任人进行相应的党纪、政纪处分。问责的形式和问责的内容都需要做科学的设置。

在实践中，问责制度对于质量安全监管部门及其行政人员的行为确实发挥了一定的约束作用，但是频繁的、严重的问责，可能对于监管行政人员而言，使得其履责的积极性大打折扣，需要以上的改革措施改变这种困境，监管主体也需要激励和约束相容的质量安全责任机制。

周公旦在《周礼·秋官·大司寇》中提出："掌建邦之三典，以佐王刑邦国，诘四方。一曰刑新国用轻典，二曰刑平国用中典；三曰刑乱国用重典。"这就是乱世用重典的治理理念的起源。孔子则说："政宽则民慢，慢则纠之以猛。猛则民残，残则施之以宽。宽以济猛，猛以济宽，政是以和。"可见，圣人虽然也同意重典的使用，但终究还是希望刚柔并济，有所调和。在中国千年的朝代史中，这样的例子并不鲜见。元末明初时期，社会动荡，民心不稳，犯罪现象非常严重，明太祖朱元璋认为这是一个乱世，就按照古制，提出了"吾治乱世，非猛不可"的主张，他主持制定了《大明律》，实行"重其所重"的原则，最终形成了影响明朝的"治乱世用重典"的治世思想。而有明一朝，各种严苛刑罚也耸人听闻。

无独有偶，在国外，特殊时期或者特定事件中，政府也常会祭出"重典"的利刃。2011年8月6日开始，受到之前警务人员枪杀黑人平民事件的影响，伦敦发生了一系列社会骚乱事件，并扩散到英国的其他大城市。为了应对这一危机局势的蔓延，英国首相卡梅伦在电视讲话上声言要"严惩骚乱者"，之后，伦敦法院在8月17日向各地区治安法院发送备忘录，指示"凡审理骚乱者相关案件时，可不必拘泥于规则，考虑加重量刑"。由此，那些不久前因制造骚乱被捕的嫌疑人被起诉后将可能遭到重判。英国不少人士认为如此重判可能有点过度；也有人表示，各地量刑尺度存在多重标准，难以体现法律公平性。例如，英国刑事律师协会前主席保罗·梅德勒接受英国广播公司（BBC）采访时称，司法部门处理这种大宗案件时，容易"脑子发热"，对案件做出超过最大限度的严厉判决，这无非是为迎合公众对恶劣现象的反感和惩治心态。英国自由民主党司法大臣麦克纳利也指出，法院在处理类似案件时必须做到不受影响、独立裁决，并警告"如受政治因素干扰，将后患无穷"。

食品安全和质量安全领域，也有这样的事例。在英美法系的国家中，就有对质量伤害行为的所谓惩罚性赔偿的规定和一些典型的实践案例，但是需要我们明确的是，从理论上说，这种惩罚性赔偿既不是解决质量安全问题的充分条件，也非必要条件。而且，从实践上看，即使在惩罚性赔偿案例相对较多的美国，无论是学界还是司法实践部门，对于这种规则的使用范围、频率和"罚金"的额度都有争议。在安全责任领域，去年国家推行"酒驾"入刑之后，的确对单个驾驶成员的行为规范起了巨大的激励作用，所以有人认为对食品安全或者质量安全的责任人也应如此加重处理，但是这种类比可能忽略了对于两者差异的理性分析，如果在缺乏这种分析的前提下，将这一规则进行任意移植，可能会带来难以想象的严重后果。质量安全事件爆发之后，在社会舆论等压力之下，对诸多的行政人员进行了问责，这种问责一方面固然可以起到惩戒和警示的作用，但是"量刑过重"或者过度频繁采用这种非常规方法之后，反而干扰了行政人员正常的工作积极性，因为在他们看来，干不干可能遭遇的后果都一样，自然也就缺乏履行职责的积极性了，这就是"重典"的逆向激励效应。此外，"重典之下，可有勇夫"，部分假冒伪劣商品的生产者可能用更多的金钱、更大的努力去规避惩罚，从而引致更多的寻租行为，这也是一种负面效应。再者，所谓"刑不上大夫"，如果其中存在对不同层次的官员的量刑差异，其公平性大打折扣，负面效应更为严重。

乱世用重典，透过威吓的法律制度或者手段可能解决一些社会问题，但这绝非唯一的解决方式，甚至也不是非常重要和有效的解决方式。而且，过度依赖严刑峻法，可能忽视了这种方式本来存在的缺陷，凸显的是政府在社会治理上责任的缺失。另一方面，从损害弥补的角度，所谓的"重典"并不一定是合适的协助受害人的方式。而且，从某种程度上看，乱世用重典本身就是错误的政治手段，是行政手段对正常的社会治理秩序的干预，而建立健全的法治秩序才是有效治理的根本途径。以上面明太祖的"重典"实施之效果为例，虽然这种严刑峻法取得了暂时的效果，但是风头过后，明朝的官员腐败依旧，刘三吾在《大诰三篇后序》中说：

"治之虽严，而犯自若。"而曾任山西平遥县训导的叶伯巨说："数年以来，诛杀亦不可谓不细矣，而犯者日月相踵。"晚年的朱元璋逐渐对重典的威力和效果产生了怀疑，并且于1390年告谕大臣说："愚民犯法，如啖饮食，嗜之不知止，设法防之，犯益众。唯恕行仁，或能感化。"哲学家及经济学家边沁（Bentham）认为，法之目的在于增进社会公共之全体利益，故其目标即在排除有害于社会公共之行为。他从功利主义的角度提出，一定要在刑罚的运作能够排除比刑罚更大的危害之时，方能加以运用。所以，只有在下述四种情况下，才可施以刑法制裁。

163

1. 在无应防止之恶害或无害于公共之全体利益时，不得使用。

2. 纵令科处刑罚，而无助于防止恶害时，亦不得使用。

3. 使用刑罚所产生之恶害，反较由犯罪所生之恶害为大时，亦不得使用。

4. 依照其他手段得以防止不法时，亦不得使用。

质量安全领域也是如此，多少次的问责和运动式整治，结果还是质量安全事件层出不穷，而且搞得民怨沸腾，生产者不胜叨扰，而政府官员也信心全无，束手束脚，盖因这种范式本不能形成一种长效的治理机制，所谓治标不治本，不可能消除质量安全事件发生的根源。重典之下，效果如何？质量安全面对的往往并不是无组织的单个个体，重罚之下，可能更加铤而走险也未可知。

第四编
质量安全责任体系与机制的重构

第九章　政府质量安全过度规制与企业主体责任缺失

　　政府对于微观质量安全主体的过多规制会导致这种责任的"激励—约束"机制的失衡。质量领域广泛存在的各个主体之间质量安全信息的不对称和质量安全责任事故所带来的社会负外部性是政府质量安全规制的理由，但是"诺斯悖论"也告诉我们，政府本应从公共利益出发，提供公正公平的监管政策，但政府干预行为会出现失灵，导致监管效率下降，损害所有人的利益。最终，市场失灵下的政府规制也会失灵。

　　西方国家20世纪70年代出现了放松规制的潮流，许多学者从环境、安全生产、电信和金融等专门的行业领域出发，研究了这些产业中的政府过度规制所产生的不利影响。索耶（Frederick Sawyer）1979年的研究就认为环境领域的政府规制的制定往往是基于政治方面的考量，许多行政行为的制定基础是在粗略的研究结果外推之后，忽视了生态过程和人类社会的复杂性，常会造成产业界和政府之间的关系对立，反而使得规制措施实施后弊大于利。门德洛夫（John Mendeloff）1986年认为，在美国的劳工部职业安全与健康管理局（Occupational Safety and Health Administration，OSHA）规制过程中，规制过度和规制不足并存，而且在OSHA的标准设定的项目过程中都可能同时受到这两种不利状态的影响，他认为OSHA改革的方向应该是将规制的范围扩大，同时将规制的严厉程度降低，这样，政府规制的社会福利效果会更好。维斯库斯（Kip Viscusi）1987年指出，OSHA的过度规制来自于其在设定目标和规制的标准的时候，没有正确地考量其成本收益，而且有些标准甚至不能起到降低风险的作用。国外此类文献已经探讨了政府过度规制与规制的微观个体之间的激励与约束关系。

卡西托（Gary Cacciatore）1997 年研究分析认为，美国的医药业受到的管制程度是最高的，不仅体现在数量庞大的规制措施，还体现在这些规制措施详细地规定了医药业提供服务的具体细节。结果导致这些专业人员将更多的"注意"放在了如何满足政府规制措施的细节要求上，反而忽视了自身的职业判断。哈灵（John Haring）和罗夫斯（Jeffrey H. Rohlfs）在同年的文章中认为，如果美国的区域电信市场没有过度的规制，让市场主体自由竞争的结果可能更有效率。约翰森等人（Johnson et al, 2000）、海尔曼等（Hellman, 2003）、古瑞夫（Guriev, 2004），这些学者都认为政府会通过强加不必要的规制手段而干涉私人商业活动，反而影响了私人商业活动的经营绩效。库提斯（Lesley Curtis）和舒尔曼（Kevin Schulman）2006 年认为，美国的医药规制影响了医疗健康部门的创新，对其成本费用的降低起了副作用，导致了美国医疗成本增加过快，患者面对的医疗成本过高。以上这些研究分析的对象虽然分处不同的领域，但是这其中的政府规制对于被规制对象的行为选择都产生了负面效应，甚至可能使得规制的结果与设定规制手段的初衷背道而驰。

同样，中国质量安全领域中的政府过多规制也会导致企业没有足够的激励履行质量安全的市场主体责任。政府规制渗透到企业的微观生产和经营行为，不仅"挤出"了企业质量安全方面的职能，而且使得企业投身产品质量安全的努力水平下降，最终可能导致质量安全事件的发生概率升高，而中国消费者面临的质量安全形势更加恶化。[①]

第一节　过度问责与过度规制之间的逻辑联系

责任的定义有两个最基本的划分："应承担的责任"和"应该被追究的责任"。前者多用于表示主体的"职责"和"义务"，体现的是组织或者个人的积极责任。后者表示的是主体要"对行为做出解释"及外界"对主体的行为进行追究和惩罚"，可以被理解为是消极责任，也就是"问责"。主体的这两种责任不能分割，也即积极责任和消极责任统一于组织或者个人之上。问责制应当是一个系统的构成。就其内容而言，应该是一个由组织的角色担当（responsibility）、对组织角色的说明回应（an-

---

① 本章的分析可参见李酣《过度问责与过度规制——中国质量安全规制的一个悖论》，《江海学刊》2013 年第 5 期。

swerability）和组织及其成员违法责任追究（accountability）组成的"三段式"。

在问责制中，特别是生产安全和质量安全事件的问责中，重点是那些具有公共性、社会性的 responsibility，比如政府公共管理、公有企事业单位中的角色，而责任的回应代表的是监管机构采用的规制手段，问责是传统法律责任最为看重的部分。传统的责任主要是事后追究，已不足以应付现代社会关系的普遍需求，而在引入了角色担当和说明回应后，惩戒仍是不可或缺的。同时这也是前两者的自然延伸，从而将这责任的三段式加以完整的演绎。但这并不表示责任的三段式是单向的，问责的过程和程度也反过来会对前两者产生影响，而监管机构采用的对责任的回应方式对于企业而言，就是规制的方式和程序问题，把握不好的话，对于生产者企业就可能成为一种过度的管制。这样，在质量安全的政府规制领域，政府公共责任的"三段式"所连接的政府和企业之间的行为会形成一个循环。

对于中国的质量安全问题，目前社会关注的焦点似乎都转移到政府方面，问题的症结也仿佛是在政府责任。当然，这里面包含了两个方面的问题，一个是政府的职责范围的设定及其和政府采用的政策工具的匹配程度，另一个问题就是对于政府及行政人员的责任承担。在与安全生产和质量安全监管相关的领域，消费者大部分的注意力从企业的质量安全的主体责任转移到政府监管方面，而且对于事故之后的责任处理也造成了负面影响。关于后者，在多种因素的作用下，政府质量安全责任的"问责"处在明显的"过度问责"窘境。

监管部门需要避免自己由于不作为而被"问责"。要知道在各种质量安全事件频发的背景下，面对社会舆论和新闻媒体的压力，政府给予质量安全监管部门很多问责和考核的压力。如辽宁省铁岭市清河特殊钢有限公司"4·18"钢水包倾覆特别重大事故中，受到行政处分的政府官员多达15人，其中受党纪、政纪处分的官员最高行政级别至副厅级，而且对级别较低的安全监管部门的行政人员处理得较重。此外，不论是安监部门还是质监部门都面临着安全生产或者质量安全事故的指标考核，如事故死亡人数和死亡率等等，而且这种考核指标的制定是层层加码，年年提高。这样，政府质量安全监管行为自然的选择就是更多地介入事无巨细的监察工作，更多地管理和约束企业的微观生产和经营行为，形成规制机构对于企业的"过度规制"。

第二节　过度问责与过度规制之间关系的实证检验

"过度"问责体现在两个方面，一个是较为严重的质量安全事件中，政府的问责常被媒体的报道所左右，处理一大批、涉及不同级别的政府行政人员，不仅仅是政府成员，还包括大量的监管部门的成员。而且常见的情况是，级别越低的行政人员受到的处分程度越重。另一个方面是在责任处理的时候将党纪、政纪处分和政治问责混为一谈。问责常常伴随着大量的党纪政纪处分。党纪处分与政纪处分也没有清晰的界限。

中国质量安全监管的许多法律法规中对于政府监管责任的规定模糊不清，不仅使得政府部门职责的界限变得模糊，也给事故发生之后的追责留下了众多的随意性空间，加大了问责的不确定性。也即，政府质量安全监管部门加以管理可能变成"乱作为"，不管的话在安全事故发生之后就可能被追究为"不作为"。以特种设备的安全监察为例，即使是经过专家多次论证，并征求过基层特种设备监管部门意见的2009年5月颁布施行的《特种设备安全监察条例》，内中多项条款的规定也存在模糊地带、甚至是自相矛盾的缺陷，给监管部门的规制行为带来了较大的负面影响，具体分析可见下表9－1。

表9－1　　　　　以《特种设备安全监察条例》为例的分析

条例内容	对监管行为的影响
第二条　本条例所称特种设备是指涉及生命安全、危险性较大的锅炉、压力容器（含气瓶，下同）、压力管道、电梯、起重机械、客运索道、大型游乐设施和场（厂）内专用机动车辆。 第一百条　压力管道设计、安装、使用的安全监督管理办法由国务院另行制定	《条例》第二条中特种设备的范围包含了压力管道，从而在相关责任规定中包含了，但第一百条又将压力管道的设计、安装和使用等安全监管另法制定。这样，特种设备监管中特设部门"有责无权"
第三条　特种设备的生产（含设计、制造、安装、改造、维修，下同）、使用、检验检测及其监督检查，应当遵守本条例，但本条例另有规定的除外。房屋建筑工地和市政工程工地用起重机械、场（厂）内专用机动车辆的安装、使用的监督管理，由建设行政主管部门依照有关法律、法规的规定执行	这第三条第三款中将"房屋建筑工地"和"市政工程工地"的起重机械和"场（厂）内专用机动车辆"的监管主体定为"建设主管部门"，但容易为事故之后的责任处理留下部门之间，即建设监管部门和质量监管部门之间推诿扯皮的隐患

条例内容	对监管行为的影响
第九十九条　（四）电梯，是指动力驱动，利用沿刚性导轨运行的箱体或者沿固定线路运行的梯级（踏步），进行升降或者平行运送人、货物的机电设备，包括载人（货）电梯、自动扶梯、自动人行道等。 （五）起重机械，是指用于垂直升降或者垂直升降并水平移动重物的机电设备，其范围规定为额定起重量大于或者等于0.5t的升降机；额定起重量大于或者等于1t，且提升高度大于或者等于2m的起重机和承重形式固定的电动葫芦等	从该条的规定中"电梯"与起重机械"升降机"的定义基本重叠，与"简易电梯"这种曾经开展过专项整治的设备界限不清
第九十九条　（八）场（厂）内专用机动车辆，是指除道路交通、农用车辆以外仅在工厂厂区、旅游景区、游乐场所等特定区域使用的专用机动车辆	以列举式的方法定义了三个特定区域，但还是存在模糊地带，这给监管对象的认定带来了难度

　　除了《特种设备安全监察条例》之中存在这些矛盾和对监察工作带来困扰的、有缺陷的规定之外，经过六年时间的修订过程，历经基层部门、专家和大众意见反馈的，于2013年6月1日施行的《锅炉安全技术监察规程》也存在基层没有办法执行的不合理规定。如《规程》中规定，管道改造超过10根，可以判定整台锅炉设备进行过改造和维修，这给特种设备监察部门的安全监察带来了基本脱离实际的规定，规定太细而难以在实际中运用。此外，不论是安监部门还是质监部门都面临着安全生产或者质量安全事故的指标考核，而且这种考核指标的制定是层层加码，年年提高，违背了事故风险防范的客观规律。如在事故发生之后的死亡人数的指标考核。在这些存在内在矛盾的政府安全监察的规定之下，质量安全监察部门面对的事故追责、绩效考核和企业质量安全主体责任之间就形成了矛盾的责任机制。由于这种来自社会和纪检监察部门的问责压力，质量安全的各级监管部门就怕哪个环节做少了、做漏了，结果绩效考核层层加码，万台设备死亡率（或事故死亡绝对数指标）逐级压缩、逐年减少，检查覆盖面逐级加大，导致监管机构采用行政手段代替企业的微观经济行为，以监管主体责任替代了企业质量安全的市场主体责任，形成了过度规制—业不履行质量安全责任—对监管机构问责的恶性循环。

第三节　过度规制下的企业质量安全主体责任缺失

在深圳东部华侨城的案例中，政府监管部门的检验，形式大于实质内容，检验的及时性和有效性都存在问题，而且对企业而言，其经济负担也比较重，对于东部华侨城这样从事游乐园经营的企业，拥有较多的特种设备，一年光强制检验的直接费用就高达100万元，其他支出又要花费50万元，还不算在检验过程中的人力投入等等。东部华侨城的总固定资产大约在20亿元，以此折算，仅仅是强制检验一项，企业就要将设备总折旧的6%的金额上交给政府，对于企业的负担不可谓不重，而且这种检验对产品的质量安全状况并无裨益。

美国、日本和欧盟的质量安全监管部门职责的重心是风险监管和消费者教育，采用的手段多是以弥补市场质量安全信息不对称为目的的信息规制措施，如信息披露、标签和标准制定，等等。而我国的质量安全监管机构则依赖行政许可、政府检验、专项检查和专项整治等政策工具来干预市场主体的微观行为，造成了对质量安全提供方——企业的行为的过度规制。具体分析可见下表9－2。

表9-2　　　　　中国质量安全规制的措施及对企业行为的影响

政策手段	规制过度的表现	对企业微观行为的干预
许可制度	以特种设备为例，该领域的行政许可共有97项，涵盖了锅炉、压力容器、压力管道、电梯、起重机械、客运索道、游乐设施、厂（场）内机动车辆8大类特种设备	这些行政许可不仅包括这8大类特种设备从生产、使用到检验等所有的生命周期的各个环节，而且即使在其中的生产领域，也将企业生产中所涵盖的设计、制造、安装、改造和维修等项目，分为不同种类和级别，都要经过相关的特种设备安全监察部门的许可
检验	检验往往成为行政许可的前置条件，而很多制定检验的检验机构基本上是监管部门的附属单位	特种设备的检验检测，包括进行监督检验、定期检验、型式试验等等，还有定期检验和抽检结合。无论是生产还是使用单位都要应付种类多样、数量繁多的检验

政策手段	规制过度的表现	对企业微观行为的干预
专项检查和整治	2012 年毒胶囊事件后，国家食品药品监管局全面部署了药用胶囊的质量安全专项监督检查行动，其中规定"各省食品药品监管局立即组织对所有药用明胶和药用胶囊生产企业进行监督检查，重点检查原料来源、供应商审计、入厂检验、出厂检验、产品销售去向、有无使用工业明胶等问题；立即组织对所有胶囊剂药品生产企业进行监督检查，重点检查药用胶囊来源、供应商审计、入厂检验等；查清所有品种和批次；立即对辖区内药用明胶生产企业生产的明胶、药用空心胶囊生产企业生产的胶囊进行全面抽检"①	质量安全监管中的专项整治往往是一起质量安全事件发生之后的"运动式"的检查，常常要求监管机构排查每一个企业，具体生产的各个环节，检查企业的微观生产过程
标准制定	2010 年 4 月，卫生部发布《生乳》等 66 项食品安全国家标准，新国标规定的生乳中蛋白含量从 1986 年的 2.95%，降到了 2.8%，菌落总数则从 2003 年的每毫升不超过 50 万下调至不超过 200 万	以"国家标准"的形式颁布的标准往往会偏离这种标准，原本对于健康和安全的保证本义，而成为企业之间利益博弈的产物

　　以上种种质量安全监管部门过度规制所导致的一个直接的后果，就是发生质量安全事件之后，面对媒体和人民群众的责难，企业往往以政府对企业实行的这些监管措施为"卸责"的借口。这可以从下表 9 - 3 所分析的质量安全责任事故发生之后，新闻媒体报道的生产厂家对责任的反应看出端倪。

① http：//www.sda.gov.cn/WS01/CL0051/71014.html，2013 年 2 月 23 日检索。

表9-3 质量安全事件后企业对"责任"的反应

新闻事件	人员	有关"责任"的表述
新华社对2010年6月深圳东部华侨城"太空舱"事件的报道①	东部华侨城副总经理郑红霞2011年6月30日召开的新闻发布会上	"自太空迷航运行以来,东部华侨城在日常运营中确立了设备维护检修制度,该制度包括日检和周检。设备维修人员在严格按照检修制度对设备进行日常维护的同时,详细记录了每次检修内容,并将数据交给了安检部门备案"
	东部华侨城总办一位工作人员称	"游乐设施属于特种设备,检查工作都是由技术监督部门来做"
新华网对武汉2012年5月"升降机"事件的报道②	升降机生产厂家湖北江汉建筑工程机械有限公司负责武汉业务的一位高管	在提到升降机质量时反复强调,"我们是由国家质检总局发过生产许可证的"
	湖北江汉建筑工程机械有限公司荆州总部一位业务员	"每一部升降机出厂都是经过厂方反复实验,及各级部门检查。施工方购买后,再到当地建委备案,经检查合格后才能挂登机牌;升降机运行的前提,还包括有能开升降机资格的司机"
新华网对2012年11月酒鬼酒塑化剂超标事件的报道③	2012年11月23日酒鬼酒官方网站的声明	"产品完全符合 GB2757—1981 和 GB2760—2011 等国家相关标准"

以上述深圳东部华侨城的"太空舱"事件为例,企业主体认为监管部门应该承担相应的责任,但是作为该特种设备监察主管单位的深圳市盐田市场监管分局认为,其对于企业设备并不是技术上的检测,而是行政上的监察,主要是督促运营使用单位落实特种设备安全主体责任。另外,关于太空迷航的技术检测,该局也认为,国家规定的是定检,即每年进行一次的年检,要由中国特种设备检测研究院完成。设备安全运行主要还是得靠企业自检,日常保养和维修相当重要。在发生质量安全事件之后,企业往往认为政府已经通过各种形式(行政许可、定期检验和抽查,等等)为其产品的安全做出了某种"保证",以规避自身的安全责任。这就是政府过度规制下企业质量安全责任意识和市场主体责任履行的积极性下降的表现。

---

① http://news.xinhuanet.com/politics/2010-09/29/c_12618061_3.htm,2013年2月23日检索。

② http://news.xinhuanet.com/local/2012-09/18/c_123728669.htm,2013年2月24日检索。

③ http://news.xinhuanet.com/food/2012-11/23/c_123991549.htm,2013年2月24日检索。

"三鹿奶粉"事件、"地沟油"事件、温州动车事故——这些年层出不穷的事件带来了广泛而深远的社会影响。在中国，最近这些年来发生的质量安全事件基本上都是由企业自身的责任缺失造成的，而国外的质量安全事件绝大部分是由不可知或者是不可控的产品质量风险造成的。以2012年国内发生的"毒胶囊"事件为例，其内在原因并不是什么不可预见的产品风险，而是胶囊和药品生产企业对于法律和标准的违反，也是对企业质量安全市场主体责任的违背。虽然质量安全事件的爆发是由于企业质量安全市场主体责任的缺失，但是，消费者和社会媒体关注的焦点却聚焦到政府和质量安全监管部门之上。社会大众的普遍观点认为政府和监管部门没有很好地履行质量安全的监管职责，从而应该对发生的质量安全事故负有相应的责任，也应该对相关责任人追究责任。

这些年来不少监管部门的行政人员在质量安全责任事故之后被追究党纪、政纪责任，这不仅使得有关安全生产和产品质量安全监管部门的工作人员压力倍增，而且导致这些部门在监管的行为上采取更多的对企业干预更深入的行政手段，例如运动式的执法和专项检查，往往要求对每一个有关企业和众多生产环节进行彻查，直接干预企业的生产行为，形成对企业的过度规制。而且这种做法也难以取得良好的效果，质量安全责任事故仍然不断，对监管部门及其工作人员的"问责"也时常悬在每一个监管人员的头上。

第四节　小结

无论对于政府职责的履行、对于生产安全还是质量安全事件的事前预防，还是事后处理能够得到人民群众的认可，党纪政纪问责机制的实施都产生了积极的效应。但是，目前在安全生产和质量安全领域，尤其是在重大的安全责任事故发生之后采用的党纪、政纪问责，往往偏离了这项制度设立的初衷，其对于党员干部的工作职责的履行都产生了一些重要的负面影响，演变为对规制机构行政人员的"过度问责"，而在问责压力驱使之下，规制机构的规制行为和政策工具也偏离了常态，往往忽视质量安全长效机制的要求，片面追求政策的短期效应和对企业生产经营行为的过度规制，这就难以真正保证质量安全责任体系的长期平衡，质量安全事故还是频繁爆发，问责也不会消停，这就是中国质量安全规制的一个悖论。

要解决这个悖论，让监管机构脱离这一困境，治标还是要治本，就需要从这一困境的源头出发。

第一，需要改革目前的问责体系。目前有关党纪、政纪问责制度的很多具体内容需要细化，对于违反规定的行为界定要进一步地细化和清晰化，也就是设定合理的执行某项处罚的触发条件，而且对于每一种违规违法行为的处罚要明确，这不仅体现在应该设立合理的处罚方式、保持这些处罚之间的递进关系，而且应该将每一层次处罚力度与行为之间的内在关系做出尽可能细致的规定，以避免追究质量安全责任的时候施加党纪、政纪处分的随意性。

第二，党纪政纪问责与中国的政治体制和行政体制的结合还有待完善，良好的问责制本身需要界定公务员的层次关系，各个层级之间的职责范围界限应该是清晰的，也需要在公务员体系内部划分领导成员和非领导成员，政务类公务员和事务类公务员的区别，如果缺乏这些事先条件，在党纪政纪问责制度的实践过程中就会导致问责的扩大化。所以建议中国公务员立法进行修改，秉持之前确立的政务类公务员和事务类公务员区分的原则，在新的立法中得到体现，至少应该将安全生产和质量安全监管这类具有较强技术性特征的政府部门的职责及其行政人员的党纪政纪责任承担做出特殊限定。

第三，在生产安全和质量安全事件的责任处理中，应该分清党纪处分、政纪处分和事故问责三者之间在性质上的区别，同时要做到程序上的公平和公正。问责并不意味着对责任人要进行相应的党纪政纪处分。

第十章 质量安全责任社会共治的体系重构

中国质量安全责任体系的一个重要缺陷就是政府过度规制之下导致的企业市场主体责任缺失。政府过度规制不仅带来了政府质量安全责任的一家"独大"，限制了质量安全市场主体履行质量安全责任的积极性，同时也忽视了消费者及其权益保护的社会组织在质量安全责任体系中的作用，这种失衡的质量安全责任体系当然也就难以取得良好的治理。要想改变这一困境，回复质量安全责任体系的平衡，建立一个政府、市场主体和社会组织三方共治的质量安全责任体系。这一体系的构建是以"共同治理"理论作为基础，以广东顺德在行政领域中的改革为借鉴。改革开放30多年来，中国的治理结构已经经历从"统制式的威权体制"到"共治式的威权体制的转变"，在质量安全治理领域，以实现社会共治为契机，改变目前的责任体制，是实现质量安全良好治理的根本出路。

第一节 质量安全"共同治理"的基本理论

共同治理或者称其为社会共治，是面向政府转型的一种治理的新理论和新思维。这种理论的核心原则就是所有主体的共治，即在多边主义合作的基础上实现对社会经济生活的共同治理。这种治理模式中，基本的变量是多边主义和以政府为重点的行为者的实践，使得原有的以政府为中心的治理体系让位于合作共治的治理架构，权力从政府独占转变为社会共享。

一 "共同治理"理论的内涵

其实，共同治理由来已久，学术界有人认为西方雅典城邦时期的政治是"贵族和富人或者奴隶主阶级的寡头统治"，但也有相当多的学者秉持另一种截然相反的认识，那就是，雅典的民主政治是一种"真正意义上的民主政治"。在雅典民主政治中，权力为民众和政治领袖所共享，是民众与政治领袖的共治，而公民大会和公民法庭是雅典的两大核心权力机构。在当时的雅典，民众是拥有决策权的权力公民集体，政治领袖是具有影响力的权力公民个体，而民众与政治家之间相互依存，共同分享民主政治的权力。因此，雅典的民主政治既非完全意义上的"主权在民"，也非政治领袖的寡头统治，而是民众与政治领袖的共治。当然，雅典时代的这种"共治"在西方文明的发展过程中出现了历史的断层，完全被古罗马和中世纪的"黑暗年代"所掩盖。在这些时期，如果有所谓的"共治"，那也是权力在统治者和上层统治阶级之间的分配。如罗马皇帝戴克里创立的"四帝共治制"，也仅是指罗马境内由四位领导人去分治东、西罗马帝国的制度。直到当代，带有雅典意味的"共治"才又被重拾，成为西方政治中的新潮流。

这些理论的共通之处在于，他们都反映出，政府不再完全垄断合法权利，社会当中还有其他机构和主体负责维持秩序，调节社会和经济活动。而共同治理是在国家—市场—社会模式下的协调机制和运行机制。

在经济学中，共同治理被用来分析公司的治理结构，是指"应该设计一定的契约安排和治理制度来分配给所有的利益相关者一定的企业控制权，即所有的利益相关者都应该参与公司治理，这就是共同治理理论"[1]。这一理论有两个重点，一个是共同治理意味着一系列的契约安排和治理制度的设计，另外一个重点是所有利益相关者的参与。当然，这一理论也被学者们广泛采用，来分析公共管理领域的政府改革相关问题。[2] 质量安全责任体系的"共同治理"改造也是如此，是政府、生产者、销售者、消费者、消费者社会组织这些有关质量安全的利益相关者共同参与下的一系列质量安全责任分配和问责的机制设计。

当前，质量安全监管部门在质量安全责任体系中的过度规制已经成为

---

[1] 黄少安、宫明波：《共同治理理论评析》，《经济学动态》2002年第4期，第79页。

[2] 戚攻：《论共同治理中的社会回应》，《探索》2004年第4期，第41页。

整个中国质量安全责任体系的关键症结之一。这不仅限制了企业市场主体履行质量安全责任的积极性，同时在政府部门的管控下，消费者社会组织的发展严重滞后，既有的中国消费者协会，作为一种全国性的消费者权益保护组织的功能也被其半官方的性质所阻滞。要想实现中国质量安全责任体系的"共同治理"，首先就要改革政府质量安全监管部门的质量安全责任。

179

二　"共同治理"与质量安全责任体系[①]

我国质量安全的治理，从根本上还是取决于市场的作用，竞争才是促进质量发展的根本动力。世界各国的经验，特别是我国改革开放 30 多年的实践充分证明，凡是竞争更充分的领域，质量水平就会更高，如我国在 20 世纪 80 年代就开放竞争的家用电器行业，目前的质量竞争力已达到国际领先水平。因而，我们应该逐步减少不必要的质量管制，特别是打破地方保护主义的藩篱，发挥市场竞争的正能量，在市场的有效竞争中，使企业能够享受到因为高水平的质量而带来的激励，也能够受到因为低质量而被淘汰的约束，在竞争中让企业承担质量的主体责任。同时，大力发展生产性质量服务业，培育检验、认证和咨询等质量中介组织，使其更加充分和公正地传递质量信号，减少市场上质量信息不对称程度，为政府的科学监管和消费者的正确消费，提供第三方质量信息的引导作用。

伴随消费者质量信息需求的日益增长，维护消费者权益的呼声也越来越高。要解决这个问题，单靠市场力量显然不够。由于市场经济体制固有的这些缺陷和不足，仅靠市场，无法有效对质量进行治理。而要弥补市场经济体制的失灵，发挥政府、社会组织等其他主体的优势作用，进行质量的共同治理则成为必然。社会组织在行业质量自律管理上、提升行业质量诚信、对制造产业提供质量社会中介方面，都可起到积极的协同、参与作用。

但要注意的是，基于现阶段我国市场发育还不成熟，企业不诚信问题突出，企业还不能很好地主动承担自身的企业责任，因而在很大程度上还需要依靠政府的作用，通过政策的制定和制度的安排，引导和支持企业通过提高质量增加产出、树立企业质量诚信、勇担质量责任。如需启动国内

---

① 本小节的分析参见程虹《宏观质量管理的基本理论研究——一种基于质量安全的分析视角》，《武汉大学学报》（哲学社会科学版）2010 年第 1 期。

企业质量信用等级评价工作，做好进出口企业检验检疫信用等级评定工作；推进企业建立首席质量官制度，加强汽车、玩具等缺陷产品召回管理，促进小微企业质量提升等。同时，我国社会组织还没有得到充分发育，组织独立性不足，组织能力还需加强建设，这也需要我国质检管理系统发挥主导作用，引领社会组织在质检管理工作中发挥应有作用，如需大力发展生产性质量服务业，培育检验、认证和咨询等质量中介组织，推进第三方认证认可结果的采信，使其更加充分和公正地传递质量信号，减少市场上质量信息不对称程度，为政府的科学监管和消费者的正确消费，提供第三方质量信息的引导作用。又如鼓励群众投诉举报，充分发挥民众在质量监管中的积极作用。

近年来，我国频繁爆发质量安全事故，如电梯载人伤亡事故、毒奶粉、毒胶囊事件等。造成这些质量安全事故的原因，固然与微观的质量供应方有关联，但其中一个因素也与政府质量安全的监管体制有关。我国为保障质量安全，专门设置了质检管理部门，并针对质量安全的重大领域如食品、药品等领域，还专门成立了"食品药品监管局"等机构。同时，在质量的管理方式上，不仅制定了达到质量的各项标准，而且还对生产的全过程进行质量检查和质量合格认证。可见，我国政府对质量安全的保障尽了全力。但现今仍不断出现质量安全事故，究其原因，其中一个重要原因是我国现有质检管理体制机制设计存在弊端。政府对质量的微观事务干涉太多。由于在质量领域，质量安全的总体质量信息一般都具有不对称性、专业性，质量风险具有不确定性，因此，仅靠有限的政府资源的单一治理模式来保障质量安全，不可能覆盖所有总体质量应该监管的领域。

要改变政府单一质量治理模式，必须充分发挥政府、企业、消费者、社会组织等多方主体力量，进行质量的共同治理，以尽可能预防和警示质量风险，从而切实保障质量安全。因而，我国应该制定相关的政策和法律，大力鼓励成立各类质量社会组织，让消费者通过社会组织增强行动能力，从而有效保护自身的质量权益。发达国家的历史经验证明，要形成对企业质量有效的监管，消费者是一支最重要的力量，只要制度设计是保护消费者组织的集体行动能力，就相当于政府拥有了一支更大的监管力量，因为消费者无处不在，就像无数双"有形的眼"一样，无时无刻在发现企业的质量问题。政府应该充分地依靠消费者的力量，来发现质量问题，从而能以更低的成本形成更有效的监管。可以说，消费者的社会组织集体行动能力增强之时，就是中国质量安全问题根本好转之日。

对质量的管理，是对总体质量进行有效的监督和管理，维护总体质量安全的底线。要实现以上目标，需要市场质量监管、社会质量监管和政府质量监管共同发挥作用。而这正是"共同治理"理论的体现。

第一，市场质量竞争发挥主体性作用。

总体质量是由众多的微观质量供应主体所共同构成的。首先，市场的交易机制构成了质量监管最基本的运行基础。市场经济主体的生产者，受到市场需求的引导，进行生产或服务的质量行为。市场中的另一主要主体消费者则基于对产品或服务质量的认同，并考虑其他因素，最终形成质量的购买和消费。正是生产者与消费者相交易的互动过程，建立起对生产者质量行为的规制。

其次，市场竞争对质量监管形成了有效的激励约束。因为在一个竞争的市场机制中，一个企业能够生存的最基本条件，就在于它相较于其他竞争者，能够向消费者提供更优质的产品或服务。并且在持续的市场竞争中，优质的生产企业会胜出，劣质的生产企业会被淘汰。正是市场的竞争作用，促使企业不断优化自己的质量行为，同时又约束企业避免发生不良的质量行为。

最后，专业化检测服务公司的市场化行为，也构成了对质量有效的市场化监管。在市场上，一些专门从事质量检测或质量认证的市场化公司，依靠对产品或服务质量的专业化检测，并以其检测的公信力和权威性，而被企业认可和作为消费者购买的依据。这些专业检测公司自身的相互竞争，也对市场的质量起到监管作用。

第二，社会质量监管发挥基础性作用。

社会质量监管的必要性，主要取决于总体质量信息的不对称性。由于成本的约束，仅靠市场化的质量监管，将导致众多质量信息的盲区，进而导致质量监管的实效。同时，由于质量信息反映的滞后性，也会导致大量的质量监管，只能起到质量事故事后补救的作用。社会质量监管的作用，可弥补总体质量信息传递的盲区，以及对早期质量问题信号传递的弥补。各类社会组织，是各类消费者基于各自共同的质量利益自愿组织起来的，其行为管理更有效。由于这些社会组织来自不同的专业领域，其成员散布于社会的各个不同机构和领域，从而有利于对各种不同质量信息的发现和传播，并在此基础上尽早发现质量问题，进行质量监管。同时，无论哪种类型的社会组织，其成员身份都是消费者，在维护消费者利益、避免不良质量的伤害、监管总体质量方面，都有共同的利益驱动，从而能形成有效的社会质量监管。

第三，政府质量监管发挥主导性作用。

总体质量以其特有的公共安全属性，对一个社会的正常运行构成了潜在的巨大威胁。对于这种威胁的防范，既有对总体质量的监管，在依靠市场质量监管和社会质量监管的基础上，还需要强制性的、更具法律效力的监管，这就是政府质量监管的特殊功能所在。政府质量监管通过建立专业的机构，配备专门的行政执法人员，并建立高水平的专业检测实验室，制定严格的国家质量标准和法律法规，实行严格的质量执法，对企业等主体的质量进行严格的监管，对企业违背质量标准规范的行为，进行相应的严厉制裁。政府正是通过这些强制性手段，实现政府保证总体质量安全的最低目标。

市场质量监管、社会质量监管、政府质量监管都具有特定的功能，不能被其他监管所代替。政府质量监管由于其监管成本和有限资源的约束，不可能覆盖总体质量监管的所有领域。同时，政府的质量监管，有其特有的运行程序，在一定程度上会影响质量信息的快速传递和及时处理。此外，政府质量监管机构的监管行为，也不会完全中立。这些导致政府质量监管行为的失效。市场质量监管，以其市场机制能构成对质量供应方的更低成本的质量监管，但由于不对称信息的存在，会导致市场质量信息反映失真，进而误导消费者对产品或服务质量的选择。对此，政府质量监管和社会质量监管，能有效弥补市场质量监管的失灵。社会质量监管由于成员的分散性和利益的一致性，能快速传递质量信息和有共同动力进行质量监管。但社会质量监管也存在组织相对松散、成员众多不易达成一致意见等弊端，既缺少政府质量监管的强制性，又缺乏市场质量监管的竞争约束，常出现质量监管的集体行动能力失灵。而这同样需要政府质量监管和市场质量监管来弥补。

市场质量监管、社会质量监管和政府质量监管各有所长，也各有所短，对总体质量的监管，离不开市场质量监管、社会质量监管和政府质量监管三方面的共同配合，政府质量监管起主导作用，市场质量监管起主体作用，社会质量监管起基础性作用，而这正是我国"共同治理"理论的内在内容，即政府主导、多方共同参与，采取合作方式，共同构成质量监管的有机网络结构。共同治理理论既是我国质检管理体制机制改革和创新的基本理论，也是我国质检管理体制机制改革和创新实现的共同方向，符合质量管理的一般规律。

此外，对总体质量的政府、市场和社会的共同监管，也是顺应质量管理的发展趋势。美国、欧盟、日本等发达国家在质量的管理上也采取的是"共同治理"的原则，虽然各国基本国情不同，各国的"共同治理"具有本国的特色，但对质量的共同治理都具有基本的内容要求。我国以"共同治理"理论来指导我国质检管理体制机制的改革和创新，是顺应世界质量管理的发展趋势的。

第二节　质量安全共同治理的实践探索
——一个广东顺德案例分析

新中国成立后我国在长期社会经济管理中形成的行政体制有其历史合理性，但其弊端也不少，在社会经济领域集中体现为政府的过度膨胀等方面，克服这些弊端形成了改革的直接动因。而经济体制的改革是行政体制改革的根本驱动力。

1987年，党的"十三大"决定，在深化经济体制改革的同时，进行政治体制改革，而行政体制改革是政治体制改革的重要组成部分，"转变政府职能"第一次被确定为改革目标，成为解决计划经济传统与市场化之间矛盾的突破口。1993年的改革继续以职能转变为核心，对政府职能重新界定，提出按照"政企分开"和"精简、统一、效能"原则综合管理。张磊对中国行政体制改革的历史进行了细致的梳理，在他看来："1998年行政改革的重点在于优化政府职能结构。2003年行政体制改革在'以人为本、执政为民'新理念的指导下，强调机构改革的重点是'提高政府治理能力，提高人民群众满意度'。在此基础上，2007年的'十七大'报告首次提出'建设服务型政府'的观点，为将来的改革指明了方向。2008年十七届二中全会通过《关于深化行政管理体制改革的意见》，此轮改革的总体目标是到2020年建立起比较完善的中国特色社会主义行政管理体制。在坚持以人为本、执政为民，维护人民群众的根本利益的宗旨下，按照精简、统一、效能的原则和决策权、执行权、监督权既相互制约又相互协调的要求，紧紧围绕职能转变和理顺职责关系，进一步优化政府组织结构，规范机构设置。"① 十八大报告也指出，深化行政体制改革，深入推进政企分开、政资分开、政事分开、政社分开，建设职能科学、结构优化、廉洁高效、人民满意的服务型政府。深化行政审批制度改革，继续简政放权，推动政府职能向创造良好发展环境、提供优质公共服务、维护社会公平正义转变。按照中央的行政体制改革的规划以及中国改革先试点、再推广的经验模式，中央和广东省在顺德先后推行了三次行政体制的改革，获得了重要的"共同治理"的实践经验，也取得了较好的行政、社会和经济效果。

一　广东顺德三次行政体制改革中政府职责和责任的理性回归

广东省，尤其是以顺德地区为代表的行政体制改革体现的基本原则是先向市场分权，再向社会分权，也不是单一的行政体制，而是将大部制改革、行政审批制度、农村综合改革、社会体制综合改革等综合配套的改革措施相结合，最终的目标是"大部制、小政府、大社会、好市场"②。而从政府责任的角度，达到了政府职责范围设定和责任履行从政府在市场经济关系中的"越位、缺位和错位"向理性的回归。

由于拥有优越的地理和人文条件，顺德历来就是一个经济较为发达的地区和外贸出口基地，这里出产的甘蔗、蚕茧、塘鱼曾在全省乃至全国都享有盛誉。据《顺德县志》记载，早在宋代，顺德就以"鱼米花果之乡"闻名遐迩。明代，顺德凭借"桑基鱼塘"的种养模式，使缫丝业迅速兴旺起来。19 世纪末 20 世纪初，缫丝业达到鼎盛期，并带动了民间金融业的蓬勃发展，顺德因此而享有"南国丝都"和"广东银行"的美誉。新中国成立后，特别是改革开放以来，顺德人民充分发挥政策、地缘和人文优势，率先进行了企业产权制度改革、行政体制改革等一系列综合体制改革。顺德的迅速崛起，引起了全国的广泛关注，被誉为"顺德现象"或者"顺德模式"。邓小平曾两度亲临顺德视察。1992 年，邓小平视察顺德时提出了"发展才是硬道理"的著名论断，并且勉励顺德"思想要更解放一些，胆子要更大一些，步子要更快一些"。顺德先后完成了计划经济

---

① 张磊：《中国行政体制改革模式探析——历史、框架、趋势》，《理论月刊》2011 年第 11 期，第 79 页。

② 张培发：《改革全面提升顺德综合竞争力》，《南方日报》2012 年 9 月 11 日。

向市场经济、农村经济向城市经济、区域经济向国际经济的跨越。1993年顺德被批准成为广东省综合改革试点。1999年顺德被广东省确定为率先基本实现现代化试点。如今，顺德是珠江三角洲中部崛起的新城市，成为全国重要的家电、家具、燃气具和日用品生产基地，其中家用电器和燃气具两类产品产销量分别占全国总产销量的 1/10 和 1/3。[①]

（一）第一次的改革内容和分析（1992 年）

1992 年 1 月 29 日，邓小平视察顺德时提出可以搞中国特色的社会主义市场经济。1992 年 2 月，顺德撤县设市，被当时的广东省委、省政府确定为综合改革试点单位，部分管理权限加大。1992 年的顺德，已连续两年保持全国县级财政收入第一名的位置。在经济上取得一定成果之后，顺德开始改革产权制度，将公有企业改制。在行政机构上，将全市党政机关从 50 多个精简至 30 来个，市直机关人员由 1235 名减少到约 900 名。[②]在这一阶段，顺德被确立为广东省综合改革实验县，并撤县建市（县级），开始了以建设服务型政府为目标的行政体制改革，开创了全国大部门制改革风气之先。

（二）第二次的改革内容和分析（1999 年）

1999 年，顺德被确定为"率先实现现代化试点市"，在经济、社会、文化等方面享有地级市管理权限，并直接对广东省负责。然而，三年后，这次"省管县"试验悄然收场。2002 年 12 月 8 日，国务院批准佛山市行政区划调整，顺德撤市（县级）设区，自 1999 年以来享有的地级市管理权限被取消。可以说，顺德的第二次行政改革取得的成果很有限，无疾而终。

（三）第三次改革的内容和分析（2009 年）

2008 年全球金融危机的背景之下，顺德的传统制造业也正在悄然发生变化。一台冰箱利润只有 50—60 元，一台微波炉利润只有 20—50 元，一台空调利润只有 70 元不到。经过 20 年的发展，顺德家电业行业利润由原来的高额利润下降到不足 10% 的水平。顺德家电企业一直只能为国外企业代工这个状况让顺德的经济发展陷入困局。2009 年，顺德全境有 2万多家制造企业，创造的产值高达 4000 亿元，但片面追求"速度"的危

---

① 关于顺德的历史及经济社会发展，可参见 http：//wiki. 0757family. com/index. php? doc-view-105. html。

② http：//news. xinhuanet. com/local/2009-01/09/content_ 10628619. htm.

机也暴露出来。按照时任顺德区委办公室负责人的总结，顺德正面临着四个"难以为继"：土地、空间难以为继，能源、水资源难以为继，人口重负难以为继，环境承载力难以为继。① 这些问题是导致顺德的企业竞争力减弱的直接原因。当时的广东省委办公厅印发的材料，其中就有专门谈到顺德改革面临的问题，认为其首要问题是改革动力和压力不足。

2009 年 8 月，广东省委、省政府批复，同意佛山市顺德区继续开展综合改革试验工作，进一步尝试大部制改革。并同意在维持顺德目前建制不变的前提下，除党委、纪检、监察、法院、检察院系统及需要全市统一协调管理的事务外，其他所有经济、社会、文化等方面的事务，赋予顺德行使地级市管理权限。顺德作为佛山辖区的同时，在省管县改革上开始探路。2010 年 9 月，广东省人大常委会通过《广东省人大常委会关于促进和保障佛山市顺德区综合改革试验工作的决定》，从法律上确立顺德省管县试点的地位。

随后，由时任中共中央政治局委员、广东省委书记汪洋推动的新一轮改革在广东全省迅速展开。而顺德，又一次成为这场改革的排头兵，在其中的大部制改革方面，顺德人更是创造了所谓的"顺德样本"模式，将原有的 41 个党政部门精简为 16 个部门，成为全省的榜样。② 实现了党政合一，其中包含有 6 个党部门和 10 个政府部门。

表 10 - 1 顺德 2009 年党政机构改革示意图③

改革前	改革后
纪律检查委员会（监察局）、审计局、区委区府办（信访局）	区纪委机关（区政务监察和审计局）
区委区政府办公室	区委办公室（区政府办公室）
文体广电新闻出版局（除文体许可及文化综合执法以外、旅游局除旅游市场监管以外）、宣传部	区委宣传部（文体旅游局）
政法委员会、司法局	区委政法委员会
统战部（民族宗教事务局）、外事侨务局（侨联）、民政局（双拥优抚、基层政权建设、民间组织管理）、农村工作部（农村集体经济组织）、总工会、共青团、妇联、残联、工商联	区委社会工作部（民族宗教和外事侨务局）

① http：//www. citygf. com/FSNews/FS_ 002008/201102/t20110228_ 1263740_ 2. html.
② 樊继达：《"简政强镇"改革的顺德样本》，《行政管理改革》2011 年第 1 期，第 55 页。
③ 根据安卓、林小昭 2009 年《顺德党政机构改革：全国力度最大》整理，《第一财经日报》2009 年 9 月 18 日。

改革前	改革后
经济贸易局（产业发展规划）、国土资源分局（土地利用总体规划）、环境保护局（生态保护规划）、发展和改革局、规划分局、统计局	发展规划和统计局
农业局（畜牧兽医局）、经济贸易局（对外贸易局）、科技局（知识产权局、信息产业局）	经济促进局
教育局	教育局
公安分局	公安局
财政局、地方税务局	财税局
残联（就业培训）、总工会（劳动竞赛）、卫生局（农村合作医疗管理）、民政局（社会救济、社会福利）、人事局（除机关和事业单位人事管理以外）、劳动保障局	人力资源和社会保障局
水利局、国土资源分局、交通局（建设）、建设局（房产）	国土城建和水利局
食品药品监督管理局（除食品安全协调以外）、卫生局、人口和计划生育局	卫生和人口计划生育局
文体广电新闻出版局（文化许可及文化综合执法）、卫生局（食品安全卫生许可和餐饮业、食堂等消费环节食品安全监管）、食品药品监督管理局（食品安全协调）、经济贸易局（旅游市场管理、生猪屠宰管理）、农业局（农业市场管理）、安全生产监督管理局、质量技术监督局、工商行政管理局	市场安全监管局
建设局（公用事业管理）、交通局（除交通建设以外）、环境保护局、城市管理行政执法局	环境运输和城市管理局

187

在质量安全监管领域，顺德实现了将工商、质监、安全三个机构的职能合并；把酒类执法、屠宰、食药局方面的食安办、卫生餐饮业、版权、知识、农业农产品市场安全监管等功能全部涵盖。把这些系统的公共部门全部整合，将包括办公室、人事、法规等不同部门都有的科室合而为一，而业务科室基本保留。2010 年更进一步实行了镇街改革，把区属质量安全监管职能下到 10 个镇街，保证了基层监管工作的执行。这场行政体制改革体现了以下一些优点：首先，这种行政改革获得了企业认同，主要原因在于行政改革带来了企业成本的下降，原先几个部门完成的质量安全监管执法工作，现在成为一个部门统一执法，企业面对的部门少了，综合成本下降。其次，完成了四个统一，更为有效地配置了有限的行政资源。再次，实行了行政许可体制改革、社会体制改革和农村管理体制的改革，改革的方向是贴近社会、贴近市场。此外，整个顺德的政府行政系统一共整理了 3700 个审批项目，其中，市场安全管理局就占了 2000 个，极大地减少了对于微观市场经济运行的过多干预。

2011 年 3 月《关于进一步完善和深化顺德行政体制改革的意见》首先就明确了作为省直管县试点的顺德的权限。有人总结道，这里面集中体现了"两个半"的直管：

第一是财政直管，财政预算和结算都直接由顺德直接面对广东省财政，转移支付、税收返还、所得税返还等由省财政直接核定并补助到顺德区；国家、省级财政的专项资金对顺德区实行单列划拨，顺德区可直接向省级财政等有关部门申请专项拨款补助，由省财政直接下达顺德区。第二是行政直管，即顺德拥有地级市的行政执法权。另外"半个直管"，是指顺德新增处级干部由顺德自己管，佛山不管。

作为顺德大部制改革延伸，顺德又成立顺德公共事务决策咨询委员会，在制定公共政策时，直接吸纳来自民间意见。最近，顺德又在大胆推进上市登记制度改革，实行宽进严管，结果是营业执照登记增幅达到了 30%，并将一些社会管理和行政职能下放到社会组织。例如，在质量安全监管领域，顺德的质量协会开始更多地参与政府原有的一些质量安全的监管职能，成为政府购买服务的承担者。

二　理性和合轨的政府规制职责和责任——广东顺德案例的理论总结

顺德的行政体制改革实际上是对解决目前我国政府职责和责任存在的两个弊端的探索。一是政府对市场、社会的干预过多。多年来，虽然经过历次改革，但是市场经济由强政府过多管制的格局始终没有实质性改变。在经历金融危机之后，政府对经济的控制和干预程度反而有所上升，这与我国经过 30 多年的改革开放建立起来的市场经济的体制、机制极不相符，也与宏观经济的持续健康发展不相称。不少地方仍然习惯于过多地运用行政权力配置社会资源，使市场配置资源的空间被大大挤压、甚至被边缘化。二是政府结构不合理，政府职能转变滞后于经济发展的需求，这不仅助长了部门利益化，也使得行政成本过高。[①] 2008 年后，虽然我国开始用大部制的方式，对政府部门进行了整合，但整体上看，成效有限。政府部门设置不合理的问题依然突出，调整改革的空间依然很大。特别是政府在管理经济、社会等领域的职能当中，这些内在问题表现得尤为突出。政府对本来应该由市场和社会来管理运行的部门和领域干预过多，这就是政府的规制职责的越界。而政府职能转变尾大不掉，形成部门利益，容易滋生腐败，继而造成政府规制责任的追究。

189

广东顺德在历次的行政职能改革过程中，尤其是第三次改革过程中，更加注重政府职能转变。通过深化审批制度改革，推进政企分开、政资分开、政事分开，减少政府直接管理和介入微观经济，从而更好地发挥市场在资源配置中的基础性作用，优化政府对经济运行的宏观调节。在质量安全领域，通过设立市场安全监管局，大力加强市场监管，推进公共资源配置的市场化改革，维护公平竞争的市场秩序。再有，大力加强和创新社会管理，更加注重履行公共服务职能，把财力、物力等公共资源更多地向公共服务倾斜，加快建设服务型政府。顺德的改革更加注重优化政府组织架构，理顺行政关系。妥善处理政府的权限、职能与责任，科学合理地界定了地方政府当中不同层级的职能定位与权责关系。尤其是在市场监管中，通过部门的整合，协调了与质量安全监管有关的不同部门之间的职责分工，以及在监管中的协同合作。通过以上的方式，政府的职责界限得到了明晰，也脱离了容易出现寻租和部门利益的地带，减少了腐败的发生和责任的被追究。

第三节　"共同治理"对于政府质量安全责任改革的借鉴

中国质量安全责任体系的失衡已经带来了严重的负面影响，集中体现在政府质量安全监管责任的矛盾处境上。一方面被社会大众推上了监管责任的审判台，一方面在此压迫下对于企业质量安全责任的过度规制，在责任的范围、履责的方式和问责三个方面都处于恶性循环当中，也导致政府责任一家独大和企业市场责任履行乏力的恶性循环。这两个恶性循环交织

①　郭婕：《我国政府行政成本的现状、成因及对策》，《河南大学学报》（社会科学版）2007 年第 1 期，第 71 页。

在一起，中国质量安全责任体系的混乱和脆弱可想而知，质量安全的治理没有责任体系的改革只可能是空谈。①

在改革开放的30年中，中国的经济和社会领域的各项改革似乎形成了一种较为常用的模式，那就是，大多不是在全国范围内同时展开的，而是每项改革都从较小范围内实验开始，在取得成果后再局部推广，由点及面，不断总结和观察，进而扩大实行范围。② 这种方式意味着中国改革的局部性特征，无论是对于自下而上的自发式改革措施，还是对于政府推行的自上而下的改革措施，这种经过局部实验，再大范围推广的特征都存在。

顺德的行政改革取得这些成绩，是否意味着在全国展开就理所当然呢？其实在改革的过程中，已经出现了一些衔接的问题。基层改得越快，越容易凸显上下不对接问题。实施大部门制改革，整并机构，可能出现与上级部门之间的衔接不畅，或者是地方一个部门要对应上级几个主管机构，疲于应付，或者被上级认为没有对应的机构，工作不力；二是一些实施行政体制改革的部门或地方，"人往哪里去"成为一个突出难题，部门虽然合并了，但是人员配置并没有真正发挥合力，降低了行政改革的效果；三是有的改革仅停留在试点阶段，还有的试点要看"一把手"脸色，因为这些改革影响更直接的就是这些负责人的职位问题。

顺德的改革首先是理清了政府在经济和社会发展过程中的职能，进而理清了各个主体之间的关系。这种政府职能和地位的转变，实际上是建立了完善的科学发展的体制机制，为本地的经济发展助力。从区域发展上，改革为顺德的城市升级、产业转型和社会建设创造了更为优良的制度环境。

顺德市在大部制的改革过程中，对生产和市场监管领域的改革幅度是相当大的，这不仅仅体现在将原来分段管理，条块分割的质监、工商和安全监管的几个部门的职能合并到一个部门，有助于在产品从原材料、到生产乃至到流通领域，再到消费者手中的全程的质量安全风险的预防和管

---

① 顺德行政体制改革对于质量安全监管体制的作用及效果的部分分析来自对基层质量监管部门工作人员的切身感受的总结。2013年1月下旬，武汉大学质量研究院"十二五"国家科技支撑计划06项目课题组赴广东顺德对当地的行政体制改革、特种设备管理体制改革进行了实地调研，并对当地质量监管部门工作人员进行了深入访谈。

② 胡鞍钢：《顶层设计与"摸着石头过河"》，《人民论坛》2012年第9期，第28页。

控，防止原来各个部门之间责任的推诿扯皮，提高了履行质量安全监管责任的效率。另一个比较重要的做法是，在行政机构改革重组的同时，对质量安全监管的职能和履责的方式进行了革新，尝试改变政府在质量安全监管中的角色，更加注重监督和服务的功能，控制了政府在监管中的职责方位，将部分职能转移给社会，也减少了对于企业质量安全责任履行的过多干预。政府的质量安全监管职责回归理性和本位，也让企业真正成为质量安全的市场主体。

顺德在生产和市场领域的监管改革，一方面说明目前中国的质量管理存在一些问题，需要改变，因为中国的任何一项改革都是在某种"危机"状态下开始的。[①] 另一方面也说明，国家应该利用市场机制形成有约束力的监督机制，而不是仅仅靠行政力量去形成实际上缺乏有约束力的监督机制。除了依靠政府的行政监督外，更需要社会组织、市场共同参与，共同治理的模式，最终让政府的职责和责任回归其应有的轨道。

在质量安全监管中，旧有的以政府为中心的治理模式偏离了质量安全风险管理的科学本质，实践中也模糊了各个主体的职责界限，将政府放在质量安全治理过程的中心地位，真正的市场主体责任没有发挥出来，结果也没有实现质量安全良好治理的期望。顺德的历次行政改革，最终形成了良好的质量安全治理模式，政府和市场主体各自的责任也回到了正确的轨道上。顺德首先在行政机构上实现了按照质量安全监管的科学原则的合并与重组，再让社会组织积极参与到质量安全治理的环节当中，通过减少政府规制，社会组织提供服务等多种形式，逐步确立企业的质量安全市场主体地位，不仅实现了政府在质量安全规制当中职责和责任的科学回归，也通过这种共治机制的建设和完善，取得了比较好的质量安全治理的效果。虽然这还仅仅是一个小范围之内的改革的实验，但是，其未来对中国政府改革和质量安全监管领域革新的潜在影响也不可低估。

---

① 刘培伟：《基于中央选择性控制的试验——中国改革"实践"机制的一种新解释》，《开放时代》2010年第4期，第60页。

第十一章 激励—约束相容的质量安全责任机制重建

质量安全的各个不同主体，主要是企业面临的质量安全责任存在激励和约束不相容的弊端。而理论分析告诉我们，这会导致企业有动力逃避对于质量安全责任的履行。如何改变我国目前存在的这种激励和约束不相容的现状，采用什么样的方式进行改革？广东省在电梯监管领域针对市场主体的责任机制进行的改革为我们提供了成功的范例，在试点城市取得了良好的效果。国外在质量安全领域有着很多的激励和约束的方法，也从另一个角度提供了经验借鉴。

第一节 激励—约束相容的基本理论

所谓的激励—约束相容，在经济学中就是满足激励相容的条件，因为约束机制实际上是反向的激励。赫维茨（Hurwicz）创立的机制设计理论中"激励相容"是指：在市场经济中，每个理性经济人都会有自利的一面，其个人行为会按自利的规则行为行动；如果能有一种制度安排，使行为人追求个人利益的行为，正好与企业实现集体价值最大化的目标相吻合，这一制度安排，就是"激励相容"。[1] 由于代理人和委托人的目标函数不一致，加上存在不确定性和信息不对称，代理人的行为有可能偏离委托人的目标函数，而委托人又难以观察到这种偏离，无法进行有效监管和约束，从而会出现代理人损害委托人利益的现象，造成两种后果，即逆向

---

① 何光辉、陈俊君、杨咸月：《机制设计理论及其突破性应用——2007年诺贝尔经济学奖得主的重大贡献》，《经济评论》2008年第1期，第150页。

选择和道德风险，这就是著名的"代理人问题"。为解决此问题，委托人需要做的是如何设计一种体制，使委托人与代理人的利益进行有效"捆绑"，以激励代理人采取最有利于委托人的行为，从而委托人利益最大化的能够通过代理人的效用最大化行为来实现，即能够实现激励相容。①

激励经济学告诉我们，一种政策或者机制的设计要想做到激励相容，必须同时满足两个约束条件，一个是个人理性约束，即参与约束，另一个是所谓的激励相容约束。② 参与约束表明，行为人从接受某个措施和政策中得到的期望效用不小于不接受这一政策措施时能够得到的最大的期望效用。所谓激励相容约束，就是指如果规则或者政策的制定者不能有效地观察到对方的行为，那么制定的政策必须使得对方从选择顺应这种规制中获得的期望效用大于选择其他行为的期望效用。

质量安全规制机构的监管行为和监管政策要想发挥较高的效率，实现质量安全的良好治理，那么所设计的监管手段和工作中的监管行为要对企业质量安全责任的履行产生正确的激励，设计的原则也需要满足上述两个条件。

企业生产和经营的基本目标是获取利润，经济学的基本理论早已证明，在普遍存在信息不对称的市场经济环境中，要让企业履行质量安全的市场主体责任，必须构建"激励—约束"相容的制度和机制。为什么会有那么多的企业和企业家视质量安全方面的法律规定为生产经营和赚取利润的阻碍呢，然后这些企业花费大量的精力和财力去逃避法律的规制，或者对政府的质量安全规制进行种种寻租，以打开管制的缺口呢？显然，这些企业经过理性的计算，逃避这些规制的成本要远小于企业违法获得的超额利润。这种逃避规制的成本和收益分析是在当前失衡的质量安全责任激励与约束机制之下进行的。归根结底，就是企业没有足够的激励履行质量安全的责任，逃脱这种责任也没有更多的约束和监督机制。那么，如果企业在生产和经营过程中，在质量安全方面，面对的是平衡而有效的责任的"激励—约束"机制，那么，企业在成本和收益的两端都要重新考量这些因素的作用，理性计算的结果可能是积极履行质量安全的市场主体责任。

---

①　李春成：《信息不对称下政治代理人的问题行为分析》，《学术界》2000 年第 3 期，第 37 页。

②　严俊：《机制设计理论：基于社会互动的一种理解》，《经济学家》2008 年第 4 期，第 104 页。

另外，古典管理学派之后，在梅奥等人的行为科学管理学派那里，美国的赫茨伯格（Frederick Herzberg）认为责任是使得工人产生满意作用的激励因素。麻省理工学院的麦格雷戈（Douglas McGregor，1906—1964）发现工人的不负责任不应该由"X理论"所认为的用管束和强制性做法来解决，而应该用"Y理论"的诱导办法来鼓励工人发挥主动性和积极性。[①]不管是企业组织还是内中的人员，激励相容，是促使他们履行责任的主要出路。

从国外质量安全的政府规制的实践经验、国外市场和社会运行机制的特点来看，对于企业的质量安全责任，从激励机制来看，主要有政府质量奖和企业社会责任两类，前者通过奖金和社会美誉度的角度，后者主要通过社会评价和品牌的角度促进企业履行质量安全市场主体责任。从约束机制的角度讲，主要有惩罚性赔偿、消费者教育和消费者社会组织监督这几种类型。惩罚性赔偿主要对企业的行为进行经济制约，消费者教育则是通过提高消费者的素质，发挥其在市场机制中"用脚投票"的能力来反制质量安全产品的提供者，而消费者组织更多的是发挥对于企业的社会监督作用，在某些国家，也可以为消费者权益的保护提供法律援助。

第二节　激励—约束相容的实践探索
——广东电梯监管改革的案例分析

电梯作为八大类特种设备中非常特殊而重要的一类，随着社会经济的发展，其数量增长迅猛，2012年全国在用电梯数量达到了240万台。[②] 作为一种特殊的运输工具，在给人们的生产生活带来极大便利的同时，也存在重大的质量安全隐患，2011年和2012年在北京和广州等地发生了多起造成重大人员伤亡的电梯质量安全事件，引起了广泛的社会反映。随着中国电梯数量每年以30万部以上的增长、在居民居住和公共领域的广泛运用，其质量安全问题日显严重。与中国其他领域的质量安全事件一样，电梯领域的质量安全同样存在本文所述的政府过度规制所导致的电梯生产企业或者使用单位主体责任不能有效履行的问题，需要对其监管体制机制进

---

① ［法］法约尔：《工业管理与一般管理》，周安华等译，中国社会科学出版社1982年版，第9页。

② http：//news. xinhuanet. com/mrdx/2013-01/10/c_ 132093225. htm。

行创新，而作为改革开放和行政体制改革前沿和开拓者的广东在电梯安全监管方面进行了积极有效的探索，所形成的改革理念和政策措施可以改变该领域的政府过度规制导致的责任体系"激励—约束"不相容的失衡状态，让市场主体回归主体责任地位，政府规制从失灵走向有效。①

一 广州电梯改革的过程和内容

广东省是全国电梯保有量最大的省，截至 2012 年底，全省在用电梯达 35.93 万台，并以年均 20% 左右的幅度增长，电梯总量占全国的 1/6，排在全国首位。全省电梯制造单位 79 家、安装改造维修单位 622 家，维保企业总数居全国之首，约占全国总量的 1/5。② 根据广东省质监局的统计资料，2007 年至 2011 年年底，广东省万台电梯死亡人数远远低于全国，也低于欧美国家平均水平。但是，这并不是说广东省不存在电梯质量安全的风险，广东省质监局根据日常电梯安全监管工作的情况，总结出监管工作中存在五个方面的突出问题。一是安全责任链条不够明晰。电梯运营中的所有权、使用权、物业管理权、技术管理权（维修、维保、检验权）和具体使用者往往是多个主体，相互推卸责任；二是维保环节恶性竞争。由于权责不清和利益驱动，导致"质次价低"的维保公司充斥市场；三是检验环节职责混淆。定期检验替代监督检验，行政监管部门既当"裁判员"又当"运动员"，不利于电梯安全主体责任的落实；四是社会救助和制约机制缺失。目前仍未在电梯领域建立起事故责任险制度，难以形成保险特有的风险防范监督和社会救助的杠杆作用；五是维修改造资金难以落实。电梯是长期、频繁使用的公用设备，而当前在电梯维修更新资金如何提取使用上，缺乏制度和程序上的设计，资金难以保障。③

广东省质监局于 2012 年 4 月制定、并逐步在东莞、顺德等地试点实施了《广东省电梯安全监管改革方案》（以下简称"方案"），在这个方案中，系统性地提出了"明确一个责任，实施两项改革，建立两个制度"的改革措施，旨在改变电梯安全监管模式还带有的较强的计划经济色彩，以及一

195

---

① 广东电梯改革由武汉大学质量研究院程虹教授在 2011 年广东省委中心组的讲课过程中，通过对于电梯监管的深刻剖析而激发了时任广东省委书记汪洋同志在广东试点推广。程虹教授和廖丽博士都对该案例从不同层面和视角做过精彩分析，本研究的侧重点在于该改革内容与企业主体责任之间的关系。

② http：//www. aqsiq. gov. cn/xxgk_ 13386/zvfg/zcjd/201206/t20120628_ 239334. htm。

③ 《广东试行电梯安全监管体制改革》，《南方日报》2012 年 5 月 11 日。

些监管理念和做法已经不符合市场经济发展的需要和政府职能转变要求的困境。①《方案》理顺了电梯制造、安装、使用、管理等各环节监管部门和市场主体的权责关系，以电梯维保和检验工作为改革的重点和突破口，建立电梯事故责任险制度，完善电梯维修资金制度，构建起权责清晰、职责明确的电梯安全运行责任链条，形成以电梯安全主体责任落实为核心，电梯使用、管理单位人员安全意识增强，社会救助及时，各方监督有力的运行机制。《方案》在改变政府"规制过度"所引起的质量安全责任激励与约束不相容、让企业重新树立市场主体责任地位上进行了深入的探索。

《方案》的目的着力解决制约电梯安全监管的深层次矛盾和问题，进一步理顺电梯制造、安装、使用、管理等各环节权责关系，以电梯维保和检验工作为改革的重点和突破口，建立电梯事故责任险制度，完善电梯维修资金制度，构建起权责清晰、职责明确的电梯安全运行责任链条，形成以电梯安全主体责任落实为核心，电梯使用、管理单位人员安全意识增强，社会救助及时，各方监督有力的运行机制。

《方案》的最大亮点是，对现有的管理体制和机制的调整和突破，不仅打破了以往以行政监管为主的监管模式，通过广泛引入政府和社会相关组织和机构、行业协会、保险公司甚至包括广大人民群众等社会监管因素，营造多方齐抓共管的电梯安全监管格局，从而逐步建立健全推动特种设备科学发展的体制机制。这对推动政府职能转变，充分发挥社会组织的社会管理作用将起到开创性的作用。根据《方案》的具体内容，各主体的职责分别是：

（一）特种设备安全监管部门——监督、处罚、抽检、补贴责任

特种设备安全监管部门负责规定统一格式的《电梯检验合格标准》，列明电梯的设备注册代码、使用单位、制造单位、维保单位、检验单位、下次检验日期、应急救援电话，由检验机构填写后交"使用权者"，并由"使用权者"责任人签名确认后在电梯内张贴和按时更换。

1. 监督职责

当特种设备安全监管部门发现电梯制造企业对在设计、制造、安全过程中存在质量瑕疵和安全缺陷的电梯，没有采取积极措施主动召回和改正，及时消除安全隐患甚至隐瞒不报的，可责令电梯制造企业强制召回改

---

① 沈洪：《电梯"使用权者"承担首负责任》，《中国质量报》2012 年 5 月 15 日。

正并对其依法实施查处。

2. 处罚职责

特种设备安全监管部门对获证电梯维保企业建立退出机制，加强监督检查，并引入社会监管机制，对违法违规行为及时发现，依法查处，直到注销行政许可。

3. 监督和处罚职责

特种设备安全监管部门对电梯实施以抽查为主要方式的监督检验，每年依据各地经济发展现状、电梯使用和故障状况以及财政支持力度，选取30%的电梯按照通用检验规则中若干项涉及安全的指标开展监督检验，所需费用纳入政府财政预算，不向企业收取任何费用。

4. 免费监督抽查检验

政府可向参保企业提供一定的保费补贴等经费补助。

（二）企业主体

1. 电梯使用权者——首负责任

一般情况下，电梯的"使用权者"（往往是电梯物业管理者）或《特种设备安全监察条例》（以下简称《条例》）表述的"特种设备使用单位"可确定为电梯第一责任者。电梯的使用权者必须履行《条例》规定的各项使用权责任和义务，并在办理《特种设备使用登记证》时予以明确。

电梯的使用权者应签订电梯安全使用承诺书并在办理《特种设备使用登记证》时向当地特种设备安全监管部门备案，安全承诺书应明确其应当承担的主要责任（包括首负责任）及义务。

当发生电梯事故或故障造成损失时，使用权者对事故受害方承担第一赔付责任。只有当受害者自愿直接追究其他相关责任者时，第一责任者才免于承担首负责任。电梯的使用权者有权聘请有资质的维保和检验单位依法开展电梯维保和检验工作；有权收集可能影响电梯安全运行的制造、安装、维修、检验和使用的相关材料，并要求相关单位和个人予以确认；有权对造成电梯事故的制造企业、安装企业、维保企业、检验单位和使用者追索相关损失。电梯使用权者有责任依法按时约请有资质的检验机构对电梯的使用状况进行定期检验，对未经定期检验合格的电梯，使用权者应主动停用。

2. 电梯制造企业——维保主体责任

将电梯维护保养工作纳入制造企业售后服务范畴予以明确，确立电梯制造企业承担电梯日常维保的主体地位，界定电梯维修与维护保养的内容和范围。

鼓励和提倡电梯制造企业直接从事或者授权和委托的维保公司对其产品进行维保，并由电梯制造企业领取维保资质证书；逐步建立起电梯制造企业从设计、制造、安装、改造、维修和维护保养的全过程终身服务负责制，构建以制造企业为主体的维保体系。电梯制造企业应对自己设立和授权的维保企业合理布点，要满足不同区域电梯维修保养及应急救援的需要，电梯维保企业是电梯应急救援的主要力量。

(三) 社会主体

1. 维保机构——社会维保服务（维保责任分担主体）

使用权者选择未经制造企业授权的维保公司从事电梯维保时，电梯维保质量由签约维保公司负责，制造企业对因维保不当造成的电梯损害、安全隐患和事故不承担相应责任。电梯维保企业是电梯应急救援的主要力量。

2. 检验机构——社会技术服务（责任分担主体）

电梯使用权者依法选择省内有资质的检验机构，依照《电梯定期检验规则》的要求全项目开展定期检验，定期检验性质定性为社会技术服务，按技术服务要求协商收费。

3. 保险公司——社会保险服务（责任分担主体）

保监部门会同财政、质监部门研究制定电梯事故责任险实施方案，建立以使用权者为参保主体，特种设备生产企业、检验机构和维保单位参与，社会广泛认同和接受的电梯安全责任保险制度，形成保险保障参与的电梯安全风险救助机制，提高救助能力。积极推动技术机构和专业人员参与保险公司的理赔工作和对承保人的安全风险评估，通过安全风险的量化分析和保费费率的调整，促进电梯使用权者加强内部管理，积极防范安全风险，减少电梯安全责任事故，发挥保险机制社会管理职能。

二 质量安全责任体系的重构——改革的理论启示

质量安全的责任体系应该包含各个主体责任的边界划分和促使责任主体履行责任的机制的设计。广东的电梯改革首先从电梯生产、使用、维保等其生命周期的众多环节和面对的诸多主体上明确了各个主体的责任范围和界限，改变了以往制造者、使用方、维保单位等责任不清的局面。

首先，该项改革所建立的"使用权者首负责任原则"就是符合理论要求和各国实践的重建企业市场主体责任的基本规律。电梯的整个生命周

期从设计、生产、使用、再延续到报废阶段，其中主要的时间段都处在
"使用权者"的监护和管理之下，也即其在电梯大部分的生命环节中最清
楚电梯的质量安全状况，或者说，能够以最小的信息成本了解电梯的安全
状态，从而将"使用权者"作为"首负责任"不仅符合"成本最小化避
免者"这一责任的基本原理，① 也明确了电梯的首要责任人，更是使用权
者履行电梯安全的强约束。

　　其次，《方案》要求电梯生产者履行全生命周期的质量安全责任，并
将电梯维护保养工作纳入制造企业售后服务范畴予以明确，确立电梯制造
企业承担电梯日常维保的主体地位，界定电梯维修与维护保养的内容和范
围。同时要求电梯制造企业应当在产品随机资料中明确电梯维保的注意事
项，从而指导"使用权者"选择的维保企业对电梯进行正确的维保。这
项规定实际明确了电梯生产企业的市场主体责任的内容和边界。

　　另外，《方案》也引入了社会监督和制约机制。在保险机制的约束下
引入外部监督。例如，保险公司依据评估结果，提出该电梯继续使用的承
保条件和费率。凡未投保电梯安全责任保险的该类电梯不得使用，并通过
保险费率浮动促进电梯"使用权者"加强内部管理，积极防范风险，提
高电梯的安全水平。另外，强调了社会组织的参与。电梯定期检验社会化
后，应当允许社会检验机构获得相应的资质认可并参与定期检验，逐步形
成市场化运作的电梯定期检验市场。考虑到目前政府设立的检验机构的主
体地位，应当允许其或其内部设立专门的机构、成立全资公司承担定期检
验工作，并逐步与事业单位改革方向相衔接。从事电梯制造、安装、改
造、维修的企业不得从事电梯定期检验工作。

　　以明确各方主体的责任边界为先决条件，然后在此基础上规定的一系
列措施和条款实际上也是为各个主体建立了较为适当的"激励—约束"
机制，而对于这些主体而言，这些正确的"激励"的实行，是促使他们
履行质量安全责任的先决条件，也是保障质量安全的真正的长效机制。从
而，在主体责任的边界划分和"激励—约束"相容的责任机制构造两个
方面，广东的电梯安全改革实际上形成了对质量安全责任体系的重构。

---

　　① 卡拉布雷西（1970）认为，责任应该放在能产生最有效率的均衡的地方，换言之，他认
为"最便宜成本避免者"应该承担责任。他所谓的"最便宜成本避免者"，就是能以最小的成本
避免损失或者事故发生的人。戴梦德和莫理斯在他们的论文 "On the Assignment of Liability：The
Uniform Case" 中验证了一些能够识别这种"最便宜成本避免者"的条件。

199

从广东省的这次电梯监管体制改革来看，《方案》中的这些内容，实际都体现了政府规制主体在明确质量安全市场主体的责任的基础之上，再将部分权力和职责向社会组织进行分摊，从而改变了过去质量安全规制领域政府一家独大、事无巨细独揽、责任越位的困境。整体上体现了以社会共治来减少政府自身对于微观市场主体履行质量安全责任的过多干预，以实现原来失衡的企业质量安全主体责任回复平衡的制度设计。这种监管体制改革的核心是针对政府的审批和许可制度，将政府的这些行政行为退出社会和市场能够自我调节的市场过程，从而达到放松政府的规制强度，并改变原来依赖质监部门一家的监管模式，实现依靠多部门、辅以基层政府和社会力量的共治形式，并将原本激励—约束不相容的责任机制恢复到相容的轨道上来，从而真正落实企业的主体责任。

从以上电梯安全监管创新和发展的案例中可以清楚地看出，广东目前质量管理体制机制改革有着非常明显的特征，其逻辑非常清楚，即质量管理不再只是由政府监管，而是政府、企事业单位、社会组织、人民团体和人民群众等治理主体通过对话、协商、谈判、妥协等集体选择和集体行动，达成共同的治理目标，并形成资源共享、彼此依赖、互惠合作的机制与组织结构。其改革的核心理念就是政府、社会、市场共同治理的模式，这一模式有效克服了单一权威主体或者单极政府力量所形成的垄断和低效影响，为国家和社会的良性互动，为解决长期以来的社会弊病建立健全一整套常态的长效治理机制。广东基于共同治理的理念，让社会和市场充分参与改革，对于当前中国的质量管理具有非常重要的意义。

从目前《方案》实施的效果来看，东莞、广州两市启动试点两个多月来，已签订授权使用管理合同的电梯达 20896 台。东莞新办证电梯由电梯制造企业或其代理商进行维保的比例达 69.88%，比改革前提高了 61个百分点。两市已投保的在用电梯已达到 76071 台，约占两市在用电梯总量的 57%。两市以保险公司为主体的电梯事故社会救助系统已初步形成。全省已抽查电梯 12064 台，严重事故隐患发现率为 16.6%，隐患整改完成率为 97.3%，较好地消除了电梯质量安全隐患。① 另外，由于《方案》在试点过程中取得了较好的效果，也获得了有关电梯安全各个主体的认可，广州最近就将该改革方案的主体内容上升为地方立法，已经颁布了地

---

① http://www.cqn.com.cn/news/zjpd/dfdt/632941.html.

方法规，并配备实施细则。

第三节　企业质量安全市场主体责任
激励相容机制的重建

"三鹿奶粉"事件、"地沟油"事件、温州动车事故——这些层出不穷的事件带来了广泛而深远的社会影响。而在同一时期，国外的质量安全事件也屡有出现，一时间成为各国政府和人民关注的焦点问题。国内外发生的这些质量安全事件，爆发的领域和产业不同，影响的范围有差异，带来的物质和人员伤害程度也有区别。但是从性质上看，其差别更为显著。在中国，最近这些年来发生的质量安全事件基本上都是由企业自身的责任缺失造成的，而国外的质量安全事件绝大部分是由不可知或者是不可控的产品质量风险造成的。以 2012 年国内发生的"毒胶囊"事件为例，其内在的原因并不是什么不可预见的产品风险，而是胶囊和药品生产企业对于法律和标准的违反，也是对企业质量安全市场主体责任的违背。

其实，从政府规制的角度来看，法律法规对于企业主体责任的相关规制并不少，我国关于质量方面的法律法规众多，这些法律法规的规定其实已经比较详细，规制了企业生产行为的方方面面。如果这些规定都得到了切实的执行，质量安全领域的很多责任事故本不应该爆发的，但是实实在在造成了很大危害的质量安全事件仍在不断地产生，而企业应该是质量安全的责任主体，显然在企业方面发生了问题。企业不履行质量安全的市场主体责任。如果不是风险因素的原因，那么就在于促使企业履行这种责任的"激励—约束"机制出现了失衡，中国企业所面临的质量安全责任的激励和约束机制出现了什么问题，与国外相比存在哪些缺陷，应该采用什么方式补救？

在中国现存质量主体责任机制中，"激励—约束"不相容体现在不同质量主体上，也体现在不同质量主体的不同维度上。与美国、欧盟、日本等国相比，还存在较大的差距。在一些领域，即使与发展中国家比较，某些"激励—约束"机制也处于发展滞后、功能缺失的境地。

一　企业质量安全责任的激励措施——政府质量奖

始于日本、被欧盟诸国加以采纳，并在美国得以完善的由国家颁布的政府质量奖，对于企业追求卓越，为市场和消费者生产质量安全的产品，是一个重要的激励手段。[①]

　　从与日本、欧盟和美国的比较看，这些国家的政府质量奖历史悠久，形成了完整的评估理念和行之有效的评价体系，引导并激励本国的企业按照这些政府质量奖所推崇的价值观和目标开展生产经营活动，是对企业提供优良的产品和服务的富有成效的激励措施。而中国虽然在地方政府层面已经对质量奖进行了理念和实践的有益探索，但是由于缺乏国家层面的整体思路和手段，影响还较为有限。

表 11—1　　　　　　　　　各国推行政府质量奖的比较

国家	政府质量奖的状况	政府质量奖的效果
日本	戴明奖是世界三大质量奖项之一，是日本质量管理的最高奖。始创于 1951 年，为了纪念已故的威廉·爱德华兹·戴明博士而设立，他为日本战后统计质量控制的发展做出了巨大贡献	自从 1951 年创办以来，已经有超过 160 个日本企业获得戴明运用奖，这些获奖者的产品和服务质量均获得了大幅度提高。戴明奖虽然诞生于日本，但现在已经成为享誉世界的质量奖项。戴明奖特别是戴明运用奖给日本企业的质量管理和质量控制以极大的直接或间接影响。那些申请戴明奖的个人或企业积极按照戴明奖的要求，根据自己企业的环境完善他们的质量管理方法。那些已经获得成功的组织，刺激着其他的组织开展他们自己的质量管理活动。获得戴明奖成为一种挑战，它意味着企业在学习有使用价值的质量管理方法方面已经获得成功。这样，质量管理扩散到了许多企业，多年来，已经有许多企业使用这些质量管理方法，这些方法推动了这些组织的改进[②]
欧盟	欧洲质量奖是欧洲最负声望的组织奖，是欧洲质量基金组织卓越水平奖项中的最高水平，自 1992 年起，每年颁发一次，由欧洲委员会副主席马丁·本格曼先生倡议，由欧洲委员会、欧洲质量组织（EOQ）和欧洲质量基金组织共同发起。欧洲质量基金组织负责欧洲质量奖的评审和管理，它的宗旨是帮助欧洲企业走向卓越	欧洲质量奖对欧洲每一个表现卓越的组织开放，着重于组织的卓越性。通过申请质量奖，组织可以得到很大的益处，即每一个申请人都可以得到来自企业之外的专业评审人员根据欧洲质量基金组织的模式对组织提供有针对性的、具体的、独立的反馈建议，以帮助它们继续走向卓越。欧洲质量基金组织的成员使用最先进的测量系统、持续改进它们企业的质量经营模式，它们的目标是给人们以更好的工作环境，尽最大可能向顾客提供更好的产品价值和质量。从欧洲质量奖开始设置起，欧洲质量基金组织就以帮助创建更强大的欧洲企业和产品为己任，通过实施全面质量管理的原则，从事他们的商业经营活动，并处理它们与雇员、股东、顾客的关系

[①]　李军：《三大质量奖——比较研究及其启示》，《世界标准化与质量管理》2004 年第 7 期，第 39 页。

[②]　参见 http://blog.sina.com.cn/s/blog_4c61eed60100fbbu.html。

国家	政府质量奖的状况	政府质量奖的效果
美国	1988 年设立，即波多里奇奖。规格极高，经国会立法通过，由总统亲自颁奖。每年政府在此项目上投资 500 万美元。而私人机构、地方政府和其他组织的捐赠超过 1 亿美元，这其中包括 1000 万美元的私人企业对该项目的帮助，以及数百家大的私人机构自愿者的奉献	许多组织已习惯于自觉地使用每年波多里奇奖公布的新准则来进行自我评估，以期能把握全球经济、经营环境、科技发展和顾客需求的变化，不断追求卓越。波多里奇奖国家质量奖标准被上百万个美国的组织采用，实现了竞争力和绩效的提升。1988 年至 2008 年的 20 年间，美国共有 79 家企业得奖，其中大型制造业 27 家，小型制造业 18 家，服务业 15 家。一些在全国没有知名度的中小型企业如汉堡包及热狗速食饭馆、电镀工厂和印刷工厂等，也都有能力和兴趣参加评选
中国	还没有国家层面的政府质量奖，但是质量奖的体系在地方层面不断扩展	截至 2012 年底，全国共有 23 个省（区、市）、90 个市（地、州）设立了地方性的政府质量奖①

二　企业质量安全责任的约束机制——惩罚性赔偿

惩罚性赔偿措施通过让那些对消费者造成质量伤害的企业给予消费者超过商品本身价格补偿的方式，来惩罚生产者在生产和服务过程中存在的重大过失或者恶意的行为，威慑和防止企业从事非法活动，以达到保护消费者权益和市场机制健康运行的目的。这种机制在英美法系国家已经推行了两百多年，成为约束企业质量安全责任、保护消费者的重要的法律制度之一。

一系列案例表明，由于中国的消费者主权保护运动并不发达，在司法事件中，中国的法院在给予生产者惩罚性赔偿方面，常常不能支持消费者的诉求，这表明质量安全法治中对企业承担质量安全市场主体责任惩罚性约束的不足。而反观国外，虽然在整个大陆法的体制中对于质量安全责任的惩罚性赔偿还存在学理上的障碍和实践上的匮乏，但是，至少在英美法系的国家之中，对于企业主体产品质量安全责任都有严格的惩罚性赔偿机制，而且取得了较好的效果。

---

① http://news.xinhuanet.com/politics/2013-01/08/c_ 114298813.htm。

203

表 11—2　　　　　惩罚性赔偿在各国的探索和实践经验

国家和地区	惩罚性赔偿的理论探索及典型案例
英国	于 1763 年 Huckle vs. Money 案开创了惩罚性赔偿的历史起源； 1964 年在 Rookes vs. Barnard 案例中建立了惩罚性赔偿的三条适用原则，在较为严格的限定条件下才能给予惩罚性的损害赔偿
美国	在惩罚性赔偿上，美国的司法实践有三大典型案例。首先是影响广泛的 Liebeck vs. McDonald's Restaurants 案例；然后是惩罚性赔偿金额巨大的 Ford Pinto 案例，赔偿额度达到 1.2 亿美元；另外还有影响到一个产业的集团诉讼案例：石棉案。总体来看，即使在美国这种高度重视消费者权益、较为完善的市场经济中，惩罚性赔偿的案件可能涉及的损害赔偿的数额高，但是这种案例出现的频率也不高。而且通过设立关于赔偿性额度的计算规则，美国司法部门也在确保这种规则的警示和赔偿作用，而不导致这种措施的滥用。如弗吉尼亚州规定，惩罚性赔偿金不得超过 35 万美元，得州规定不得超过 2 倍财产上的损害额或 25 万美元，加上低于 75 万美元的非财产上的损害赔偿
欧洲大陆	法、德等国在学理上基本上否认惩罚性赔偿
日本	对惩罚性赔偿仅仅做学理上的探讨，还缺乏实践案例
中国台湾地区	中国台湾地区的"公平交易法"及其施行细则，是台湾地区的竞争法律制度的基本内容，该法详细规定了惩罚性赔偿原则。"公平交易法"第三十一条规定，"事业违反本法之规定，致侵害他人权益者，应负损害赔偿责任"；第三十二条规定，"法院因前条被害人之请求，如为事业之故意行为，得依侵害情节酌定损害额以上之赔偿，但不得超过已证明损害之三倍；侵害人如因侵害行为受有利益者，被害人得请求专依该项利益计算损害额"；又依"消费者保护法"第五十一条，"依本法所提之诉讼，因企业经营者之故意所致之损害，消费者得请求损害额三倍以下之惩罚性损害赔偿金，但因过失所致之损害，得请求损害额一倍以下之惩罚性赔偿金"。
中国	《消费者权益保护法》规定了两倍赔偿，而《食品安全法》中规定可以有高达 10 倍的损害赔偿，另外，在《侵权责任法》中也对惩罚性赔偿做了原则性规定

三　企业质量安全责任的约束机制——消费者教育

"激励—约束"相容的质量安全责任约束机制的建立，除了要对生产中从鼓励措施和制约的管制两方面进行规制之外，也要充分发挥质量安全产品的需求方——消费者的作用。在国民教育和社会教育体系中对消费者的素质和能力进行系统的灌输和培育，是增强对企业履行市场主体责任约束能力的非常重要的措施。

表11—3　　　　　　　　中外国民教育体系中消费者教育的比较

国家	学校教育阶段的消费者教育内容
日本	小学阶段，在社会科课程和家政科课程中，消费者教育的目标是了解所在区域的产业和消费生活，加深对维持人们健康、安全生活的各种活动的理解，认识到自己是区域社会的一员。 在初中阶段的社会科课程和家政科课程中，消费者教育的目标是让学生以身边的消费生活为中心来理解经济活动的意义。在理解现代生产结构和金融的作用的同时，思考社会中企业的作用和社会责任。理解整备社会资本，保护环境，加强社会保障，加强消费者保护的重要性。 在高中阶段的社会科课程和家政科课程中，消费者教育的目标是让学生理解现代经济社会中技术革新和产业结构的变化，企业的作用……同时，思考个人企业在经济活动中的社会责任，并让学生了解经济活动的意义，国民经济中家庭、企业和政府的作用
美国	首先，从消费者教育的内容上看，美国的消费者教育包含了四个方面： （1）消费者决策制定：包括消费者目标、需求、欲望的批判性思考的技巧（critical thinking skills），以及消费者的态度、广告、信息和机会成本对于消费者行为影响的效果。 （2）经济学相关部分：包括在竞争性需求中的稀缺资源的配置；供给、需求和决定价格的原则；还有增长和生产率，国际相互依赖性以及消费者、生产者和政府在经济系统中的相互关系。 （3）个人财务：包括预算、账簿记录，收入和财富的报表、借贷、储蓄和投资、退休和房产规划、保险和税收，等等。 （4）权力和责任：包括与负责任的公民有关的消费者保护的系列法律和规制措施，也包括环境、安全、健康以及可承担的商品和服务等议题。 其次，美国的消费者教育联盟（The National Coalition for Consumer Education）通过调查各州教育长官获得了该国中学中消费者教育开展的情况：美国超过30个州和哥伦比亚特区都实行了消费者教育的政策，但是在这一课程是必修还是选修，以及这些理念的推行方式上存在很大的差异。有6个州在小学和中学阶段对所有学生都进行消费者教育。超过2/3的州报告说与5年前相比，现在消费者教育的相关课题更容易被学生所接受，对其重视程度在加深
菲律宾	菲律宾教育部与该国的贸易产业部一起在中学里开展消费者教育项目，意图使得消费者成为更明智、更有辨识力和更负责任的消费者。两个部门一起开发了98种课程范例和10多个课程单元作为消费者教育的材料，并在公立和私立的中学积极加以推广。这些课程包括《菲律宾消费者法》（the Consumer Act of the Philippines）、《价格法》（the Price Act）、《标准法》（the Standards Law）以及消费者权利和责任等有关内容
波兰	波兰消费者委员会（the Polish Consumers Federation）在该国的国民教育体系中推行消费者教育，而且得到了波兰竞争和消费者保护政府办公室（the State Office for Competition and Consumer Protection）的支持。尽管在其国民教育课程大纲中并没有纳入消费者教育，但是，1995年波兰消费者委员会在政府办公室的帮助下完成了一个欧盟委员会的"小学和中学中的消费者教育"的项目，这一项目最终被推广到超过400所学校，并推动这些学校及其教师加入到波兰消费者委员会的后续消费者教育工作的网络体系中

续表

国家	学校教育阶段的消费者教育内容
斯洛伐克	在小学和初等教育的学校中，已经通过家政经济学、伦理学和环境研究等课程对消费者政策进行了介绍，其中主要的有关消费者权益的议题包括消费者权利、环境保护以及饮食安全等内容
德国	德国的消费者教育贯穿从幼儿园到国民教育、再到成人教育的全过程
中国	在大学以前的国民教育体系中基本上没有消费者教育的内容，更不用说消费者教育的专门课程和教学单元

不仅与日本、美国等发达国家相比相差甚远，即使与菲律宾等发展中国家比较，中国在国民教育体系中推行消费者教育的程度还有一定的差距。在中国，以消费者协会为中心的消费者教育只是面向社会，虽然中小学"社会课"教学大纲中有关于消费的基本知识点的设置，但是直接与消费者问题和消费者保护有关的内容从小学到高中都没有涉及。中国的教育体系和教学内容缺乏对消费者质量安全能力的关注，导致消费者在维权途径、对产品质量安全的认知等方面不具备基本的能力，也无法合理地、有效地运用法律武器维护自己的合法权益。

四　企业质量安全责任的约束机制——悬赏制度

这种制度在国外历史上被用于缉拿罪犯，在金融领域也早有应用，尤其是金融危机时期，为了更好地防范风险，加大了悬赏制度的运用强度。

"赏金猎人"（Bouty Hunter）就是为了金钱和赏金而去捕抓亡命之徒或罪犯的人。[①] 这起源于美国的保释制度，在美国的法律体系中，受到罪刑指控的嫌疑人可以支付一定额度的保释金换取有限制的人身自由。在美国西进运动的年代，这可能是一笔巨款，显然并不是每个受到有罪指控的人都支付得起。在这种情况下，产生了一种担保和保险机制，即有了保证人的介入，由其提供一份保释保证书，旨在保证被告会出席预定的庭审。保证人随后会寻求保险公司为保释保证书提供保险。但是，如果被告决定逃跑和缺席庭审（据统计，约20%的被告会这样做），[②] 则必须由保证人支付保释保证书所规定的保释金。由于罪犯逃跑后，保证人要负责支付保

---

① http：//en. wikipedia. org/wiki/Bounty_ hunter，2013 年 4 月 11 日检索。

② http：//people. bowenwang. com. cn/bounty-hunting. htm，2013 年 4 月 15 日检索。

释金，司法部门又不一定能够抓回逃犯，为了减少损失，许多保证人会聘请一个职业的赏金猎人，并给予赏金猎人整个保释金额 10%—20% 的比例作为回报。如果是一个风险比较高的任务，如比较难对付的罪犯，报酬也会随之升高。一名富有经验的赏金猎人每年可以接 80—150 桩案子，可能因此挣得几万美元的年收入，这在当时的美国绝对是一个丰厚的报酬。另外，在旧日美国荒芜的西部，一些逃犯游荡在这里时，当地的治安部门没有那么多人手来追捕他们。因此，他们也会张贴悬赏缉拿海报，为成功逮捕逃犯者支付高额的报酬。正所谓重赏之下必有勇夫，由于抓捕逃犯的数量直接与自己的经济利益相关，赏金猎人通常比警察更有动力，也更有效率。为了这笔酬金，赏金猎人就会毫不留情地、想尽一切办法抓住逃犯，无论死活，这就是上述影片中反复出现的，舒尔茨医生拿出的每张通缉悬赏令都有"无论死活"字眼的原因。根据美国保释执行代理协会的统计，赏金猎人逮捕了近 90% 的弃保潜逃者。

虽然各个州的法律赋予赏金猎人的权力有所不同，但总体来说，赏金猎人在美国是合法的，即使在今天的美国依旧如此。有些州要求赏金猎人须获得执业许可；其他一些州则要求赏金猎人在相关部门登记注册即可。只有少数州（肯塔基州、伊利诺斯州和俄勒冈州）完全禁止赏金猎人对弃保潜逃者执行逮捕。

尽管可能存在一些内在的差异，但是作为一种打击违法犯罪行为的"另类"模式，可以与中国在质量领域出现的"职业打假人"做一定的类比。职业打假人也是在奖金或者罚金所得的激励下，没有官方的授权，通过索赔等方式对质量安全的违法者给予相应的制裁，自己也取得一定的经济回报。但是在中国的不同区域、在官方和民间，对这种打假模式有着不少的争议。据统计，深圳市大约有 20 多个"职业打假人"，这些人专门以问题食品为目标，除要求商场给予 10 倍赔偿外，还要求有关部门查处并发放举报奖金。① 尤其是"职业打假人"王高彬与深圳乐购超市之间的较量，使得一些有争议的问题得到了社会层面的广泛关注和讨论。乐购超市当时就对王高彬等职业打假人的身份提出质疑，称他们打假只是为了牟取私利，公众不应该支持，市场监督管理部门也不能用行政手段去干涉。超市负责人认为，王高彬等人从严格意义上讲，他们不算真正的消费者，

① http://gcontent.oeeee.com/1/44/144a3f71a03ab7c4/Blog/47f/303cb2.html，2013 年 4 月 15 日检索。

社会不应该鼓励和纵容这种行为，应该严厉谴责和制止。但是，深圳市市场监督管理局则选择了高调支持王高彬。该局局长曾说，王高彬的做法并没有错，市场监管局还将依据《消费者权益保护法》和《食品安全法》给予深圳乐购超市重罚。深圳市消费者委员会也表示，消费者若买到过期商品，只要索赔金额在价款的 10 倍以内，就受法律支持，因为相关法律明确规定可以索要赔偿金。目前并无相关法律禁止职业维权，所以"职业打假"行为构不成违法和犯罪。（这种行为）在获得自身收入的同时，也让群众受益，从道德层面讲具有一定的积极意义，此番话语赢得了市民的支持甚至喝彩。但是，并不是所有部门和个人都对"职业打假"持正面肯定态度。2012 年底，国家质量监督检验检疫总局发布的《产品质量申诉处理办法（征求意见稿）》，因其规定不受理"知假买假"引发的质量申诉而遭到不少的质疑和反对，有人认为，这实际上从官方层面否定了"职业打假"这种做法，但有些学者则坚持从原来法律中消费者的定义出发，否定职业打假存在的法律基础，从而维护这一规定的合理性。唇枪舌剑之下引发了广泛的社会争议，而消费者的态度是明确无疑的，《中国消费者报》在 2012 年 11 月 27 日至 12 月 5 日进行的一项网络调查的最终结果显示，94.44% 的受访者认为质量部门应接受"知假买假"引发的质量申诉。[1]

赏金猎人是美国司法体系的一个重要工具，对其合理性和合法性也有很多的争议，在实行的过程中弊端也不少，但这一制度至今在美国的大部分州中依然保留。[2] 现实中，美国历史上最著名的赏金猎人查普曼虽曾入狱，但后来却收养了 13 个小孩。可能这些都是个案，赏金猎人的动机可能并非为了维护司法的正义和完整，并非寻求个人的理想，也极有可能是完全出于对利益的追逐，但不应该凭其动机来否定其效果，历史数据显示，绝大多数的逃犯被赏金猎人绳之以法，法律的尊严得到了保全。同样，在政府质量安全监管能力不足的当下，"职业打假人"对市场监管和秩序的维护起着重要的补充作用，即使政府有充足的人力、物力和财力，也不能断然否定这种方式，其效率有可能高于政府的某些规制手段。通常情况下，他们比普通市民更具备质量安全方面的专业知识，更能认清商品的质量安全问题所在，以另一种方式督促和迫使商家规范市场运作。在打

---

① http://www.chinanews.com/fz/2012/12-06/4388246.shtml，2013 年 4 月 15 日检索。
② 李忠民：《美国商业保释和赏金猎人制度评析》，《人民论坛》，第 120 页。

假举报中，职业打假人的数量在不断增长，其中也的确存在牟利的行为，但是监管部门要做的可能不是因噎废食，而是需要用规范和引导的方法趋利避害。要知道，这种借助公众力量执法的点子在公安部门追缉逃犯的案例中已经形成一套完整的规则，效果也是显著的，所以，看不出不按照"拿来主义"加以应用的理由。

五 企业质量安全责任的激励和约束——保险机制的双重功效

质量安全问题的产生根源在于信息不对称。那么，与所有信息不对称问题的解决一样，保险机制及保险公司在其中都能够发挥多重功效。罗斯柴尔德和斯蒂格利茨（1976）最早将信息不对称的理论用来分析保险市场。[①] 在他们的论文中指出，由于被保险人和保险公司之间存在信息不对称，就会导致车主在购买车险之后疏于对汽车的保养，而保险公司赔偿的概率增加。这其实是在保险领域由于信息不对称导致的道德风险（moral hazard）对车险投保人行为带来的逆向激励。同样，当保险金固定的时候，低风险类型的投保人投保之后得到的最终效用可能低于他不参加保险时的效用，因而这一类人群会选择退出保险市场，只留下那些高风险类型的投保人才愿意参加该项保险。也就是说，那些自身驾驶习惯良好，比较谨慎的车主不会选择购买汽车保险，只有那些出事故概率较高的、比较莽撞的车主才投保，当低风险的车主退出之后，如果保险金和赔偿额度不变，保险公司将会亏损，这就是保险市场上的逆向选择（adverse selection）问题。

以上看到的可能都是信息不对称对保险机制和保险公司带来的挑战和危机，但是事实如何，保险公司正是在积极应对这些行为人对信息和行为的隐藏过程中，不断发展出一整套控制信息不对称带来的风险的解决方案。质量安全的信息不对称毫无疑问具有信息不对称问题的共性，从而使得这些工具和方法也能被保险公司用来解决质量安全领域中保险带来的并发问题，并且对质量安全的主体产生激励和约束两方面的影响。

首先，在质量安全领域和质量安全的责任体系中引入保险，这种救济

---

① Rothschild, Michael and Stiglitz, Joseph E, 1976, "Equilibrium in Competitive Insurance Markets: An Essay on the Economics of Imperfect Information," *The Quarterly Journal of Economics*, 90 (4), pp. 630 – 649.

机制能够实现对质量安全风险及其伤害损失的分担，避免消费者所遭受的质量安全风险得不到补偿，防止引发更为严重的社会危机。其次，也是更为重要的，保险和保险公司能够在质量安全责任体系中对责任主体产生激励和约束的双重效能。在激励方面，为了避免质量安全信息不对称带来的道德风险危机，保险公司会在保险合同中设置各种条款，避免投保人在被保险之后放松质量安全责任的履行，激励投保人在行为过程中履行积极的责任关注。在约束方面，为了防止质量安全信息不对称所带来的逆向选择问题，保险公司会通过多种方式积极地核查和验证投保对象的质量安全状态，发现其中存在的质量安全风险，不仅实现了质量安全风险信息的筛选和排查，也约束了投保对象在质量安全上的投机行为。

斯蒂格利茨在分析车险市场的时候，从理论推理中提出的解决方案，是让保险的购买者在两种不同的投保方案当中做出选择。一种是较高的自赔付率加上较低的保险费率，一种是较低的自赔付率加上较高的保险费率，让投保人自己选择，通过这种机制，实际上让投保对象自己提供了自身的"质量安全"特征的信息，以解决保险机制中存在的逆向选择。而面对保险市场中的道德风险，保险公司采取的办法是建立声誉机制，记录良好的投保人保险费率较低，而有不良记录的投保人则会面对高额的保险费率，通过这种方法激励投保对象履行自己的"质量安全"责任。这些保险公司常用的方法在质量安全责任的保险领域同样适用，同样可以发挥克服逆向选择和道德风险问题，不仅可以实现质量安全信息的自动显示机制，而且可以实现质量安全责任履行的激励。

遗憾的是，不论是国外还是国内，在汽车安全责任领域，责任保险的机制和制度都已经有了长期的理论研究和实践经验的积累。但是我国在质量安全领域中对保险机制运用的理论探索和实践运作都较为缺乏。

在质量安全领域，国外在高危设施，如核设施、航空器、火车、轮船、索道、输油管道、转基因食品以及其他会对环境产生危害的设施，都有成文的强制保险。尤其是职业安全责任领域，保险机制运用广泛。德国《环境责任法》第19条特别规定，可能给环境造成损害的特定设施的所有人必须采取一定的预先措施，保障将来环境侵权责任的有效履行。这些措施包括：（1）责任保险；（2）由联邦或某个州证明免除或保障赔偿义务的履行；（3）由在该法适用范围内有权从事营业活动的金融机构提供免除或保障义务履行的证明，但以该金融机构保证提供类似于某种责任保险的担保为限。如果该特定设备所有人未履行上述法定义务，不但主管机关可以依照该法第 19 条第 4 款的规定全部或部分禁止该设备的运行，而且依照该法第 21 条的有关规定，设施所有人还将承担相应的刑事责任，可能会被处以 1 年以下有期徒刑或罚金。我国台湾地区的强制意外公共责任险非常发达，几乎涵盖了绝大多数涉及公共安全的领域。不仅如此，这些国家和地区还非常注意强制保险与社会保险的协调。

211

第四节 质量安全政府责任机制的设计

质量安全政府责任机制的设计是建立在社会共治的责任体系重构的基础之上，然后针对质量安全监管的组织及其行政人员建立激励和约束相容的责任承担的合理机制。

一 责任主体与规制机构分离

一般而言，发达国家质量安全规制责任主体与规制机构分开。在发生监管失效时，由责任主体而不是规制机构承担最后的监管责任。[1] 例如，在很多国家，药品安全规制的责任主体一般是卫生部门的首脑，其对监管责任负责，而地方的药品安全监管责任，则由地方行政长官负责。在这一方面，美国的 FDA 是典型，FDA 负责具体的药品监管工作，而美国的卫生与公众服务部（United States Department of Health and Human Services）部长则负责药品的审批。这种体制有利于加强责任主体的监管责任，管理权和监督权的分离，便于追究监管责任，也相应地减少了在监管执法过程中的寻租行为。我国的质量安全监管部门既是监管的主体，也是执法的主体，又是责任承担的主体，这种三位一体，不利于监管机构的专业化发展，在责任重压下，监管和执法也会走样，要想从这种责任的过度压力下解脱出来，专注于履行自己部门的职责，需要探索类似美国 FDA 食品药品监管体制。

二 对政府行政人员责任承担的约束与激励机制设计

在质量安全监管中，需要根据政府责任在监管中的作用和地位，以及

---

[1] 王淑娟：《发达国家药品安全规制经验及对中国的启示》，《开放导报》2011 年第 5 期，第 66 页。

这一领域中行政人员工作的特性，设计针对监管部门及其工作人员的质量安全责任的激励与约束相容机制，保证主体责任的履行和对其问责的有效性。

（一）以制度化建设规范政府责任中的伦理和道德责任

政府行政责任有其道德责任或者行政伦理的一面，这是行政人员较高层次的责任，需要内在的信仰和精神动力来坚守。从道德责任和伦理责任来看，对于政府组织和公务员来说，责任往往表现为一种软约束，其作用的发挥难以得到有效保障。① 但它一旦与法律结合，则既能够继续发挥其内在约束的功能，又能够获得有效的外部保障。

（二）破除权力和利益之间的纽带，恢复权力和责任之间的对称性

政府的质量安全是对社会经济的一种规制，由于会影响到市场主体、企业和行业的经济行为和经济利益，所以容易形成寻租的空间，监管行为会带来不同方面和层次的利益，也容易被利益关系"绑架"，在权力被利益束缚住的时候，权力与责任对应的"铁律"已遭破坏。所以，几种打破这种扭曲关系的政策措施是必需的。

权力与责任对应，权力与利益之间也可能存在分不开的联系。② 如果没有充足的预算保障，没有合理的收入分配制度，权力与利益之间的结合更加牢不可破，责任的承担也就很难高效地完成。在权力与利益紧密结合的时候，对政府和行政人员的研究采用理性人的假设更为合理。显然，如果权力高度集中的话，没有相互制约，就难以防止行政人员的自利行为。质量安全管理中，监管部门的行政权力过度集中，没有制约机制，也可能导致行政人员追逐自身利益的实现，干扰了质量安全治理的正常秩序。这就需要来自上层的权力制约和层级之间的相互制约。

---

① 刘厚金：《我国行政问责制的多维困境及其路径选择》，《学术论坛》2005 年第 11 期，第 40 页。

② 李文钰、王经北：《利益·责任·机制：增强我国权力监督动力的路径》，《求实》2009 年第 10 期，第 65 页。

第十二章　结论和研究展望

本书关注的焦点主要是两个，首先是中国质量安全责任体系和责任机制的现状，以及其中存在的问题，其次是质量安全责任体系的重建和激励—约束相容责任机制的构造。当然，对这些内在问题的认识和解决方案的形成，都是基于对质量安全责任，乃至责任本身的深刻理解。

从责任的基础理论来看，不管是责任的内涵、属性还是责任的分类，都内在地表达了，如果想达到责任的有效履行，需要主体将责任的理念内化到其精神世界中，即将责任融合到主体的价值观当中。如果做不到这一点，就需要有力的外在的激励和约束机制来约束主体履行其责任。以此类推到质量安全责任领域，对于质量安全的各个主体而言，这道理是一样成立的。当然，如果企业能够将质量安全责任内化到企业的愿景架构和企业的价值观中，那么积极履行质量安全责任对于企业而言自然是激励和约束相容的，企业履行质量安全责任与企业经营目标的实现在本质上是不矛盾的。我们从国外很多能够做到延续百年、甚至几百年的公司的身上都可以看到这样的特征。比如丰田汽车公司，从创立初期一直到 20 世纪的 80 和 90 年代，一直将产品质量作为企业的首要经营目标，并围绕着这一目标，不管是其不同时代领导人的经营理念和工作要求，还是企业质量安全管理体系的构建，都以质量作为中心。但是 2008 年和 2009 年，丰田汽车公司在全球范围内出现的一系列"质量门"事件，归根结底就是后来的丰田公司的掌门人将经营理念从质量转向了盲目扩张和利润目标，忽视了以质量和品牌对消费者负责的追求。再有美国的强生公司，强生及其所有分公司最醒目位置悬挂的从来不是市场任务，亦非营运周期或营利数据，而始终是仅有一页的、语言简洁纯朴的——《我们的信条》，提出的该公司的首要责任是："我们相信我们首先要对医生、护士和病人，对父母亲以及所有使用我们的产品和接受我们服务的人负责。为了满足他们的需求，我们所做的一切都必须是高质量的"；"第二个责任是对世界各地和我们一起共事的男女同仁负责。对在我们的工厂和办公室里工作的男士、女士负责"；第三个责任是"我们要对我们所生活和工作的社会，对整个世界负责。我们必须做好公民——支持对社会有益的活动和慈善事业"，最后一个责任才是对全体股东负责，企业经营必须获得可靠的利润。

国外有很多百年基业长青的企业成功的内在原因的确如此，包括一些蜚声世界的社会组织也秉持着这样的理念。但是，在当前的中国，虽然不能否认大部分的企业都能够做到遵守质量安全责任的底线，也有一些企业和企业家将质量安全真正地作为企业的生命和企业的使命。但必须承认的是，也的确有相当一部分企业和企业家诚信缺失，责任缺乏，更难谈其积极主动履行质量安全的市场主体责任。面对这种困境，就需要建立面向企业的推动企业履行质量安全市场主体责任的激励和约束机制。

而从我们分析的中国企业质量安全市场主体责任的现状来看，中国企业的质量安全责任缺失的原因有很多，在激励和约束两方面都没有适当的长效机制。尤其是缺乏对于企业履责的"硬约束"，另外，质量安全监管部门对企业的过度规制也是使得其履行质量安全市场主体责任乏力的重要因素。

关于质量安全责任的激励和约束机制，除了在文中已经提到的，包括质量奖、消费者教育、惩罚性赔偿和消费者权益保护的社会组织等等，还有政府通过企业社会责任国际标准的推行和运用投资及金融杠杆促进企业履行质量安全的社会责任等措施。另外，改变监管部门对于企业履行质量安全责任的过多规制，也是发挥企业质量安全责任积极性的重要方面。但是从上一章我们所做的国际比较分析来看，无论是政府质量奖的推广、惩罚性赔偿约束的实施、消费者素质和能力的培养，还是消费者社会组织功能的培育，中国与世界先进水平、甚至与经济发展水平与我国不相上下的发展中国家比较，都存在较大的差距，这就导致了企业在质量安全市场主体责任的履行上，既没有动力，也没有相应的惩罚和约束，自然难以保证质量安全产品的正常提供和良好的市场环境的建立。

可见，要想改变目前质量安全主体责任机制中普遍存在的"激励—约束不相容"的困境，建立符合责任本质和适合责任机制发挥作用的新机制，其关键就在于正确地设立激励机制和约束机制，让质量安全的市场主体在责任体系中起到基础作用，发挥其积极性，就需要运用政府、消费者和社会组织的力量共同参与这些保障机制的建设。除了直接面对企业质量安全责任的激励和约束机制之外，对于政府监管主体和消费者而言，也要通过体制和机制的改革发挥这些主体在质量安全责任体系中的应有作用。首先，要充分发挥消费者在质量主体责任机制中的"用脚投票"选择能力。通过中小学教育、社会宣传等多种途径推进消费者能力和素质教育。在发挥已有的社会教育模式作用的同时，广泛借鉴日本和美国等国外成熟的学校消费者教育的经验。让我国消费者在质量安全知识、质量安全甄别能力和维权能力等方面的素质得到一个较大程度的提高，对生产者形成更强有力、更广泛的质量安全责任履责的压力。另外，在国家进行社会组织管理改革的背景下，以及正在推行的向市场和社会组织下放行政权力的过程中，积极培育有关消费者权益保护的社会组织，推动建立不同区域、不同行业和不同质量安全领域的社会组织。发挥这些消费者权益保护的社会组织接受消费者质量安全的投诉，向消费者传递质量安全的信息，代表消费者维权、与政府和生产者沟通的多项功能，形成质量安全共同治理的良好氛围。

质量安全监管部门在当前中国的质量安全责任体系中，其位置和作用是"尴尬"的，本质上不是市场主体，而在当前的责任履行过程中常常替代了市场主体的一些质量安全职责，甚至被消费者认为是质量安全风险的根本来源。在质量安全事件频发的时候，也成为问责的"重灾区"。对于监管主体的"过度问责"模糊了监管主体和市场主体在质量安全治理和责任承担上的界限，也对监管人员的履责行为产生了逆向的激励。我们在中国的质量安全事件背后，可以列举出许多对政府监管部门工作人员问责的实例，但是我们从国外质量安全事件的案例中，很少看到国外质量安全监管部门和里面的行政人员受到严苛的问责惩罚，究其原因，从中外质量安全政府监管的比较来看，我们认为中国的质量安全监管在监管职能范围的设定、监管方式的选择上都偏离了让市场主体履行质量安全责任的本意，而质量安全的问责也有内在的弊端，而职责设定、职责的回应范式以及问责制度三者之间没有形成良性循环。

对于政府和政府的质量安全监管部门而言，在当前机构改革的大背景下，以行政许可制度的改革为契机，将某些质量安全监管或者监察的职能向市场和社会转移，这不仅有助于使得政府组织及其行政人员自身在质量安全责任体系中实现激励和约束相容，更为重要的是，政府质量安全责任的科学定位和理性回归，是消弭过去政府在质量安全领域对企业主体的过度规制，让企业回归质量安全市场主体地位的重要一步。从这种意义上说，这其实是一件一举两得的有效改革。

216

最终，我们可以预见，在质量安全领域，在政府、市场和社会三方共治的背景下，在市场主体、社会组织和政府监管三方的共同努力下，中国的质量安全环境必定能够得到良好的治理，实现对社会公众的总体福利的保护和改善。

当然，本研究还存在可以进一步完善的空间，这主要体现在研究方法和理论构建两个方面。

从研究方法来看，本研究可以更多地利用实证研究的方法。虽然我们使用了很多的案例，尤其是在企业质量安全责任的现状和政府质量安全责任的问责方面，但是，较多的还是根据二手资料进行描述和总结。在企业质量安全责任的承担方面，首先，缺少一手的案例材料进行深刻的分析，从中找出中国的企业缺少将质量安全责任和企业的核心价值理念的融合，企业自身质量管理体制的设置，内在缺陷，随着企业发展进程而产生的不匹配性。再有，企业所接触的外在的质量安全责任的激励和约束机制对于中国企业的真实效果如何评价。最后，至关重要的问题是，缺乏政府对于企业在质量安全领域的过度规制的典型案例的描述，我们只能采用权宜之计，用企业在质量安全事件发生之后向新闻媒体和外界的反馈意见来间接证明这一点。

其次，对企业质量安全责任的分析中，缺乏大数据样本的观察，虽然案例风险能够让我们对分析对象及其存在的内在问题进行一定的认知，但是只能是感性的、定性的了解，要想得到定量的，可以说明因果关系的，对于企业履行质量安全责任的判断，还是需要观测数据和调研数据样本量比较大，才足以支撑。武汉大学质量发展战略研究院正在进行的全国范围内的"宏观质量观测"在未来可能可以提供这方面的数据支撑。

在对质量安全政府责任的分析中，本书的分析采用的主要方法是案例分析的方式。在案例分析中，我们手中掌握的案例可以表明政府质量安全责任在职责的划分、职责的履行方式上都与质量安全的治理不相容，但是在质量安全责任的问责上面，缺乏对于这种问责机制与具体的行政人员承担工作责任之间关系的细致描述。

从理论构建上，我们的研究也存在不足。虽然我们提出中国质量安全责任存在内在矛盾的根本原因在于体系和机制上的缺陷导致各个主体面临的激励和约束的不相容，对不同主体面对的这些激励和约束不相容的特征及其行为特征和效果进行了局部均衡和静态均衡的建模分析，但是考虑到质量安全责任体系中各个主体之间的内在联系，主体行为之间的相互影响和制约，以及随着政府改革和市场运行的动态变化，单一的、局部的、静态的分析还是不足以全面表达和验证这一体系的内在运行规律和机制上的内在缺陷，以及在此基础上提出政策解决方案。

我们的研究，在理论分析上，对政府过度规制和过度问责之间的关系缺乏一个统一的理论框架，从而验证两者之间的这种悖论关系。另外，在共同治理与整个质量安全责任体系的治理效果之间的联系，也没有用一个合适的框架进行证明。

总而言之，虽然本书对中国质量安全责任体系的整体缺陷，各个主体自身存在的激励和约束不相容的典型问题，社会组织在中国质量安全责任体系中的缺失进行了尝试性的分析，也从责任体系的重构和激励—约束相容的责任体制的设计这两方面提出了改革的方向和较为有针对性的政策建议，但是仍然留下了一些未解决的问题，有待在将来的研究过程中加以深化和完善。

217

参考文献

中文参考论文

1. 程虹：《宏观质量管理的基本理论研究——一种基于质量安全的分析视角》，《武汉大学学报》（哲学社会科学版）2010 年第 1 期。

2. 程虹：《2012 年中国质量状况——消费者感知与模型构建》，《宏观质量研究》2013 年第 1 期。

3. 程虹、范寒冰、罗英：《美国政府质量管理体制及借鉴》，《中国软科学》2012 年第 12 期。

4. 程虹、范寒冰、肖宇：《企业质量安全风险有效治理的理论框架》，《管理世界》2012 年第 12 期。

5. 程虹、李丹丹：《我国宏观质量管理体制改革的路径选择》，《中国软科学》2009 年第 12 期。

6. 程虹、李清泉：《我国区域总体质量指数模型体系与测评研究》，《管理世界》2009 年第 1 期。

7. 程虹、刘芸：《利益一致性的标准理论框架与体制创新——"联盟标准"的案例研究》，《宏观质量研究》2013 年第 1 期。

8. 李酣、马颖：《过度问责与过度规制——中国质量安全规制的一个悖论》，《江海学刊》2013 年第 5 期。

9. 李酣：《中国政府质量安全责任的消费者评价及影响因素——基于 2012 年全国调查问卷的实证研究》，《宏观质量研究》2013 年第 1 期。

10. 李酣：《从市场失灵到政府失灵——政府质量安全规制的国外研究综述》，《宏观质量研究》2013 年第 2 期。

11. 廖丽、程虹：《法律与标准的契合模式研究》，《中国软科学》2013 年第 7 期。

12. 罗英：《提高公共服务质量》，《人民日报》2012 年 12 月 17 日。

13. ［美］彼德·赫佐格：《美国产品责任法的最新发展》，仁堪译，《法学译丛》1991 年第 3 期。

14. 蔡立辉：《西方国家政府绩效评估的理念及其启示》，《清华大学学报》（哲学社会科学版）2003 年第 1 期。

15. 常欣：《放松管制与规则重建——中国基础部门引入竞争后的政府行为分析》，《经济理论与经济管理》2001 年第 11 期。

16. 陈承堂：《论社会团体权力的生成——以消费者协会与行业协会为例》，《当代经济法学研究》2009 年第 4 期。

17. 陈国权、李院林：《政府职责的确定：一种责任关系的视角》，《经济社会体制比较》2008 年第 3 期。

18. 陈君石：《风险评估在食品安全监管中的作用》，《农业质量标准》2009 年第 3 期。

19. 陈松、瞿琳：《欧盟食品风险评估制度的构成及特点分析》，《农业质量标准》2008 年第 5 期。

20. 陈燕、李晏墅、李勇：《声誉机制与金融信用缺失的治理》，《中国工业经济》2005 年第 8 期。

21. 董志强、严太华：《监察合谋：惩罚、激励与合谋防范》，《管理工程学报》2007 年第 3 期。

22. 冯辉：《问责制、监管绩效与经济国家》，《法学评论》2011 年第 3 期。

23. 冯忠泽、李庆江：《消费者农产品质量安全认知及影响因素分析——基于全国 7 省 9 市的实证分析》，《中国农村经济》2008 年第 1 期。

24. ［美］高和·里兹维：《美国政府创新：观察和经验》，《经济社会体制比较》2009 年第 6 期。

25. 汉斯·兰克：《什么是责任?》，《西安交通大学学报》（社会科学版）2011 年第 5 期。

26. 何小洲、刘姝、杨秀苕、Edy Wong：《国外消费者对"中国制造"的感知与评价及对中国企业的启示与建议——来自加拿大埃德蒙顿的调查》，《中国软科学》2007 年第 1 期。

27. 黄群慧、彭华岗、钟宏武、张蒽：《中国 100 强企业社会责任发展状况评价》，《中国工业经济》2009 年第 10 期。

28. 贾丽丽：《产品责任归责理论的经济分析——"东芝风波"引起的思考》，《当代经济科学》2001 年第 3 期。

29. 蒋大平：《美欧产品责任归责原则之嬗变及其启示》，《求索》2006 年第 8 期。

220

30. 江平：《民法中的视为、推定与举证责任》，《政法论坛》1987 年第 4 期。

31. 金自宁：《作为风险规制工具的信息交流——以环境行政中的 TRI 为例》，《中外法学》2010 年第 3 期。

32. 李珂、冯玉军：《惩罚性赔偿制度的法经济学分析》，《首都师范大学学报》（社会科学版）2005 年第 4 期。

33. 李胜兰、周林彬、毛清芳：《产品责任原则的经济分析》，《兰州大学学报》（社会科学版）1996 年第 1 期。

34. 梁慧星：《论产品制造者、销售者的严格责任》，《法学研究》1990 年第 5 期。

35. 梁慧星：《中国的消费者政策和消费者立法》，《法学》2000 年第 5 期。

36. 梁慧星：《中国产品责任法——兼论假冒伪劣之根源和对策》，《法学》2001 年第 6 期。

37. 刘大洪、张剑辉：《论产品严格责任原则的适用与完善——以法和经济学为视角》，《法学评论》2004 年第 3 期。

38. 林闽钢、许金梁：《中国转型期食品安全问题的政府规制研究》，《中国行政管理》2008 年第 10 期。

39. 刘大伟、唐要家：《社会公共组织参与管制优势的法经济学分析——以公用事业价格听证中的消费者组织为例》，《法商研究》2009 年第 4 期。

40. 罗智敏：《意大利最新集团诉讼立法探究——兼议对我国的立法启示》，《比较法研究》2012 年第 1 期。

41. 马士国：《基于市场的环境规制工具研究述评》，《经济社会体制比较》2009 年第 2 期。

42. 马骥、秦富：《消费者对安全农产品的认知能力及其影响因素——基于北京市城镇消费者有机农产品消费行为的实证分析》,《中国农村经济》2009 年第 5 期。

43．麦充志:《美国食品安全监管现状及其对我国的启示》,《中国热带医学》2008 年第 8 期。

44．聂辉华、蒋敏杰:《政企合谋与矿难:来自中国省级面板数据的证据》,《经济研究》2011 年第 6 期。

45．齐向东:《日本的消费者教育》,《国外社会科学》1997 年第 3 期。

46．钱昊平:《中国有多少"部级"单位?》,《南方周末》2012 年 2 月 19 日。

47．千省利、薛平智:《我国产品责任归责原则的法学与经济学分析》,《河北法学》2002 年第 2 期。

48．沈宏亮:《社会性规制的市场结构效应:文献综述及启示》,《经济社会体制比较》2011 年第 5 期。

49．史际春、冯辉:《"问责制"研究——兼论问责制在中国经济法中的地位》,《政治与法律》2009 年第 1 期。

50．石涛:《我国政府监管机构改革:现状分析、模式比较及对策研究》,《上海行政学院学报》2013 年第 2 期。

51．宋世明:《分类管理:美、英、法三国执政党管"干部"之演变规律》,《经济社会体制比较》2009 年第 2 期。

52．宋世明、王红缨:《中国的公务员制度:对西方经验的拒绝、改造、引进与超越》,《经济社会体制比较》2010 年第 6 期。

53．宋涛:《新公共管理阶段行政问责的变化特点》,《深圳大学学报》(人文社会科学版) 2007 年第 1 期。

54．唐铁汉:《我国开展行政问责制的理论与实践》,《中国行政管理》2007 年第 1 期。

55．Tony Saich:《对政府绩效的满意度:中国农村和城市的民意调查》,《公共管理评论》2006 年第 12 期。

56．王利明:《美国惩罚性赔偿制度研究》,《比较法研究》2003 年第 5 期。

57．王晨:《揭开"责任危机"与改革的面纱》,《比较法研究》2001 年第 3 期。

58. 王哲、郭义贵：《效益与公平之间——波斯纳的法律经济学思想评析》，《北京大学学报》（哲学社会科学版）1999年第3期。

59. 文绪武：《美国能源产业管制的法律分析》，《经济社会体制比较》2009年第1期。

60. 吴统雄：《态度与行为研究的信度与效度：理论、应用、反省》，《民意学术专刊》1985年第2期。

61. 徐柏园：《我国农产品质量安全管理问题分析》，《宏观经济研究》2007年第3期。

62. 许德昌、张剑渝：《西方规制经济学述评》，《经济学动态》1995年第3期。

63. 燕继荣：《变化中的中国政府治理》，《经济社会体制比较》2011年第6期。

64. 尹振东、聂辉华、桂林：《垂直管理与属地管理的选择：政企关系的视角》，《世界经济文汇》2011年第6期。

65. 张桂红：《美国产品责任法的最新发展及其对我国的启示》，《法学研究》2001年第6期。

66. 张骐：《中美产品责任的归责原则比较》，《中外法学》1998年第4期。

67. 张骐：《中美产品责任法中产品缺陷的比较研究》，《法制与社会发展》1999年第2期。

68. 张文显：《法律责任论纲》，《吉林大学社会科学学报》1991年第1期。

69. 张朝华：《市场失灵、政府失灵下的食品质量安全监管体系重构——以"三鹿奶粉事件"为例》，《甘肃社会科学》2009年第2期。

70. 张宗新、张晓荣、廖士光：《上市公司自愿性信息披露行为有效吗？——基于1998—2003年中国证券市场的检验》，《经济学》（季刊）2005年第2期。

71. 周德翼、杨海娟：《食物质量安全管理中的信息不对称与政府监管机制》，《中国农村经济》2002年第6期。

72. 周晓虹：《从日本的经验看我国学校消费者教育的必要性和可能性》，《消费经济》1999年第6期。

中文参考书籍

73．程虹：《宏观质量管理》，湖北人民出版社 2009 年版。

74．程虹、李丹丹、范寒冰：《宏观质量统计与分析》，北京大学出版社 2011 年版。

75．程虹：《中国质量怎么了》，湖北科学技术出版社 2013 年版。

76．［美］阿维纳什·迪克西特：《法律缺失与经济学：可供选择的经济治理方式》，郑江淮等译，中国人民大学出版社 2007 年版。

77．［美］埃利斯代尔·克拉克：《产品责任》，黄列译，社会科学文献出版社 1992 年版。

78．［美］安东尼·奥格斯：《规制：法律形式与经济学理论》，骆梅英译，中国人民大学出版社 2008 年版。

79．安东尼·奥罗姆：《政治社会学》，张华青等译，上海人民出版社 1989 年版。

80．［美］保罗·斯洛维奇等：《事实对恐惧：理解可觉知的风险》，载丹尼尔·卡尼曼等编《不确定状况下的判断：启发式和偏差》，方文等译，中国人民大学出版社 2008 年版。

81．陈永广：《消费危险与产品缺陷》，中国标准出版社 2005 年版。

82．［美］大卫·弗里德曼：《经济学语境下的法律规则》，杨欣欣译，法律出版社 2004 年版。

83．［美］戴维·毕瑟姆：《官僚制》（第二版），韩志明、张毅译，吉林人民出版社 2005 年版。

84．［英］戴维·沃克：《牛津法律大辞典》，李双元等译，法律出版社 2003 年版。

85．［美］丹尼尔·史普博：《管制与市场》，余晖等译，上海人民出版社 2008 年版。

86．［美］道格拉斯·拜尔等：《法律的博弈分析》，严旭阳译，法律出版社 1999 年版。

87．方秋明：《"为天地立心，为万世开太平"——汉斯·约纳斯责任伦理学研究》，光明日报出版社 2009 年版。

88．［美］菲利普·J. 库珀等：《二十一世纪的公共行政：挑战与改革》，王巧玲、李文钊译，中国人民大学出版社 2006 年版。

89．［美］盖伊·彼得斯等编：《公共政策工具：对公共管理工具的评价》，顾建光译，中国人民大学出版社 2007 年版。

90．郭道晖：《社会权力与公民社会》，译林出版社 2009 年版。

91．［美］哈特：《惩罚与责任》，王勇、张志铭等译，华夏出版社 1989 年版。

92．［德］汉斯·约纳斯：《责任原理：技术文明时代的伦理学探索》，方秋明译，上海人民出版社 2010 年版。

93．［德］汉斯·约纳斯：《技术、医学与伦理学——责任原理的实践》，张荣译，上海译文出版社 2008 年版。

94．［法］亨利·法约尔：《工业管理与一般管理》，周安华等译，中国社会科学出版社 1982 年版。

95．黄文平、王则柯：《侵权行为的经济分析》，中国政法大学出版社 2005 年版。

96．简资修：《经济推理与法律》，北京大学出版社 2006 年版。

97．［美］詹姆斯·罗西瑙：《没有政府的治理》，张胜军、刘小林等译，江西人民出版社 2001 年版。

98．［美］杰弗里·哈里森：《法与经济学》（影印本），法律出版社 2004 年版。

99．［美］杰瑞·菲利普斯：《产品责任法》（影印本），法律出版社 1999 年版。

100．经济合作与发展组织编：《OECD 国家的监管政策：从干预主义到监管治理》，陈伟译，法律出版社 2006 年版。

101．［美］凯斯·R．桑斯坦：《风险与理性：安全、法律及环境》，师帅译，中国政法大学出版社 2005 年版。

102．［美］凯斯·R．桑斯坦：《权利革命之后：重塑规制国》，钟瑞华译，中国人民大学出版社 2008 年版。

103．［德］康德：《道德形而上学原理》，苗力田译，上海人民出版社 1988 年版。

104．李俊：《美国产品责任法案例选评》，对外经贸大学出版社 2007 年版。

105．［美］理查德·波斯纳：《法理学问题》，苏力译，中国政法大学出版社 1994 年版。

106．[美]理查德·波斯纳：《法律的经济分析》，蒋兆康译，中国大百科全书出版社 1997 年版。

107．[美]丽莎·乔丹等：《非政府组织问责：政治、原则与创新》，康晓光等译，中国人民大学出版社 2008 年版。

108．梁慧星：《民法学说判例与立法研究》，中国政法大学出版社 1993 年版。

109．梁慧星：《民法解释学》，中国政法大学出版社 1995 年版。

110．林立：《波斯纳与法律经济分析》，上海三联书店 2005 年版。

111．刘文琦：《产品责任法律制度比较研究》，法律出版社 1997 年版。

112．[法]卢梭：《社会契约论》，何兆武译，商务印书馆 2005 年版。

113．[美]罗宾·麦乐怡：《法与经济学》，孙潮译，浙江人民出版社 1999 年版。

114．[美]罗伯特·考特、托马斯·尤伦：《法和经济学》，施少华、姜建强等译，上海财经大学出版社 2002 年版。

115．[英]洛克：《政府论》（下），瞿菊农译，商务印书馆 1983 年版。

116．[美]默里·韦登鲍姆：《全球市场中的企业和政府》，张兆安译，上海三联书店 2006 年版。

117．[德]马克斯·韦伯：《经济行动与社会团体》，康乐、简惠美译，广西师范大学出版社 2004 年版。

118．[美]曼瑟尔·奥尔森：《集体行动的逻辑》，陈郁等译，上海三联书店 1995 年版。

119．[美]美国法律研究院：《侵权法重述第三版：产品责任》，肖永平、龚乐凡、汪雪飞译，法律出版社 2006 年版。

120．[美]纳什：《大自然的权利：环境伦理学史》，杨通进译，青岛出版社 1999 年版。

121．[美]尼古拉斯·麦考罗、斯蒂文·曼德姆：《经济学与法律——从波斯纳到后现代主义》，朱慧、吴晓露、潘晓松译，法律出版社 2005 年版。

122. ［美］彼得斯：《官僚政治》（第 5 版），聂露、李姿姿译，中国人民大学出版社 2006 年版。

123. ［美］皮特·凯恩：《法律和道德中的责任》，罗李华译，商务印书馆 2008 年版。

124. 曲振涛：《法经济学》，中国发展出版社 2005 年版。

125. ［美］史蒂芬·布雷耶：《打破恶性循环：政府如何有效规制风险》，宋华琳译，法律出版社 2009 年版。

126. 史晋川：《法律·法规·竞争》，经济科学出版社 2008 年版。

127. ［美］斯蒂芬·海维特：《产品责任法概述》，陈丽洁译，中国标准出版社 1991 年版。

128. ［美］斯蒂文·萨维尔：《事故法的经济分析》，翟继光译，北京大学出版社 2004 年版。

129. 宋涛：《社会规律属性与行政问责实践检验》，社会科学文献出版社 2010 年版。

130. 世界银行专家组：《公共部门的社会问责：理念探讨及模式分析》，宋涛译，中国人民大学出版社 2007 年版。

131. ［美］特里·L. 库珀：《行政伦理学：实现行政责任的途径》，张秀琴译，人民大学出版社 2001 年版。

132. ［美］托马斯·R. 戴伊：《理解公共政策》（第 10 版），彭勃等译，华夏出版社 2004 年版。

133. ［美］约翰·马丁·费舍、马克·拉维扎：《责任与控制：一种道德责任理论》，杨绍刚译，华夏出版社 2002 年版。

134. 尤光付：《中外监督制度比较》，商务印书馆 2003 年版。

135. ［美］史蒂芬·布雷耶：《规制及其改革》，李洪雷等译，北京大学出版社 2008 年版。

136. ［美］史蒂芬·布雷耶：《打破恶性循环：政府如何有效规制风险》，宋华琳译，法律出版社 2009 年版。

137. ［荷］斯宾诺莎：《神学政治论》，温锡增译，商务印书馆 1963 年版。

138. 王成：《侵权损害赔偿的经济分析》，中国人民大学出版社 2002 年版。

139. 王军：《侵权法上严格责任的原理和实践》，法律出版社 2006

年版。

140. 王利明：《民法·侵权行为法》，中国人民大学出版社 1994 年版。

141. 王利明：《侵权行为法归责原则研究》，中国政法大学出版社 2004 年版。

142. 王卫国：《过错责任原则：第三次勃兴》，中国法制出版社 2000 年版。

143. ［美］威廉·兰德斯、理查德·波斯纳：《侵权法的经济结构》，王强、杨媛译，北京大学出版社 2005 年版。

144. 魏建：《法经济学：基础与比较》，人民出版社 2004 年版。

145. ［德］威廉·魏舍德尔：《通向哲学的后楼梯》，辽宁教育出版社 1998 年版。

146. 武汉大学质量发展战略研究院宏观质量观测课题组：《2012 年中国质量发展观测报告》，中国质检出版社 2013 年版。

147. ［古罗马］西塞罗：《西塞罗三论》，徐奕春译，商务印书馆 1998 年版。

148. ［古罗马］西塞罗：《论共和国、论法律》，王焕生译，中国政法大学出版社 1997 年版。

149. ［古罗马］西塞罗：《论共和国》，王焕生译，上海人民出版社 2006 年版。

150. ［美］小詹姆斯·亨德森：《产品责任——问题与程序》（影印本），中信出版社 2002 年版。

151. 应飞虎：《信息、权利与交易安全：消费者保护研究》，北京大学出版社 2008 年版。

152. 张成福：《责任政府论》，中国人民大学出版社 2000 年版。

153. ［美］珍妮特·登哈特和罗伯特·登哈特：《新公共服务：服务，而不是掌舵》，丁煌译，中国人民大学出版社 2004 年版。

154. ［日］植草益：《微观规制经济学》，中国发展出版社 1992 年版。

英文参考论文

155. Akerlof, G. A, "The Market for Lemons: Qualitative Uncertainty and

the Market Mechanism", Quarterly *Journal of Economics*, Vol. 84, No. 3, 1970.

156. Antle John M, "Benefits and Costs of Food safety Regulation", *Food Policy*, Vol. 24, No. 6, 1999.

157. Azevedo RC, "The Proposed EU Regulation on Hygiene Requirements for Animal feed-Will it Guarantee Food Safety, "*International Food Markets*, Vol. 11, 2003.

158. Barber Brad M. and Masako N. Darrough, "Product Reliability and Firm Value: The Experience of American and Japanese Automakers, 1973—1992", *Journal of Political Economy*, Vol. 104, No. 5, 1996.

159. Beales Howard, Richard Craswell and Steven Salop, "Information Remedies for Consumer Protection", *The American Economic Review*, Vol. 71, No. 2, Papers and Proceedings of the Ninety-Third Annual Meeting of the American Economic Association, 1981.

160. Becnel Daniel E. Jr, "An Overview of Complex Product Liability Litigation in the USA", *International Journal of Fatigue*, Vol. 20, No. 2, 1998.

161. Benham Lee and Alexandra Benham, "Regulating through the Professions: A Perspective on Information Control", *Journal of Law and Economics*, Vol. 18, No. 2, 1975.

162. Bi Jian, "Similarity Testing Using Paired Comparison Method", *Food Quality and Preference*, Vol. 18, No. 3, 2007.

163. Biljana Juric., Anthony Worsley, "Consumers' Attitudes Towards Imported Food Products", *Food Quality and Preference*, Vol. 9, No. 6, 1998.

164. Brookshire, D., M. Thaye, W. Schulze and R. d'Arge, "Valuing Public Goods: A Comparison of Survey and Hedonic Approaches", *American Economic Review*, Vol. 72 1982.

165. Bruen, James A, "Product Liability: The Role of the Product Steward", *Risk Management*, Vol. 49, 2002.

166. Buzby, Jean C, and Paul Frenzen, "Food Safety and Product Liability", *Food Policy*, Vol. 24, No. 6, 1999.

167. Calabresi Guido, "Some Thoughts on Risk Distribution and the Law of Torts", *the Yale Law Journal*, Vol. 70, No. 4, 1961.

168. Calfee, John, Clifford Winston and W. Kip Viscusi, "The Consumer Welfare Effects of Liability for Pain and Suffering: An Exploratory Analysis", *Brookings Papers on Economic Activity. Microeconomics*, Vol. 1993, No. 1, 1993,

169. Campbell Thomas J., Daniel P. Kessler and George B. Shepherd, "The Causes and Effects of Liability Reform: Some Empirical Evidence", NBER Working Paper, No. 4989.

170. Carroll Archie B, "The Pyramid of Corporate Social Responsibility: Toward the Moral Management of Organizational Stakeholders", *Business Horizons*, Volume 34, Issue 4, 1991.

171. Carroll, Archie B. "Managing Ethically with Global Stakeholders: A Present and Future Challenge." *Academy of Management Executive*, Vol. 18, No. 2, 2004.

172. Coase Ronald, "The Problem of Social Cost", *The Journal of Law and Economics*, Vol. 3, Oct., 1960.

173. Cohen Alma and Rajeev Dehejia, "The Effect of Automobile Insurance and Accident Liability Laws On Traffic Fatalities", *Journal of Law and Economics*, Vol. 47, No. 2, 2004.

174. Conover Christopher J, "Distributional Considerations in the Overregulation of Health Professionals, Health Facilities, and Health Plans", *Law and Contemporary Problems*, Vol. 69, No. 4, 2006.

175. Croley Steven P. and Jon D. Hanson, "The Nonpecuniary Costs of Accidents: Pain-and-Suffering Damages in Tort Law", *Harvard Law Review*, Vol. 108, No. 8, Jun 1995.

176. Chua C. Y. Cyrus and Chen-Ying Huang, "On the Definition and Efficiency of Punitive Damages", *International Review of Law and Economics*, Vol. 24, No. 2, 2004.

177. Danzon Patricia M, "Comments on Landes and Posner: A Positive Economic Analysis of Products Liability", *the Journal of Legal Studies*, Vol. 14, No. 3, 1985.

178. Danzon Patricia M, "The Political Economy of Workers' Compensation: Lessons For Product Liability", *American Economic Review*, Vol. 78, No.

2, Papers and Proceedings of the One-Hundredth Annual Meeting of the American Economic Association, 1988.

179. Diamond, Peter and James A. Mirrelees, "On the Assignment of Liability: The Uniform Case", *the Bell Journal of Economics*, Vol. 6, No. 2, 1975.

180. Epstein Richard A, "The Political Economy of Product Liability Reform", *American Economic Review*, Vol. 78, No. 2, Papers and Proceedings of the One-Hundredth Annual Meeting of the American Economic Association, 1988.

181. Epple Dennis and Artur Raviv, "Product Safety: Liability Rules, Market Structure, and Imperfect Information", *American Economic Review*, Vol. 68, No. 1, 1978.

182. Flynn, J., Slovic, P., and Mertz, C. K, "Gender, Race and Perception of Environmental Health Risks", *Risk Analysis*, Vol. 14, No. 6, 1994.

183. Geistfeld Mark, "Manufacturer Moral Hazard and the Tort-Contract Issue in Products Liability", *International Review of Law and Economics*, Vol. 15, No. 3, 1995.

184. Gilliland David I. and Kenneth C. Manning, "When Do Firms Conform to Regulatory Control? The Effect of Control Processes on Compliance and Opportunism", *Journal of Public Policy & Marketing*, Vol. 21, No. 21, 2002.

185. Glaeser Edward and Andrei Shleifer, "The Rise of the Regulatory State", *Journal of Economic Literature*, Vol. 41, No. 2, 2003.

186. Gollier Christian, Pierre-François Koehl, Jean-Charles Rochet, "Risk-Taking Behavior with Limited Liability and Risk Aversion", *The Journal of Risk and Insurance*, Vol. 64, No. 2, 1997.

187. Green Mark J, "Appropriateness and Responsiveness: Can the Government Protect the Consumer?" *Journal of Economic Issues*, Vol. 8, No. 2, 1974.

188. Grossman Gene M. and Carl Shapiro, "Counterfeit-Product Trade", *NBER Working Paper*, No. 1876.

189. Grossman Sanford Jay, "The Informational Role of Warranties and Private Disclosure about Product Quality", *Journal of Law and Economics*, Vol.

24, No. 3. 1981.

190. Greiner Alfred, "Cyclically Oscillating Product Quality: A Simple Model of the Product Life Cycle", *Atlantic Economic Journal*, Vol. 24, No. 2, 1996.

191. Hamilton Stephen F, "Taxation, Fines, and Producer Liability Rules: Efficiency and Market Structure Implications", *Southern Economic Journal*, Vol. 65, No. 1, 1998.

192. Haring J. and J. Rohlfs, "Efficient competition in local telecommunications without excessive regulation", *Information Economics and Policy*. Vol. 9, No. 2, 1997.

193. Hart, O., A. Shleifer, and R. W. Vishny, "The Proper Scope of Government: Theory and Application to Prisons", *Quarterly Journal of Economics*, Vol. 112, No. 4, 1997.

194. Henderson, James A. and Theodore Eisenberg, "The Quiet Revolution in Products Liability: An Empirical Study of Legal Change", *UCLA Law. Review*. Vol. 37, 1990.

195. Hersch, Joni and W. K. Viscusi, "Cigarette Smoking, Seatbelt Use, and Differences in Wage-Risk Tradeoffs", *Journal of Human Resources*, Vol. 25, No. 2, 1990.

196. Innes Robert, 2004. "Enforcement costs, optimal sanctions, and the choice between ex-post liability and ex-ante regulation", *International Review of Law and Economics*, Vol. 24, No. 1, 2004.

197. Jensen Michael and William Meckling, "Theory of the Firm: Managerial Behavior, Agency Costs and Ownership Structure", *Journal of Financial Economics*, Vol. 3, No. 4. 1976.

198. John Ladd, "BHOPAL: An essay on moral responsibility and civic virtue", *Journal of Social Philosophy*, Vol. 22, No. 1, 1991.

199. Kamp Brad and Christopher R. Thomas, "Faux Predation in Markets with Imperfect Information on Product Quality", *Southern Economic Journal*, Vol. 64, No. 2, 1997.

200. Koichi Hamada., "Liability Rules and Income Distribution in Product Liability", *American Economic Review*, Vol. 66, No. 1, 1976.

231

201. Kolstad, Charles D, Thomas S. Ulen and Gary V. Johnson, "Ex Post Liability for Harm vs. Ex Ante Safety Regulation: Substitutes or Complements?" *The American Economic Review*, Vol. 80, No. 4, 1990.

202. Laffont J. and D. Martimort, "Mechanism Design with Collusion and Correlation", *Econometrica*. Vol. 68, No. 2, 2000.

203. Landes W. and R. Posner, "A Positive Economic Analysis of Products Liability", *the Journal of Legal Studies*, Vol. 14, 1985.

204. Li Lianjiang, "Political Trust in Rural China", Modern China, Vol. 30, No. 2, 2004.

205. Lynn Frances M, and Jack Kartez, "Environmental democracy in action: The Toxics Release Inventory", *Environmental Management*, Vol. 18, No. 4, 1994.

206. Magat Wesley A, and MichaelMoore, "Consumer Product Safety Regulation in the United States and the United Kingdom: the Case of Bicycles", *NBER Working Paper* No. 5157.

207. Maggs Peter B, "Recent Developments in Products Liability Law in the USA", *Journal of Consumer Policy*, Vol. 14, No. 1, 1991.

208. Marceau Nicolas and Steeve Mongrain, "Damage averaging and the formation of class action suits", *International Review of Law and Economics*, Vol. 23, No. 1, 2003.

209. Marino, Anthony M, "Monopoly, Liability and Regulation", *Southern Economic Journal*, Vol. 54, No. 4, Apr 1988.

210. Matthews Steven and John Moore, "Monopoly Provision of Quality and Warranties: An Exploration in the Theory of Multidimensional Screening", *Econometrica* , Vol. 55, No. 2, 1987.

211. Maxwell, John W, "Minimum quality standards as a barrier to innovation", *Economics Letters* , Vol. 58, No. 3, 1998.

212. McClure James E and Lee C. Spector, "Joint product signals of quality", *Atlantic Economic Journal*, Vol. 19, No. 4, 1991.

213. Merolla A. Todd, "The Effect of Latent Hazards on Firm Exit in Manufacturing Industries", *International Review of Law and Economics*, Vol. 18, No. 1, 1998.

232

214. Moore, M. J., and W. K. Viscusi, "Doubling the Estimated Value of Life: Results Using New Occupational Fatality Data", *Journal of Policy Analysis and Management*, Vol. 7, 1990.

215. NellMartin and Andreas Richter, "The design of liability rules for highly risky activities—Is strict liability superior when risk allocation matters?", *International Review of Law and Economics*, Vol. 23, No. 1, 2003.

216. Nelson Phillip, "Information and Consumer Behavior", *Journal of Political Economy*, Vol. 78, No. 2, 1970.

217. Niblett Anthony, Richard A. Posner and Andrei Shleifer, "The Evolution of a Legal Rule", *The Journal of Legal Studies*, Vol. 39, No. 2, 2010.

218. Nichols M. W, and G. M. Fournier, "Recovering from a bad reputation: changing beliefs about the quality of U. S. autos", *International Journal of Industrial Organization*, Vol. 17, No. 3, 1999.

219. Niskanen, W. A, "The Peculiar Economics of Bureaucracy", *American Economic Review*, Papers and Proceedings, Vol. 58, 1968.

220. Polinsky, A. Mitchell, "Strict Liability vs. Negligence in a Market Setting", *American Economic Review*, Vol. 70, No. 2, May 1980.

221. Polinsky, A. Mitchell, andDaniel Rubinfeld, "The Welfare Implications of Costly Litigation In the Theory of Liability", *NBER Working Paper*, No. 1834.

222. Polinsky, A. Mitchell, and Steven Shavell, "The Optimal Tradeoff between the Probability and Magnitude of Fines", *American Economic Review*, Vol. 69, No. 5,1979.

223. Polinsky, A. Mitchell, and Yeon-Koo Che, "Decoupling Liability: Optimal Incentives for Care and Litigation", *NBER Working Paper* No. 3634.

224. Posner, Richard A. "A Theory of Negligence", *the Journal of Legal Studies*, Vol. 1, No. 1, 1972.

225. Romzek, Barbara S. "Dynamics of Public Sector Accountability in an Era of Reform", *International Review of Administrative Sciences*, Vol. 66, No. 1, 2000.

226. Romzek, Barbara S. "Accountability Challenges in an Era of Deregulation", in Public Personnel Management: Current Concerns —Future Challen-

ges. 2nd, Carolyn Ban and Norma Riccucci eds. , Longman Publishing, 1997.

227. Rose-Ackerman Susan, "Regulation and the Law of Torts", *American Economic Review*, Vol. 81, No. 2, Papers and Proceedings of the Hundred and Third Annual Meeting of the American Economic Association, 1991.

228. Ross Stephen A. , "The Economic Theory of Agency: The Principal's Problem", *American Economic Review*, Vol. 63, No. 2, 1973.

229. Rouillon, Sebastien, "Safety regulation vs. liability with heterogeneous probabilities of suit", *International Review of Law and Economics*, Vol. 28, No. 2, 2008.

230. Ruser, J. , and R. S. Smith, "The Effect of OSHA Records Check Inspections on Reported Occupational Injuries in Manufacturing Establishments", *Journal of Risk and Uncertainty*, Vol. 1, No. 4, 1988.

231. Schauer Frederick and Richard Zeckhauser7, "Regulation by Generalization", *Regulation & Governance*, Vol. 1, 2007.

232. Schlee Edward E, "The Value of Information about Product Quality", *The RAND Journal of Economics*, Vol. 27, No. 4, 1996.

233. Shiou Shieh, "Incentives for Cost-Reducing Investment in a Signaling Model of Product Quality", the *RAND Journal of Economics*, Vol. 24, No. 3, 1993.

234. Siomkos George J, "On achieving exoneration after a product safety industrial crisis", *Journal of Business and industrial Marketing*, Vol. 14, No. 1, 1999.

235. Singh Ram, "Efficiency of 'Simple' Liability Rules When Courts Make Erroneous Estimation of the Damage", *European Journal of Law and Economics*, Vol. 16, No. 1, 2003.

236. Smithson Charles W and Christopher R. Thomas, "Measuring the Cost to Consumers of Product Defects: The Value of 'Lemon Insurance'", *Journal of Law and Economics* , Vol. 31, No. 2, 1988.

237. Spence Michael, "Consumer Misperceptions, Product Failure and Producer Liability", the *Review of Economic Studies*, Vol. 44, No. 3, Oct 1977.

238. Shavell Steven, "Strict Liability versus Negligence", *The Journal of*

Legal Studies, Vol. 9 , 1980.

239. Shavell Steven, "A Model of the Optimal Use of Liability and Safety Regulation", *RAND Journal of Economics*, Vol. 15, No. 2, 1984.

240. Shleifer Andrei, "Efficient Regulation", *NBER Working Paper* No. 15651.

241. Traynor Thomas L, "The impact of safety regulations on externalities", *Atlantic Economic Journal*, Vol. 31. No. 1 , 2003.

242. Viscusi, W. K, "Predicting the Effects of Food Cancer Risk Warning on Consumers", *Food Drug Cosmetic Law Journal*, Vol. 43, 1988.

243. Viscusi, W. K, "Pain and suffering in product tort liability cases: systematic compensation or capricious awards?" *International Review of Law and Economics*, Vol. 8, 1988.

244. Viscusi, W. K , "Product Liability and Regulation: Establishing the Appropriate Institutional Division of Labor", *American Economic Review*, Vol. 78, No. 2, Papers and Proceedings of the One-Hundredth Annual Meeting of the American Economic Association, 1988.

245. Viscusi, W. K, " Toward a diminished role for tort liability: social insurance, government regulation , and contemporary risks to health and society", *Yale Journal on Regulation* , Vol. 6, No. 1, 1989.

246. Viscusi, W. K, "Carcinogen Regulation: Risk Characteristics and the Synthetic Risk Bias", *American Economic Review*, Vol. 85, No. 2, Papers and Proceedings of the Hundredth and Seventh Annual Meeting of the American Economic Association , 1995.

247. Viscusi, W. K. , and C. O' Connor, "Adaptive Responses to Chemical Labeling: Are Workers Bayesian Decision Makers?" *American Economic Review*, Vol. 74, No. 5, 1984.

248. Viscusi, W. K. , and M. J. Moore, "Workers' Compensation: Wage Effects, Benefit Inadequacies, and the Value of Health Losses", Review *of Economics and Statistics*, Vol. 69, No. 2, 1987.

249. Viscusi, W. K and Michael J Moore, "Product Liability, Research and Development, and Innovation", *Journal of Political Economy*, Vol. 101, No. 1, 1993.

250. Viscusi, W. K andPatricia Born, "The General-Liability Reform Experiments and the Distribution of Insurance-Market Outcomes", *Journal of Business & Economic Statistics*, Vol. 13, No. 2, 1995.

251. Wade John W, "Strict Tort Liability of Manufacturers", *Southwestern Law Journal*, Vol. 19, 1965.

252. Zekoll. J, "Liability for Defective Products and Services", *American Journal of Comparative Law*, Vol. 50, 2002.

253. Zivin Joshua Graff, Richard E. Just and David Zilberman, "Risk Aversion, Liability Rules, and Safety", *International Review of Law and Economics*, Vol. 25, No. 4, 2005.

英文参考书籍

254. Berle Adolf A. and Gardiner C. Means, the *Modern Corporation and Private Property*, New York: The Macmillan Company, 1932.

255. Bowen, H R, *Social Responsibilities of the Businessman*, New York: Harper & Row. 1953.

256. Calabresi Guido, *The Cost of Accidents*, Chicago: University of Chicago Press, 1971.

257. Chase Stuart and Frederick J. Schlink, *Your Money's Worth: A Study in the Waste of the Consumer's Dollar*, New York: The Macmillan company, 1927.

258. Chen Jie, *Popular Political Support in Urban China*, Stanford: Woodrow Wilson Center Press and Stanford University Press, 2004.

259. Cooter Robert and Thomas Ulen, *Law and Economics 3rd*, Addison Wesley Longman, Inc, 2000.

260. Wittman, Donald A, *Economic Analysis of the Law: Selected Readings*, Malden: Blackwell Publishers Ltd, 2003.

261. Friedman David, *Law's Order: What Economics has to do with Law and why it Matters*, Princeton: Princeton University Press, 2000.

262. Jonas Hans, *The Imperative of Responsibility: In Search of an Ethics for the Technological Age*, University of Chicago Press, 1985.

263. Miceli Thomas, *The Economic Approach to Law*, Stanford: Stanford University Press, 2004.

264. Mosher Frederick, *Democracy and the Public Service*. New York: Oxford University Press, 1968.

265. Shavell Steven M., *Liability for Accidents*, Handbook of Law and Economics, Vol. 1, A. Mitchell Polinsky and Steven Shavell, eds., Elsevier, 2007.

266. Shavell Steven M., *Foundations of Economic Analysis of Law*, Cambridge: Harvard University Press, 2004.

267. Tang Wenfeng, and W. Parrish, *Chinese Urban Life under Reform: The Changing Social Contract*, New York: Cambridge University Press, 2000.

268. Viscusi, W. K, Risk by Choice: *Regulating Health and Safety in the Workplace*, Cambridge: Harvard University Press, 1983.

269. White Mark, *Theoretical Foundations of Law and Economics*, Cambridge: Cambridge University Press, 2009.

237

后　记

　　本书的内容主要来自于作者在国家"十二五"科技支撑计划06课题任务9中的研究过程和研究成果，是对这些研究过程和成果的一个较为全面的总结。另外，还吸收和借鉴了武汉大学质量发展战略研究院在宏观质量管理的体制、机制研究上所取得的重要成果。

　　本书的撰写，要感谢国家质检总局、国家质检总局特设局和中国特检院，这些机构将这样一个具有重大现实意义、理论研究价值以及对中国质量安全治理实践具有重要指导意义的课题交给武汉大学质量发展战略研究院来完成，体现了对武大质量院、对武大质量院科研实力的充分信任。不仅如此，从理论分析框架的形成、实证案例的获取到调研考察的安排，总局、特设局和中国特检院都给予了全面周到的安排和支持，这是项目取得这些研究成果的坚实支柱。

　　特种设备检验科学研究平台单位在前期研究资料的提供、案例和数据的收集、调研考察等方面提供了诸多富有成效的帮助。对此，本书作者表达由衷的感谢，这些单位的名单包括但不限于（排名不分先后）：

　　江苏省特种设备安全监督检验研究所、湖北省特种安全检验检测研究院、重庆市特种设备质量安全检测中心、广东省特种设备检测研究院、沈阳特种设备检测研究院、云南省特种设备安全检测研究院、南京市特种设备安全监督检验研究院、南京市锅炉压力容器检验研究院、武汉市锅炉压力容器检验研究所、江苏特检院、辽宁省安全科学研究院、大连市锅炉压力容器检验研究院、天津市特种设备监督检验技术研究院。

　　此外，还要感谢广东省质监局、江苏省质监局特设局、广州市质监局、深圳市市场监督管理局、顺德市市场安全监管局、深圳东部华侨城有限公司在项目研究过程历次考察调研中给予的帮助和支持。

最后，要感谢武汉大学质量发展战略研究院的各位老师和行政工作人员，你们为本书的形成提供了最好的科研、学习和工作环境。尤其是本书成书过程中的最后几个月，质量院的同事们为我们分担了很多的工作。王虎、戚晓辉、郑向平、张宏宇、邱勇、周晓林等来自中国质量安全监管工作第一线的工作者为课题研究和本书的形成提供了很好的研究助理工作。

在这里，对所有人的帮助致以最衷心的感谢。

李酣　程虹
2014 年 7 月盛夏于珞珈山